Andrea Brill

»Scharfsinnig wie ein Adler und mutig wie ein Löwe«

W0086891

Zu diesem Buch

In diesem Buch werden zehn Frauen vorgestellt, die alle ein selbstbestimmtes Leben geführt und für ihre Unabhängigkeit gekämpft haben. Sie konnten ein großes Maß an Selbstbestimmtheit leben und sich verwirklichen. Schriftstellerinnen, wie George Sand, die neben ihren Romanen in Zeitschriften sozialkritische Themen veröffentlicht haben, Künstlerinnen, wie die Architektin Zaha Hadid, die sich in männerdominierten Bereichen behauptet haben, und erste Vorreiterinnen der Frauenemanzipation wie Else von Richthofen – Andrea Brill erzählt, wie die Frauen sich von Zwängen unterschiedlichster Art befreit haben.

Andrea Brill hat Geschichte und Philosophie in München studiert und war viele Jahre in der Presse- und Öffentlichkeitsarbeit von Verlagen tätig. Sie arbeitet als Presseberaterin, Publizistin und Autorin.

Andrea Brill

»SCHARFSINNIG WIE EIN ADLER UND MUTIG WIE EIN LÖWE«

Zehn außergewöhnliche Frauen und ihre Geschichte

PIPER

Mehr über unsere Autorinnen, Autoren und Bücher:
www.piper.de

Inhalte fremder Webseiten, auf die in diesem Buch hingewiesen wird, macht sich der Verlag nicht zu eigen und übernimmt dafür keine Haftung. Wir behalten uns eine Nutzung des Werks für Text und Data Mining im Sinne von § 44b UrhG vor.

Originalausgabe
ISBN 978-3-492-31864-8
1. Auflage September 2023
2. Auflage Dezember 2023
© Piper Verlag GmbH, München 2023
Umschlaggestaltung: Büro Jorge Schmidt, München
Umschlagmotiv: akg-images (FAF Toscana - Fondazione Alinari per la Fotografia; akg-images; Udo Hesse); Th. Schuhmann & Sohn Hofphotographen, Karlsruhe, 1902 »gemeinfrei«
Satz: Eberl & Koesel Studio, Kempten
Gesetzt aus der Kepler Std
Litho: Lorenz & Zeller, Inning am Ammersee
Gedruckt von ScandBook in Litauen
Printed in the EU

INHALT

VORBEMERKUNG

»Scharfsinnig wie ein Adler, mutig wie ein Löwe«, so beschrieb Friedrich Nietzsche seine Freundin Lou Andreas-Salomé. Scharfsinnig und mutig, zwei Eigenschaften, die eine Person charakterisieren, die mit klarem Verstand und großer Entschlusskraft durchs Leben geht.

In diesem Buch werden Frauen vorgestellt, die diese Eigenschaften vorweisen können und weit mehr. Alle diese Frauen haben ein selbstbestimmtes Leben geführt oder es zumindest versucht und für ihre Unabhängigkeit gekämpft. Auch wenn es nicht jeder von ihnen immer gelungen ist, ihre Freiheit zu behaupten, so haben sie doch alle ein großes Maß an Selbstbestimmtheit leben und verwirklichen können.

Das Verbindende dieser Frauenbiografien besteht darin, dass sie von den Leben emanzipierter Frauen zeugen, emanzipiert im Sinne von unabhängig. Jede der Frauen in diesem Buch hat sich von Zwängen unterschiedlichster Art befreit oder darum gekämpft.

Dabei nahmen sie ganz unterschiedliche Haltungen zu den Emanzipationsbewegungen ihrer jeweiligen Zeit ein. Manche der Frauen schlossen sich ihnen an, wie Else Jaffé-von Richthofen den Frauenrechtlerinnen des frühen 20. Jahrhunderts, andere verstanden sich selbst durchaus als emanzipiert, waren gegenüber den feministischen Bestrebungen ihrer Zeitgenossinnen aber kritisch eingestellt wie Golda Meir.

Gemeinsam ist allen hier porträtierten Frauen eine gebrochene Liebesbiografie. Die meisten von ihnen haben nicht dauerhaft in einer Ehe oder langjährigen Partnerschaft gelebt. Einige der Frauen waren den Großteil ihres Lebens allein, haben sich frühzeitig aus einer Ehe gelöst, pflegten kürzere Partnerschaften zu Männern oder handelten mit ihrem Mann eine platonische Beziehung aus wie Lou von Salomé mit Friedrich Carl Andreas. Bezeichnend für eine zu Beginn des 20. Jahrhunderts geborene Frau wie Anna Mahler ist, dass sie fünfmal in die Ehefalle getappt ist, sich aber immer wieder rasch daraus befreite. Die Ehe galt für die meisten Frauen zu Beginn des 20. Jahrhunderts noch als gesellschaftliche und finanzielle Absicherung.

Das Phänomen der gebrochenen Liebesbiografie bei den hier vorgestellten Frauen ist auffallend. Die Frage stellt sich, inwieweit man aus dieser schmalen empirischen Basis schlussfolgern kann, dass Partnerschaften mit Männern hemmend auf die Selbstbestimmung einer Frau wirken können? Väter oder Ehemänner nehmen bei einigen der Beispiele auch eine unterstützende und fördernde Rolle ein, wie bei Angelika Kauffmann. Spannend ist auf jeden Fall zu sehen, wie unterschiedlich und facettenreich sich der Umgang, die Liebesbeziehungen und die Freundschaften zu Männern jeweils gestalten.

Ein weiteres verbindendes Merkmal dieser Porträts ist die berufliche Selbstverwirklichung. Die hier versammelten Frauen waren als Schriftstellerin, Politikerin, Künstlerin, Architektin oder Designerin ihr Leben lang aktiv, haben für eine Sache gebrannt und ihre Karriere konsequent verfolgt. Nicht jede war dabei so erfolgreich wie Clara Schumann, Golda Meir, Coco Chanel oder Zaha Hadid, aber jede dieser Frauen hat sich voll und ganz ihrer Leidenschaft verschrieben, sei es der Politik, der Musik, dem Schreiben oder der Bildhauerei.

Viele der Frauen haben bewusst diese Leidenschaft an erste Stelle gesetzt. Darin haben sie nicht nur Erfüllung gefunden, sondern sie hat in fast allen Fällen auch ihre finanzielle Lebensgrundlage und damit ihre Unabhängigkeit gesichert. Die meisten von ihnen haben sich noch dazu in einer Männerdomäne behauptet, allen voran die Architektinnen Genia Averbuch und Zaha Hadid, die zu Vorreiterinnen in ihrem Metier wurden. Vorreiterin war auch Angelika Kauffmann, die zu den wenigen Malerinnen im 18. Jahrhundert zählte, die erfolgreich waren und vom Malen leben konnten.

Zum selbstbestimmten Leben gehört die Befreiung von Zwängen. Hier ist Clara Schumann beispielhaft, die sich aus der vom Vater Friedrich Wieck dominierten Situation befreit hatte und die von ihm vebotene Ehe mit Robert Schumann schließlich erkämpfte. Befreit hat sich auch Anna Mahler von ihrer dominanten Mutter, wenn dies auch Jahrzehnte brauchte. Aber bereits als Kind und Jugendliche hat sie Nischen gesucht und eigene Wege eingeschlagen, um sich aus den Fängen Alma Mahler Werfels zu befreien.

Ein weiteres Kriterium der Selbstbestimmtheit ist der Mut, unkonventionelle Wege zu gehen. Dies zeigt sich in Coco Chanels Moderebellion, in Anna Mahlers Skulpturen, die auffallend viele Frauenfiguren zeigen, oder in Zaha Hadis neuer Architektursprache der fließenden Formen.

Zum Wesen einer selbstbestimmten Frau, so scheint es, gehört auch ein ausgeprägtes Bedürfnis nach Ruhe und Alleinsein. Dies findet sich immer wieder in den Ego-Dokumenten, wie Briefen oder Tagebuchaufzeichnungen, so bei George Sand, Lou Andreas-Salomé oder Anna Mahler beispielsweise. Denn das Alleinsein war wichtig für Kreativität und Reflexion.

Wie sehr aber Freiheit und Selbstbestimmtheit noch heute weltweit eingeschränkt sind, insbesondere durch politische und religiöse Machtstrukturen, zeigen die Situationen der afghanischen Frauen, die nach der Machtübernahme der Taliban von Schule und Universitätsstudium ausgeschlossen sind, und das Schicksal der Frauen im Iran nach dem Tod von Mahsa Amini wegen unsachgemäßen Kopftuchtragens.

Auch der Kampf der simbabwischen Autorin und Filmemacherin Tsitsi Dangarembga ist bezeichnend. Noch in 2021 mit dem Friedenspreis des Deutschen Buchhandels ausgezeichnet, wird ihr in ihrer Heimat Simbabwe ein Schauprozess gemacht. Der Vorwurf lautet: Landfriedensbruch. In ihrer Dankesrede in der Frankfurter Paulskirche im Oktober 2021 betonte Tsitsi Dangarembga, wie wichtig es ist, einengende und unterdrückende Strukturen aufzubrechen: »Die Lösung ist, ethnisch determinierte und andere hierarchische Denkweisen abzuschaffen, die auf demografischen Merkmalen wie sozialem und biologischem Geschlecht, Religion, Nationalität, Klassenzugehörigkeit und jedweden anderen Merkmalen beruhen, die in der gesamten Geschichte und überall auf der Welt die Bausteine des Imperiums waren und noch immer sind. (...) Was wir tun können, ist, unsere Denkmuster zu verändern, Wort für Wort, bewusst und beständig (...).«

ANGELIKA KAUFFMANN

Im 18. Jahrhundert, einer Zeit, in der es für Frauen nicht vorgesehen war, ihr eigenes Geld zu verdienen, stieg sie zu einer gut bezahlten, berühmten Malerin auf: Angelika Kauffmann. Sie war bei Bildungsbürgern und Adligen nicht nur bekannt, es galt als Ehre, von ihr porträtiert zu werden.[1] Neben ihrer französischen Kollegin und Zeitgenossin Élisabeth-Louise Vigée-Lebrun war Angelika Kauffmann die herausragende Vertreterin der malenden Zunft. Man begegnet ihr in den Biografien und Korrespondenzen berühmter Zeitgenossen wie Goethe, Herder, Wieland und Klopstock, was nicht nur auf ihre besondere gesellschaftliche Stellung, sondern auch auf ihre hervorragende Vernetzung schließen lässt.

Der frühe Förderer

Am 30. Oktober 1741 in Chur, der Hauptstadt des Schweizer Kantons Graubünden, geboren, wurde Angelika Kauffmann gerne als Schweizer Malerin bezeichnet, auch wenn sie in Schwarzenberg im Bregenzer Wald, östlich von Dornbirn, aufwuchs. Zur Malerei kam sie durch den Vater. Joseph Johann Kauffmann war Wandermaler und arbeitete als Kirchen- und Bildnismaler zunächst in der näheren Umgebung von Schwarzenberg. 1739 erhielt er vom Bischof von Chur den Titel »fürstbischöflicher Hofmaler«, was allerdings nicht automatisch zu einer Festanstellung führte. Verheiratet war er mit der 1717 geborenen Protestantin Chleophea Lutz, die für die Ehe zum Katholizismus konvertierte.[2]

Seine Aufträge führten Joseph Johann Kauffmann immer wieder nach Italien, so zum Beispiel nach Morbegno, einen Luftkurort am Fuße des Pizzo dei Tre Signori, wo sich in zahlreichen Kirchen und Palästen dieser Gegend seine Arbeiten finden. Aber auch in Deutschland, Liechtenstein, Vorarlberg und Graubünden sind Restaurierungen, Altarblätter und Fresken von Angelika Kauffmanns Vater zu entdecken wie auch Porträts, die er von Zeitgenossen anfertigte, beispielsweise von Johannes von Salis-Maienfeld im Kunstmuseum Chur, oder Kopien alter Meister.[3]

Seine Tochter war immer dabei und begann bald auch selbst zu malen. Mit 13 Jahren entstand ihr erstes Selbstporträt, das sie als Sängerin zeigt und einen frühen Beleg für ihre außergewöhnliche Begabung liefert.[4] Bereits als Kind lernte sie an der Seite des Vaters, Farben zu mischen, und durfte die Leinwände für ihn vorbereiten. Wenn es ums Malen ging, konnte er streng sein, aber für Angelika Kauffmann war er der erste und wichtigste Lehrer, der sie in die Malerei einführte. Früh begann die talentierte Tochter, Kupferstiche oder Zeichnungen, die sie im Atelier ihres Vaters sah, zu kopieren. Ihrer Dankbarkeit setzte sie schließlich mit dem Porträt ihres Vaters, das zwischen 1761 und 1763 entstand, ein Andenken.[5]

Um Angelikas Bildung, insbesondere das Erlernen der Sprachen Englisch, Französisch und Italienisch, die in den bürgerlichen und adligen Kreisen des 18. Jahrhunderts obligat waren, kümmerte sich die Mutter. Und sie war es auch, die Angelika in Literatur und Musik, Gesang, Cembalo und Kontrapunkt unterrichtete. Die wegweisende Rolle für Angelikas künstlerischen Werdegang übernahm allerdings der Vater. Er verhalf seiner Tochter nicht nur dazu, ihre außerordentliche Begabung zu entfalten, sondern förderte auch konsequent ihre weitere Entwicklung. Er präsentierte sie früh den adligen Familien und Höfen, für die er arbeitete, wie beispielsweise der alten Adelsfamilie von Salis.[6]

Italien I

Mitte der 1750er-Jahre reiste Joseph Johann Kauffmann mit seiner Familie wegen verschiedener Aufträge nach Italien. Nach einer ersten Station in Morbegno folgte 1754 Como, wo der Vater seiner Tochter Verantwortung übertrug und sie den Auftrag, ein Porträt des Bischofs von Comio zu malen, übernehmen ließ.[7] Es folgten weitere Porträts wie jenes von Maria Agostino Nevroni, dem Erzbischof von Como, das Angelika anstelle ihres Vaters anfertigte.[8] Die nächste Station der Reise war Mailand, wo einige Arbeiten auf Joseph Johann Kauffmann warteten. Dies war die Gelegenheit für Angelika, die Werke großer Meister in den Kirchen, Klöstern und Schlössern kennenzulernen und durch das Kopieren genau zu studieren. Über die Beziehungen ihres Vaters erhielt sie bereits jetzt ihre ersten eigenen Aufträge für Adelsporträts.[9]

Noch während des Aufenthalts in Mailand, am 1. März 1757, verstarb Angelikas Mutter. Vater und Tochter traten voller Kummer und Schmerz die Rückreise nach Schwarzenberg an. Aber es blieb ihnen nicht viel Zeit zu trauern, denn wieder zu Hause erhielten sie den Auftrag, die nach einem Großbrand zerstörte und wieder aufgebaute Kirche im Ort auszumalen. Tochter und Vater traten hier erstmals als Team auf.[10] Eine der Arbeiten bestand darin, die Halbfiguren der zwölf Apostel nach Kupferstichen von Giovanni Battista Piazetta al fresco an die Seitenwände der Kirche zu malen. Für die angehende Malerin war dieser Auftrag lehrreich, denn die Apostelfiguren mit ihrem Faltenwurf und den ernsten Gesichtern verlangten eine genaue Zeichnung. Als Dank folgte eine Einladung des Bischofs von Konstanz, Franz Konrad von Rodt, in seine Residenz nach Meersburg am Bodensee.[11]

Die Ausbildung beim Vater war von großer Bedeutung für die Entwicklung der künftigen Malerin. Aber bereits als 18-Jährige wusste Angelika, dass sie Malerei nicht wie ihr Vater als Handwerk, sondern als Kunst betreiben wollte. Aus diesem Grund zog es sie erneut nach Italien, diesmal zu Studienzwecken. Auf ihrer Agenda stand der Besuch der großen Gemäldegalerien in Bologna, Venedig, Florenz und Rom.[12] Damit schloss sie sich der langjährigen Tradition der Maler an, die sich seit der Renaissance in Italien ausbilden ließen. Auch später, als Angelika Kauffmann schon eine renommierte und gefragte Malerin mit einem Kundenkreis in ganz Europa war, maß sie dem genauen Betrachten der großen Meister noch immer eine große Bedeutung für ihre künstlerische Entwicklung bei. An Carl Ulysses von Salis-Marschlins schrieb sie 1790: »Ich binn ganz Ihrer meinung, nicht an dem Clima liegt das hervorbringen des Genius der künste auch liegt es nicht allein an dem sehen der so vielen vortrefflichen wercken der grosen meister wohl aber, und hauptsächlich liegt es, an der art diese wercke zu betrachten und recht zu kennen.« Aber auch die Natur sei der beste Meister, »die wercke der alten Künstler werden ihn leiten das schöne in der Natur zu kennen und das beste zu wählen (...).«[13]

Die Studienreise führte sie ab 1760 zunächst nach Parma, dann nach Bologna. Empfehlungsschreiben, wie das von Graf Firmian beispielsweise, öffneten ihr die Türen der Höfe von Parma und Florenz. Natürlich war der Vater an ihrer Seite, da Frauen zu der Zeit nicht allein reisen konnten. 1762 trafen Vater und Tochter in Florenz ein. Wiederum durch Empfehlungsschreiben erhielten sie Zutritt zu den Sammlungen der Uffizien und der Medici. Als weitere Stationen folgten die Sammlungen im Palazzo Barberini in Rom und im Museo di Capodimonte in Neapel.

Angelika Kauffmann war hoch motiviert, arbeitete unermüdlich und erwies sich als willensstarke Autodidaktin, die, wie damals üblich, zunächst Gemälde kopierte und erst später dann von Skulpturen und lebenden Modellen Kopien anfertigte. Auch knüpfte sie erste Kontakte zu internationalen Kollegen wie dem britischen Maler Nathaniel Dance oder dem Amerikaner Benjamin West.[14] Der Porträtmaler und spätere Politiker Nathaniel Dance ließ sich damals in Rom ausbilden. West war als Student an der Akademie in Florenz eingeschrieben. Beide zählten zu den Gründungsmitgliedern der Royal Academy of Arts in London.

Die Veränderungen des Kunstmarktes im 18. Jahrhundert begünstigten Angelika Kauffmanns künstlerische Entwicklung. Die Auftragsarbeiten für Adel und Klerus, insbesondere in Sakralbauten, wurden weniger, dafür stieg die Nachfrage nach Porträts und Gemälden beim aufsteigenden Bürgertum oder adligen Privatleuten. Es entstanden immer mehr private Gemäldesammlungen, und der Kunsthandel gewann an Bedeutung.[15]

Während der Monate ihrer Studienreise durch Italien zeigte Angelika Kauffmann aber auch ihr Talent zum Netzwerken. Sie holte sich wertvolle Anregungen, Kritik und Hinweise von berühmten zeitgenössischen Malern wie Giovanni Battista Piranesi, dessen Porträt sie zeichnete, oder dem auf antike römische Architektur spezialisierten Zeichner und Architekten Charles-Louis Clérisseau, der sie in Architektur und Perspektive unterwies. Zudem war Johann Friedrich Reiffenstein, Archäologe, Schriftsteller, Maler und Bildhauer ein wichtiger Inspirator und Lehrmeister.

In Italien hatte sie auch viele Italienreisende porträtiert und dabei ihr Können unter Beweis gestellt; einer von ihnen war der Engländer David Garrick, ein berühmter Schauspieler des 18. Jahrhunderts.[16] Weitere Aufträge kamen durch Benjamin West und dessen englischen Förderer Sir Thomas Robinson zustande, so das Porträt von Duke Alexander of Gordon. Auf Ischia malte Angelika Kauffmann die siebenjährige Tochter des österreichischen Gesandten Graf Leopold Neipperg am Hof von Neapel.[17]

Im Herbst 1765 erreichten Vater und Tochter Venedig, wo sie durch Vermittlung des Kupferstechers Giuseppe Wagner Kontakt zu zahlreichen hochrangigen Familien erhielten. Einer der Schüler Wagners, Francesco Bartolozzi, sollte später viele Gemälde von Angelika Kauffmann in Kupfer stechen.[18]

Zu ihren wichtigen Kontakten in Italien zählte Johann Joachim Winckelmann. Der Bibliothekar von Kardinal

Alessandro Albani und Sammler antiker Kunstwerke richtete 1760 in der Villa Albani ein Museum für antike Kunst ein. 1763 wurde er zum Präfekten der päpstlichen Antikensammlung berufen. Winckelmann war zudem Autor verschiedener Bücher, 1764 erschien sein Hauptwerk *Geschichte der Kunst des Altertums*, in dem er die griechische antike Kunst zum neuen Ideal deklarierte. Winckelmanns Schriften spielten eine große Rolle bei der Wiederentdeckung der Antike und der Wende hin zur klassischen Einfachheit, die Barock und verspieltes Rokoko ablösten.[19] Angelika Kauffmann begegnete ihm erstmals in Mailand. Der dortige Salon des Grafen Firmian im Palazzo Vigoni war damals beliebter Treffpunkt der örtlichen Kunst- und Literaturszene.[20] In der Villa Albani malte Kauffmann das berühmte Porträt von Winckelmann, vermutlich im Auftrag von Johann Heinrich Füssli oder dessen Vater Caspar. Dieses Porträt gilt als Meilenstein in ihrer Karriere, mit dem sie nicht nur ihr Können zeigte, sondern auch dank vielseitiger Kontakte neue wichtige Auftraggeber gewann. Zudem wurde ihr eine besondere Ehre zuteil: Die Accademia di San Luca in Rom nahm sie am 5. Mai 1765 als Mitglied auf.[21] Winckelmanns Idealisierung der griechischen Antike inspirierte die junge Malerin und blieb nicht ohne Einfluss auf ihre Malerei. Ihre Porträts aus der Zeit zeigen einen stärkeren klassischen Zuschnitt.[22]

England

In Italien hatte Angelika Kauffmann bereits erste Kontakte geknüpft, die für ihr späteres Leben und Schaffen von Bedeutung sein sollten. In Florenz war sie auf zahlreiche Engländer, insbesondere Angehörige des britischen Adels, getroffen,[23] Kreise, die sie mit John Murray in Kontakt brachten, dem damaligen britischen Gesandten in Rom. Zwischen seiner Frau, Lady Bridget, auch bekannt als Lady Wentworth, und Angelika Kauffmann entstand rasch eine Freundschaft. Lady Bridget regte eine gemeinsame Reise der beiden Frauen nach England an, was sie schließlich im Frühjahr 1766 realisierten.[24] Diese Reise war keine reine Vergnügungsreise oder das Abenteuer zweier Frauen; die junge Malerin wusste, dass England ein attraktiver Markt für Aufträge war.[25]

In der ersten Zeit lebte Angelika Kauffmann noch bei Bridget Wentworth in der Londoner Charles Street am Berkeley Square, bald darauf mietete sie eine geräumige Wohnung mit Atelier bei einem Arzt und dessen Frau in der Suffolk Street an. Zunächst war geplant, dass der Vater im Herbst nachkommen sollte. Angelika plädierte aber dafür, dass er nicht in der kalten Jahreszeit reisen solle.[26] So traf er schließlich im Frühjahr 1767 in London ein, in Begleitung einer Nichte Angelikas, Rosa Florini, die den Haushalt führen sollte. Er mietete für alle ein Haus am Golden Square in der Nähe von Piccadilly.[27] London mit seinen 900 000 Einwohnern war nicht nur ein attraktiver Kunstmarkt, hier lebten und arbeiteten auch wichtige Maler der Zeit wie Thomas Gainsborough, Joshua Reynolds oder George Romney. 1753 öffnete das British Museum seine Türen, das London zusätzliche Strahlkraft verlieh.[28]

Auch in London verstand es Kauffmann, ihr Netzwerk auszubauen und rasch Kunden für Porträts zu gewinnen. Unterstützend dabei waren auch Veröffentlichungen in der Presse. In der Londoner Zeitung *Public Advertiser* erschien ein Gedicht, das Stil und Farbgebung ihrer Gemälde mit den flämischen Meistern van Dyck und Rubens verglich. Geschickt nahm sie den damaligen Zeitgeist auf und hatte damit Erfolg bei Adel und wohlhabendem Bürgertum. Schon nach kurzer Zeit gelang es ihr, sich durch unermüdliche Arbeit und geschicktes Netzwerken in London zu behaupten. Zur Seite stand ihr dabei der Vater, der sich um vorbereitende Arbeiten und die Finanzen kümmerte.[29] Interessanterweise hatte sich ihr Verhältnis nun umgekehrt. Während sie als junges Mädchen Aufträge vom Vater übernommen und so das Handwerk der Malerei erlernt hatte, unterstützte nun der Vater die Tochter, die allerdings bereits ungleich erfolgreicher war als er in diesem Alter.

Die Begegnung mit dem renommierten Maler Sir Joshua Reynolds im Sommer 1766 war nicht nur für Kauffmanns Stellung in der englischen Kunstszene von Bedeutung, Reynolds sah in der jungen Malerin vom Festland eine große Inspiration und verliebte sich in sie. Reynolds gilt neben William Hogarth und Thomas Gainsborough als einer der bekanntesten und einflussreichsten englischen Maler des 18. Jahrhunderts, von 1768 bis 1792 war er der erste Präsident der Royal Academy of Arts. Seine Bilder zeugten vor allem von den Eindrücken, die er auf seiner von 1750 bis 1752 währenden Italienreise gewonnen hatte. Im Herbst 1766 malten sich Kauffmann und Reynolds gegenseitig,[30] den Heiratsantrag, den der 18 Jahre ältere Junggeselle ihr schließlich machte, nahm sie allerdings nicht an. Die Eheschließung hätte ihr gesellschaftlich sicherlich genutzt. Sie wollte aber frei sein, hatte lediglich freundschaftliche Gefühle für den Älteren und war finanziell bereits unabhängig. Auch einen Heiratsantrag von Sir Nathaniel Dance lehnte sie ab.[31]

Allerdings heiratete sie dann doch noch und fiel dabei auf einen Betrüger herein: Graf Frederik Horn. Seit Herbst 1767 standen sie in Kontakt, irgendwann zählte er dann schließlich zu den Dauergästen in Angelikas Atelier am Golden Square. Der elegant gekleidete und charmante Mann war ihr als Mitglied einer der ältesten schwedischen Adelsfamilien vorgestellt worden. Sein Lebensstil mit Logis in einem der besten Hotels in London, Wagen und Bediensteten schien seine Herkunft zu bestätigen. Seinen Erzählungen nach hatte er als Diplomat im Ausland gelebt, bis am schwedischen Hof gegen ihn intrigiert worden und er beim König in Ungnade gefallen sei. Der Hochstapler umwarb die erfolgreiche Malerin nach allen Regeln der Kunst und überredete die ansonsten Standhafte zur Ehe. Heimlich heirateten sie am 20. November 1767 in der St.-James-Kirche in Piccadilly. Horn lebte von Angelikas Vermögen bis zu dem Zeitpunkt, als der tatsächliche Graf Horn in London erschien. Die Lügen flogen auf. Auch von anderen Seiten erfolgten Bestätigungen, dass Horn ein Betrüger war, der unter falschem Namen auftrat und sich gesellschaftliche Vorteile davon versprach. Nur vier Monate nach der Hochzeit, am 10. Februar 1768, ließ sich Kauffmann scheiden.[32]

Nach dem Erfolg mit der Porträtmalerei öffnete sich Angelika Kauffmann auch für andere Genres und begann, mit mythologischen, biblischen und literarischen Themenbildern zu arbeiten. Eine Gelegenheit, diese zu präsentieren, ergab sich bei einer Ausstellung, die aus Anlass des Besuchs des dänischen Königs Christian VII. in London im Herbst 1768 organisiert wurde. Kaufmann war mit drei Werken vertreten: *Venus erscheint dem Aeneas, Penelope mit dem Bogen des Ulysses* und *Hektors Abschied von Andromache*.[33] Ein weiterer Meilenstein in ihrer Karriere war die Mitgliedschaft in der ersten englischen Kunstakademie, der Royal Academy of Arts, die von Reynolds mitbegründet worden war. Angelika Kauffmann und die Malerin Mary Moser waren die einzigen weiblichen Mitglieder.[34] Mit dem Umzug der Academy nach Somerset House bekam Kauffmann erneut die Möglichkeit, ihr Talent unter Beweis zu stellen. Sie erhielt den Auftrag, im Deckengemälde, das die theoretischen Grundlagen der schönen Künste darstellen sollte, einen Bereich mit vier ovalen Gemälden zu gestalten.[35]

Der wachsende Ruhm der Malerin in England schwappte auch auf den Kontinent herüber und machte ihren Namen in der dortigen »guten« Gesellschaft bekannt, insbesondere bei Dichtern und Schriftstellern wie Goethe, Herder und Klopstock. 1748 war Friedrich Gottlieb Klopstocks Epos *Messias* erschienen, das großen Eindruck auf Kauffmann machte. Das Werk inspirierte sie so sehr, dass sie sich vornahm, einige Szenen daraus bildnerisch darzustellen. Sie wollte die Größe und das Göttliche, die es ausstrahlte, mit dem Pinsel ausdrücken, wie sie an Klopstock schrieb: »Das unendlich schöne, das Edle das Erhabene so ich in Ihrem Messias finde, bewegt meine ganze Seele – wie manche vergnügte stunde hab ich schon bey Ihrem Ersten- und Zweyten theil zugebracht (...) oh wie offt hab ich gewünscht sie persönlich zu kennen? Nur der gedanke und die Hoffnung Sie zum Freunde zu haben, macht mich schon mehr als ich sagen kan Glückselig (...).«[36] Ihr Bild von einem Motiv aus dem Zweiten Gesang von Klopstocks *Messias* stellte sie 1770 in der Akademie aus. Ende der 1770er-Jahre bat der Dichter die Malerin dann um eine Serie von Kupferstichen für eine Neuausgabe. Er wollte niemand anderen als Kauffmann damit beauftragen, hatte aber auch genaue Vorstellungen davon, wie sie anzufertigen waren.[37]

In diesen Jahren standen Kauffmann und Klopstock über eine gemeinsame Korrespondenz in Verbindung. Darin ging es auch um das Thema Musik: »Die Musik liebe ich ganz außerordentlich und habe auch manche Stunde damit zugebracht«, ließ sie Klopstock aus London wissen. »Sollte etwas, das von Ihnen geschrieben, von einem guten Componisten in die Musik gesetzt werden, so würde ich mich glücklich schätzen, es zu haben. Daß Pergolesi doch noch lebte, Ihren schon harmonischen und erhabnen Gedanken den wahren Ausdruck zu geben.«[38] Klopstock regte sie einige Monate später dazu an, einen Komponisten im Norden »aufzutreiben«, der ihm die Melodien solcher Stellen im Ossian, »die vorzüglich lyrisch sind, in unsere Noten setzte, oder vielmehr, ohne auf die Wahl der Stellen zu sehen es mit einigen Melodien thäte, die für die ältesten, und sogleich für solche gehalten werden, die am meisten Charakter haben«.[39]

Italien II

Noch in England hatte Angelika Kauffmann den Maler Antonio Zucchi kennengelernt, aber erst in Italien wurden sie ein Paar. Zucchi war ein Mitarbeiter von Robert

Adam, einem der bedeutenden Architekten des 18. Jahrhunderts und ebenfalls Mitglied der Royal Academy. In ihm fand sie den gesellschaftlich erforderlichen Ehemann, der schließlich die Rolle ihres Vaters übernahm und sie in beruflichen Angelegenheiten unterstützte. Im Ehevertrag wurde festgelegt, dass Angelika allein über ihr Geld verfügen konnte, auch über Einkünfte aus Verkäufen und Dividenden. Das allein war schon ungewöhnlich für die Zeit. Hinzu kam, dass sie ihren Namen zusätzlich zum Namen ihres Mannes behielt und ihre Werke weiterhin mit Kauffmann signierte.[40]

Der 15 Jahre ältere Antonio Zucchi war wie Angelika in einer Künstlerfamilie aufgewachsen. Der Sohn des Kupferstechers Francesco Zucchi ließ sich bei seinem Onkel Carlo Zucchi in Architektur ausbilden. Nach seiner Lehrzeit bei Francesco Fontebasso und Jacopo Amigoni ging er 1766 mit seinem Bruder Giuseppe nach London. Zusammen mit Giovanni Battista Cipriani und Michelangelo Pergolesi gestaltete er die Innenräume von Bauten des britischen Architekten Robert Adam. Dabei oder aber in der Royal Academy of Arts, deren Mitglied er in 1770 wurde, hatte er wohl Angelika Kauffmann kennengelernt. Auch Zucchi hatte sich bald als Maler in London etabliert; er war auf Architekturmalerei spezialisiert.

Am 17. Juli 1781 wurden Antonio Zucchi und Angelika Kauffmann in der katholischen Kapelle der kaiserlich-österreichischen Botschaft in London getraut. Aus der Zeit kurz nach der Vermählung stammt ihr Porträt von Zucchi mit einem breitkrempigen Künstlerhut. Sie beschlossen, die gemeinsame Zukunft in Italien zu verbringen, und reisten im Sommer desselben Jahres in den Süden, mit Zwischenstopp in Schwarzenberg. Im Herbst erreichten sie Venedig und Zucchis Familie.[41] Ihr künftiges Zuhause richteten sie in Rom ein. Im Künstlerviertel auf dem Pincio-Hügel an der Piazza Trinità dei Monti unweit der Spanischen Treppe. Das frisch vermählte Paar mietete ein großes Haus, das es aufwendig umbaute und repräsentativ einrichtete.[42]

Zu Beginn des darauffolgenden Jahres, 1782, starb Joseph Johann Kauffmann, was für Angelika einen großen Verlust bedeutete, hatte er doch jahrzehntelang an ihrer Seite gestanden und war für sie viel mehr gewesen als nur ein Vater: Vorbild, Lehrer und Geschäftspartner. Traurig schrieb sie an die Familie in Voralberg: »(...) finde mich Gott sey danckh gesund – aber die betrübnus meiner seele wegen dem erlittenen verlust eines von mir so gelibten vatters (...) hat wenig oder gar nich gemindet. (...) es ist eine wunde in meinem herzen die sich zeit meines lebens nicht mehr heilen wird.«[43] Schwierig war es, an das Vermögen heranzukommen, da ihr Vater das Geld an verschiedenen Stellen angelegt hatte. Auch wenn zunächst er, dann ihr Ehemann ihr Geld verwaltete, so war es ihr wichtig, selbst darüber bestimmen zu können.[44]

Viele ihrer Bekannten in Rom, wie der sächsische Oberhofmaler und Freund von Winckelmann Anton Raphael Mengs oder Kardinal Albani, waren mittlerweile verstorben, Wickelmann selbst war am 8. Juni 1768 einem tragischen Raubmord zum Opfer gefallen. Aber Kauffmann fiel es nicht schwer, neue Kontakte zu knüpfen, wie beispielsweise zu Johann Friedrich Reiffenstein, der hier als Reiseleiter für die gesellschaftliche Elite, als Maler, Altertumsforscher und Kunstagent arbeitete. Dank solcher Kontakte gewann die Malerin in Italien schnell wieder neue, insbesondere auch adlige Auftraggeber. Bei einem Aufenthalt in Neapel im Sommer 1782 beispielsweise arbeitete sie an einem Bildnis des Fürsten von Belvedere, des Marchese Venuti und an einem Gemälde der königlichen Familie von Neapel.[45] Die Königin von Neapel, Karoline Maria, eine Tochter von Maria Theresia, beauftragte Angelika zudem damit, den neun und zehn Jahre alten Prinzessinnen Marie Luise und Marie Therese Zeichenunterricht zu erteilen.[46]

Vertreter des hohen Adels kamen auch zu ihr ins Atelier auf dem Monte Pincio, das sie in der ehemaligen Residenz von Raphael Mengs eingerichtet hatte. So besuchte sie dort inkognito Kaiser Joseph II. unter dem Pseudonym Graf Falkenstein und übermittelte ihr zwei Aufträge. Über die Nachbarschaft zur Villa Malta, die im Februar 1789 von Herzogin Anna Amalia von Sachsen-Weimar übernommen wurde, entspann sich zwischen Malerin und Herzogin eine intensive Freundschaft, die auch aus der Ferne in Briefen gepflegt wurde. 1790 schrieb Anna Amalia an Angelika anlässlich eines ihrer Gemälde in Weimar: »Mir ist es ein wahres Heiligthum und ein liebes Andenken von Ihnen und die beste und schönste Erinnerung von denen glücklichen Tagen die ich mit Ihnen in das schöne Rom zugebracht habe. Gedenken Sie zuweilen an diejenige die Ihnen ganz ergeben ist.«[47]

Neben dem europäischen Hochadel spielten Mitte der 1780er-Jahre wieder Dichter und Denker eine größere Rolle in Kauffmanns Leben. Im September 1786 begann Johann Wolfgang von Goethe seine gut dokumentierte Italienreise, bei der er sich insbesondere in der darstellenden Kunst ausbilden ließ, wobei Angelika Kauffmann eine besondere Rolle zukam. Er nahm bei Kauffmann und dem hessischen Maler Johann Heinrich Wilhelm Tischbein[48]

Unterricht, ließ sich in Begleitung der Malerin durch die großen Gemäldesammlungen führen und genoss ihre »angenehme« Gegenwart, wie er aus dem Süden berichtete.[49] Ein Tagebucheintrag Goethes vom 18. August 1787 verrät die Vertrautheit, die Dichter und Malerin miteinander verband: »Mit der guten Angelika war ich Sonntags, die Gemälde des Prinzen Aldobrandini (...) zu sehen. Sie ist nicht glücklich, wie sie es zu sein verdiente, bei dem wirklich großen Talent und bei dem Vermögen, das sich täglich mehrt. Sie ist müde, auf den Kauf zu malen, und doch findet ihr alter Gatte es gar zu schön, daß so schweres Geld für oft leichte Arbeit einkommt. Sie möchte nun, sich selbst zur Freude, mit mehr Muße, Sorgfalt und Studium arbeiten und könnte es. (...) Sie spricht sehr aufrichtig mit mir; ich hab' ihr meine Meinung gesagt, hab' ihr meinen Rat gegeben und muntere sie auf, wenn ich bei ihr bin. (...) Sie hat ein unglaubliches und als Weib wirklich ungeheures Talent. Man muß sehen und schätzen, was sie macht, nicht das, was sie zurück läßt.«[50]

Nach Goethes Abreise aus Italien vermisste Kauffmann dessen anregende Gesellschaft, seinen Charme und die kultivierten Gespräche und verfiel in eine tiefe Melancholie: »Theurer Freund! Ihr abschied von uns durchdrang mier Herz und Seele, der tag Ihrer abreis war einer der traurigen tagen meines Lebens (...). Ich lebe so ein trauriges leben, in einer art von gleichgültigkeit, weillen ich nicht sehen kann was ich zu sehen wünsche, ist mir alles eins was ich sehe, oder wen ich sehe, ausgenommen unseren würdigen freund Herrn Reiffenstein, mit dem ich von Ihnen sprechen kann.«[51] Sogar in ihren Träumen wurde sie von Goethe heimgesucht, was sie ihm offenherzig schrieb.[52] Nach seiner Abreise tauschten sie in regelmäßigen Abständen noch über mehrere Jahre hinweg Briefe aus.[53] Darin diskutieren sie die vielfältigsten Themen, tauschten sich vor allem über Gemälde und über Goethes Bücher aus wie *Tasso*, an dem er in jener Zeit arbeitete. »Ihr Tasso wirt von mier mit liebe und freüde aufgenommen werden. (...) Und doch lese ich nur gerne anjetzo Jhre worte, und was von Ihnen komt.«[54]

Die in Italien Zurückgebliebene dachte über ein Wiedersehen in Weimar nach, berichtete über ihre aktuellen Arbeiten und schrieb Goethe ganz offen, wie sehr sie ihn vermisste.[55] Im November wurden die Reisepläne in den Norden dann konkreter. Anna Amalia hatte Angelika Kauffmann mit ihrem Mann und dem befreundeten Reiffenstein nach Weimar eingeladen, was Angelika mit größter Freude erfüllte: »(...) wie war es möglich, ein so schönen antrag der auf die gnädigste art gemacht wurde zu widerstehen. Das Versprechen wurde gemacht, so ferne die umstände es erlaubten. Das glückseelige Weimar das, seit dem das Glück mir gegönt Sie zu kennen, ich so offt beneidet habe, wo ich mich mit gedancken so offt und so gerne aufhalte. Sollte ich das sehen, und Sie da sehen, oh schöner traum!«[56]

Neben Goethe war es Herder, der die Gesellschaft der Malerin in Rom suchte. Er kam kurz nach Goethes Abreise in Rom an und erzählte seiner Frau in einem Brief von Angelika Kauffmann: »(...) eine feine, zarte Seele, ganz Künstlerin, äußerst simpel, ohne Reiz des Körpers, aber in allem sehr interessant, der Hauptzug ist Simplicität, Reinheit und Feinheit.«[57] Immer wieder berichtete er seiner Frau anerkennend und lobend von ihr. Vermittelt hatte den Kontakt Goethe, an den Kauffmann am 21. September 1788 schrieb: »(...) fand sich Bury mit Herrn Herder in dem Saale. Ich hatte große freude diesen würdigen Mann der ihr freund ist zu sehen, übergab ihm gleich Ihren brief, die fragen nach Ihnen erwarteten kaum die antwort. Er war eben angekommen, der besuch war kurz, hat mir aber hoffnung gegeben daß ich ihn öfters sehen werde.«[58]

Es blieb nicht bei diesem einen Besuch im Hause Zucchi, Herder kam von nun an häufiger, und sie trafen sich auch in Gesellschaft anderer Gäste zu gemeinsamen Diners oder Museumsbesuchen wie im Herbst mit der Herzogin Anna Amalia, Frau von Seckendorff und Baron von Dalberg beispielsweise.[59] Herder war ein genauer Beobachter der Freundin, und die gesellschaftlichen Anlässe täuschten ihn nicht darüber hinweg, dass die gefeierte Malerin letztlich einsam war. Mit feinem psychologischen Gespür schrieb Herder an Goethe aus Rom im Dezember 1788: »Die Angelika ist eine liebe Madonna; nur in sich gescheucht und verblühet, auf ihrem einzelnen schwachen Zweige. So ein ehrlicher Preuße Reiffenstein, und so ein guter Venetianer ihr Zucchi seyn mag: so stehet sie doch allein da ohne Stütze und Haltung; daher ich allemal mit betrübtem Herzen von ihr scheide. Du hast ihr sehr wohlgethan; und sie findet an mir nichts von dem wieder, was sie an Dir verloren.«[60] Herders Tod 17 Jahre später, 1805, bekümmerte Angelika sehr, wie sie gegenüber Anna Amalia vertrauensvoll bekannte: »(...) der verlust des würdigen herr Herder hat mier die Seele dürchdrungen dan er ist ohnersetzlich – ich habe in wenigen jharen viele gute freunde verlohren – und auch vieles gelitten mit allem dem was sich hier zugetragen, wie manche sorgenvolle Tage etc.«[61]

Künstlerische Entwicklung

Angelika Kauffmann verfolgte nicht nur zielstrebig ihre eigene künstlerische Entwicklung, sie drückte als Vertreterin der Aufklärung mit ihren Werken auch bürgerliches Selbstbewusstsein aus. In jener Zeit veränderte sich der Begriff des Künstlers vom Handwerker zum Genie.[62] Kauffmann wollte mit ihren Bildern nicht nur in der Öffentlichkeit präsent sein, sondern auch ihr künstlerisches Selbstverständnis zeigen.[63] Zudem war es ihr wichtig, unterschiedliche Techniken und Genres zu erlernen und zu praktizieren. Nach dem Erfolg mit Porträts hatte sie in den 1760er-Jahren in Parma mit einer neuen Technik, der Radierung, begonnen und 1762 als eines der ersten Werke *Der bärtige Mann mit dem Stab in der Rechten* erstellt. Zu ihren bekanntesten Radierungen zählen die *Zopfflechterin* von 1765 und *Nachdenkliches Mädchen* aus dem Jahr 1766.[64]

Die Porträts aus Kauffmanns Londoner Zeit zeigen einen eher klassizistischen Stil, typischerweise mit Säulen im Hintergrund und südlicher Landschaft. Damals entstanden auch zahlreiche Gruppenporträts insbesondere von Familien wie den Tisdalls, Townshends und Elys. Doch vor allem ihre Decken- und Wandgemälde in Stadt- und Landhäusern sind aus ihrer Londoner Schaffensperiode heute bekannt.[65] Ihre Selbstbildnisse hingegen nutzte Angelika Kauffmann, um ihr sich mit den Jahren wandelndes Selbstverständnis als Malerin zu demonstrieren. In einem Selbstporträt von 1762/63, das heute im Tiroler Landesmuseum in Innsbruck hängt, zeigt sie sich mit den Attributen Zeichenstift und Papier eindeutig als Malerin. Die Haltung ihrer Hand ganz in Rokoko-Manier, der Rosenmund und das gepuderte Haar sind klare Attribute des Frauenbildes jener Zeit und damit als Hinweis auf die Malerin als Frau zu deuten.[66] Einige Jahre später, 1770, demonstrierte Angelika Kauffmann in einem weiteren Selbstporträt ein neues Selbstverständnis, denn es zeigt sie mit Portfolio und Zeichenstift, aber ohne Schmuck und mit natürlichem, ungepudertem Haar.[67] Jetzt präsentiert sie sich allein als Künstlerin.

1780/85 entstand ein Selbstbildnis mit der Büste der Minerva, Göttin der Weisheit, der taktischen Kriegsführung, der Kunst und Hüterin des Wissens.[68] Damit betont sie ihre Verankerung in der Wissenschaft. Zu Beginn der 1790er-Jahre arbeitete Kauffmann an dem *Selbstbildnis zwischen Malerei und Musik* 1791/1792, zu finden im Puschkin Museum in Moskau, das bei den Zeitgenossen auf großes Interesse und Bewunderung stieß und zu einem Schlüsselwerk jener Zeit werden sollte.

In den 90er-Jahren des 18. Jahrhunderts wurde sie als Repräsentantin der Wiedergeburt der Kunst im Sinne von Winckelmann und Mengs gefeiert.[69] Denn immer wieder griff sie Themen und Figuren aus antiken Epen, insbesondere von Homer und Vergil, auf, wie bei den meisten Bildern, die Kauffmann für die Akademieausstellungen der Royal Academy malte.[70] *Hektors Abschied von Andromache*, eine Episode der Ilias, ist Thema eines ihrer bedeutendsten Historienbilder aus dem Jahr 1768.[71] Auch gilt sie als Vertreterin der »Empfindsamkeit«, der kulturgeschichtlichen Phase zwischen Rokoko sowie Sturm und Drang. Das neue Naturgefühl der literarischen Strömung zeigt sich ebenfalls in ihren Arbeiten.[72]

Sie war aber auch Nutznießerin eines wachsenden Kunstmarktes und neu aufkommender Techniken. So zählte sie zu den ersten Künstlern, die die neuen Reproduktionstechniken anwandten und den Massenmarkt bedienten. Anerkannte und geschätzte Kupferstecher wollten sich ihr anschließen. Einer der prominentesten von ihnen war der englische Hofkupferstecher William Wynne Ryland, mit dem sie ab 1779 zusammenarbeitete. Er schuf zahlreiche Stiche nach Kauffmanns Skizzen und Aquarellen.[73]

In den 1780er-Jahren stand Kauffmann auf dem Höhepunkt ihres Ruhms, den sie durch harte und ausdauernde Arbeit erlangt hatte. Sie begann früh am Morgen und arbeitete bis auf eine kurze Pause durch bis zum Abend, wo sie beim Essen meistens noch dazu kunstverständige Freunde oder Kollegen empfing.[74] In der wenigen verbleibenden Zeit nahm sie gerne auch mal ein Buch zur Hand, das allerdings sorgfältig ausgewählt wurde: »Man muss sich Gott befehlen, den umgang guter und frommer menschen suchen und den müssiggang meiden so viel wie möglich. Das lesen guter bücher ist sehr nützlich, aber gute bücher, die zur bildung des herzen, und des geistes dienen, und wissenschaften lehren, auch in diesem fach ist der Rath eines Recht schaffnen manns sehr nützlich, den wie viele seind von den schriften der philosophen unser zeit verblendet worden.«[75]

Am 26. Dezember 1795 starb Zucchi. Gut 20 Jahre später, im Herbst 1807 erkrankte Angelika Kauffmann schwer; sie litt unter Husten, unregelmäßigem Puls und Herzbeklemmung, am 5. November erlag sie dem Leiden. Ihr Tod wurde in der Presse in europäischen Ländern stark rezipiert, in der Royal Academy richtete der Präsident und Freund aus frühester Zeit, Benjamin West, eine Trauerfeier zu ihren Ehren aus.[76]

CLARA SCHUMANN

Paris, Februar 1839. Eine junge Pianistin setzt ihren Willen gegen den Vater durch und fährt erstmals ohne männliche Begleitung zu einer Konzertreise nach Paris. Sie verhandelt mit den großen Klavierfabrikanten über den passenden Flügel, bestreitet erfolgreich ihre Konzerte in den großen Sälen der französischen Metropole und absolviert alle notwendigen gesellschaftlichen Besuche. Dieses Abenteuer ist nicht nur eine Reise zu sich selbst und heraus aus der Abhängigkeit vom Vater, sondern wird auch ihre künftige Karriere bestimmen.

Bis dahin war die am 13. September 1819 in Leipzig geborene Clara Wieck immer von ihrem Vater auf den Konzertreisen begleitet worden. Von früh an hatte Friedrich Wieck die große Begabung seiner Tochter gefördert und sie seit ihrem neunten Lebensjahr als pianistisches Ausnahmetalent der Gesellschaft präsentiert, auf unzähligen Konzertreisen im In- und Ausland. Die kleine Clara hatte gerade ihren fünften Geburtstag erlebt, als ihr Vater sie ans Klavier setzte und mit dem Unterricht begann. Sie durfte nur eineinhalb Jahre zur Schule gehen, danach ließ Wieck sie von Hauslehrern in den wichtigsten Fächern, vor allem den Sprachen Französisch und Englisch, unterrichten. Sie sollte genügend Zeit für den Klavierunterricht haben.[77]

Und Wieck hatte Erfolg: Am 20. Oktober 1828 stellte er seine Tochter im Leipziger Gewandthaus als Nachwuchstalent vor. Sie durfte beim Konzert einer Musikerin aus Graz zusammen mit einer anderen seiner Schülerinnen eine vierhändige Variationen von Kalkbrenner aufführen. Sogar die Presse, namentlich die *Allgemeine Musikalische Zeitung,* berichtete darüber.[78] Als erster öffentlicher Auftritt außerhalb von Leipzig folgte ein Hauskonzert in Dresden: Clara spielte bei Hofrat Dr. Carus, dem Leibarzt des Königs von Sachsen, vor geladenen Gästen. Carus empfahl sie daraufhin einer Hofdame, und bald erhielt die junge Pianistin einen Vorspieltermin bei Hof.

Schon den Auftritt in Dresden konnte Clara als großen Erfolg für sich verbuchen; es sprach sich schnell herum, und jeder wollte plötzlich das Wunderkind sehen und hören.[79] Ein Jahr später durfte sie bereits dem berühmten Geigenvirtuosen Niccolò Paganini vorspielen, der selbst vier Konzerte in Leipzig gab. In ihr Tagebuch schrieb sie, noch erfüllt von dem Erlebnis: »Am 30. September abends ist Paganini angekommen, und nun werde ich also den größten aller Künstler auch hören. Ich mußte ihm auf einem alten, schlechten Pianoforte mit schwarzer Klaviatur die von mir komponierte Polonaise in Es vorspielen, was ihn sehr erfreute und was er meinem Vater mit den Worten andeutete: ich habe Beruf zur Kunst, weil ich Empfindung hätte.«[80]

Der 1785 geborene Friedrich Wieck war ebenfalls musikalisch begabt und hatte eigentlich Berufsmusiker werden wollen, doch seine Eltern waren dagegen gewesen. So studierte er Theologie in Wittenberg und arbeitete nach dem Studium als Hauslehrer in Adelsfamilien. Die Musik ließ ihn aber nach wie vor nicht los, und so gründete er im Alter von 30 Jahren eine Pianofortefabrik sowie einen Musikalienverleih in Leipzig. Aus seiner ersten Ehe stammten Clara und ihre drei Brüder Alwin, Gustav und Viktor sowie die Schwester Adelheid. Auch die Brüder wurden Musiker oder übten musiknahe Berufe aus; Gustav war Instrumentenbauer und Alwin Geiger. Doch der Vater widmete Clara besondere Aufmerksamkeit und förderte sie intensiver als ihre Brüder.[81]

Die musikalische Ausrichtung der Familie hatte ihre Wurzeln auch aufseiten der Mutter. Mariane, 1797 geboren, war selbst Schülerin von Friedrich Wieck gewesen, bevor sie ihn mit nur 19 Jahren heiratete. Ihr Vater war Kantor in Plauen, ihr Großvater Johann Georg Tromlitz ein bekannter Flötist, Komponist und Instrumentenbauer gewesen. Kurz nach der Geburt von Claras Bruder Viktor 1824 trennten sich die Eltern und wurden ein Jahr später geschieden. Mariane heiratete den Musikpädagogen Adolph Bargiel und zog zu ihm nach Berlin. Der selbstbewussten Sängerin und Pianistin war Wieck zu grob und herrisch gewesen.[82] Am 28. April 1828 ging Wieck eine neue Ehe mit der Pfarrerstochter Clementine Fechner ein.

In den 1830er-Jahren ging Clara mit ihrem Vater jährlich auf größere Konzertreisen. Die erste Parisreise im Jahr 1832 stellte höchste Anforderungen in Ausdauer und Intensität des Programms an das junge Mädchen, was es mit Bravour erfüllte. Über Stationen in Frankfurt, Darmstadt, Mainz und Metz ging es zur Stadt an der Seine. Während dieser ersten Pariser Konzertreise erlebte Clara im Künstlerzimmer ein »Gipfeltreffen« dreier bedeutender Komponisten ihrer Epoche: Ferdinand Hiller, Felix Mendelssohn Bartholdy und Frédéric Chopin.[83] Im

November 1834 folgte eine weitere Konzertreise durch den Norden Deutschlands in die Städte Magdeburg, Schönebeck, Halberstadt und Braunschweig. Bereits im Januar 1835 ging es weiter nach Hannover, Bremen und Hamburg und im November 1835 nach Zwickau, Plauen und Chemnitz.

Von Dezember 1837 bis April 1838 hielten sich Vater und Tochter für eine Reihe von Konzerten in Wien auf.[84] Diese Wiener Konzertreise wurde zum wichtigen Meilenstein in Claras künstlerischer Entwicklung. Die erforderlichen Höflichkeitsbesuche in der gehobenen Gesellschaft absolvierte sie stoisch; schließlich waren sie wichtig, um Publikum für ihre künftigen Konzerte zu gewinnen. Es gab mittlerweile deutlich größere Konzertsäle; in den europäischen Großstädten des 19. Jahrhunderts fassten sie zwischen 300 und 600 Personen. In Wien wurde Clara Wieck als Sensation gefeiert, die lokale Presse berichtete leidenschaftlich von ihren Auftritten, und Verlage zeigten Interesse für ihre Kompositionen. In ihrer Wohnung empfing sie pausenlos Gäste, denen sie vorspielen musste. Die Werbetrommel funktionierte bestens. Beim sechsten Konzert, bei dem auch die kaiserliche Familie anwesend war, erlebte Clara einen noch größeren Triumph als zuvor: Über 100 Menschen wurden abgewiesen, da der Saal überfüllt war, viele konnten gar nichts sehen vor lauter Musikbegeisterten, und Clara wurde nach der Vorstellung achtmal vom applaudierenden Publikum auf die Bühne gerufen. Der Höhepunkt der Wienreise schließlich war Claras Ernennung zur K. K. Kammervirtuosin durch den Kaiser persönlich.[85] Damit war Clara Wieck zur größten Klaviervirtuosin der Zeit aufgestiegen, wie im *Universal-Lexikon der Tonkunst* aus dem Jahr 1838 geschrieben stand.[86]

Der Ruhm brachte Clara nun auch mit anderen berühmten Musikern und Komponisten der Zeit zusammen. Als Franz Liszt im April 1839 Leipzig besuchte, stattete er den Wiecks einen Besuch ab, auf den weitere gemeinsame Treffen folgten.[87] Liszt war begeistert von der jungen Kollegin und schrieb in einem Brief an die *Gazette musicale:* »Ich hatte noch das Glück, die junge und höchst interessante Pianistin Clara Wieck kennen zu lernen, die im verflossenen Winter ebenso verdientes, wie außerordentliches Aufsehen hier gemacht hatte. Ihr Talent entzückte mich, vollendete technische Beherrschung, Tiefe und Wahrheit des Gefühls und durchaus edle Haltung ist es, was sie insbesondere auszeichnet.«[88] Auch Goethe musste Clara vorspielen, woraufhin er begeistert äußerte: »Das Mädchen hat mehr Kraft als sechs Knaben zusammen.« Am 1. Oktober 1832 hatten Vater und Tochter Audienz bei dem damals 83-jährigen Goethe am Frauenplan in Weimar.[89]

Eine Künstlerehe

Während dieser Jahre, in denen sich Clara im Teenageralter einen Namen als Pianistin machte, zog ins väterliche Haus ein Mann ein, der bestimmend für ihr weiteres Leben sein sollte: Robert Schumann. 1810 in Zwickau in eine bildungsbürgerliche Familie geboren, studierte er Rechtswissenschaften an den Universitäten Leipzig und Heidelberg, um die Erwartungen des Vaters, eines Buchhändlers, zu erfüllen. Tatsächlich interessierte sich Robert Schumann aber weitaus mehr für die Philosophievorlesungen als für die Jurisprudenz, und auch die Musik nahm in seinem Leipziger Leben eine immer größere Rolle ein. Er erhielt Kompositionsunterricht bei dem Musikdirektor Heinrich Dorn und ab 1831 Klavierunterricht bei Friedrich Wieck, in dessen Haus er dann auch ein Zimmer bezog.[90] In den 1830er-Jahren schrieb Schumann unter anderem seine frühen Klavierzyklen wie die *Davidsbündlertänze, Carnaval* oder *Kreisleriana.*

Zu dieser Zeit entwickelte sich Clara von einem zwölfjährigen Mädchen zu einer jungen, attraktiven Frau. Noch hatte Robert Beziehungen zu anderen Frauen, schließlich aber verliebte er sich in die immer mehr gefeierte Pianistin. An die ersten Begegnungen erinnerte er sich: »Meine älteste Erinnerung an Dich reicht bis zum Sommer 1828: Du maltest Buchstaben, versuchtest zu schreiben, während ich am a-moll-Konzert studiert, und sahst Dich oft nach mir um.« Und an die Clara des Herbstes 1830: »Du warst damals ein kleines eigenes Mädchen mit einem Trotzkopf, einem Paar schöner Augen, und Kirchen waren Dein Höchstes.«[91]

Auch Clara entwickelte Gefühle für den neun Jahre älteren Robert; als sie 16 Jahre alt war und Robert 25 kam es zum ersten Kuss. Jahre später erinnerte er sich an dieses Ereignis: »Ich fühl es, wie nahe Du mir bist jetzt – morgen werden's drei Jahre, daß ich Dich in Zwickau des Abends küßte. Ich vergess es nie dieses Küssen. Du warst gar zu hold an jenem Abend.« Clara hatte am Abend des 6. Dezember 1835 ein Konzert in Zwickau gegeben.[92]

Dem Vater gegenüber mussten sie ihre Liebesbeziehung verheimlichen. Das Versteckenmüssen ihrer großen Liebe, aber auch Claras wachsende Selbstständigkeit und ihr ausgeprägter Wille beeinträchtigten das bislang harmonische Vater-Tochter-Gespann. Clara war nicht mehr dazu bereit, sich dem Vater völlig zu unterwerfen, und begann sich gegen seine Dominanz zu wehren. Wieck beklagte sich bei seiner Frau, dass die Tochter nun oft so unbesonnen und herrisch sei, voll unvernünftigen Widerspruchs, nachlässig, in höchstem Grade unfolgsam. Er bezeichnete sie als grob, eckig, ungeschliffen, ungeheuer faul und sogar eigensinnig eitel.[93] Ihm blieb nicht verborgen, was sich zwischen seiner Tochter und seinem Schüler entwickelte. So verbot er gemeinsame Treffen, doch sie fanden immer wieder Gelegenheiten, sich zu sehen, ja sie verlobten sich sogar heimlich. Wieck drohte Robert, ihn zu erschießen, wenn er noch einmal Kontakt mit Clara aufnehmen würde.[94] 1839 ging der Konflikt so weit, dass das junge Paar beim Leipziger Appelationsgericht Klage gegen Friedrich Wieck einreichte.

Unterstützung erhielten sie von Claras Mutter und Wiecks geschiedener erster Frau, Mariane Bargiel.[95] Der Konflikt mit dem Vater war äußerst belastend für Clara. Sie versuchte zwischenzeitlich zu vermitteln und Robert zu besänftigen. Am 2. Februar 1840 schrieb sie ihm aus Berlin: »(...) zugleich die Bitte, die Du mir nicht abschlagen darfst. Verklage den Vater nicht, es nutzt Dir gar nichts. Du kannst keinen Beweis aufzeigen, Dünz läugnet jedenfalls (...), zerreißt den Brief und was willst Du dann thun? Du bist abgewiesen. Ich bitte Dich inständigst thue es nicht (...).«[96] Clara zeigte während des Konflikts auch eine klare, rationale und vernunftorientierte Haltung. Drei Tage später schrieb sie an den geliebten Mann aus Hamburg: »(...) der Vater ist doch entsetzlich. Cranz hat heute einen Brief an ihn geschrieben mit allerlei herzergreifenden Worten – er will ihm das Gewissen rühren, will das väterliche Gefühl, das doch nur in ihm schlummere, erwachen machen, mit einem Worte, er will das Unmöglich möglich machen. Die Antwort weiß ich.«[97] Sie schätzte Wiecks Hartnäckigkeit realistisch ein und war entsetzt über dessen Vorgehen und Intrigen: »(...) Vaters Erklärung hat mich zittern gemacht, diese Lügen darin, und diese Gemeinheit, und das Alles muß man ruhig ertragen! Deine Gegenschrifft ist mir ganz und gar recht, und sie müßte, sollte ich meinen, den Vater total schlagen.«[98]

Mit Friedrich Wieck war nicht mehr zu reden. Um die Zustimmung zur Ehe per Gerichtsbeschluss einzuholen, kontaktierte Robert einen guten Bekannten, den Advokat und Gerichtsassessor Dr. jur. Friedrich August Hermann. Das Verfahren zwischen Schumann und Wieck zog sich lange hin, bis das Paar im Sommer 1840 schließlich die gerichtliche Zustimmung zur Heirat erhielt. Am 12. September folgte die Hochzeit in der St. Nikolaikirche zu Leipzig. Der Vater musste kapitulieren und begriff, dass die beiden ihren Willen durchsetzten.[99]

Es sollte noch drei Jahre dauern, bis sich das Verhältnis zu Wieck wieder entspannte. Letztlich kam von ihm das Versöhnungsangebot. Er musste sich eingestehen, dass die enge Symbiose, die zwischen ihm und Clara besonders während der zahlreichen gemeinsamen Konzertreisen entstanden war, einmal einer Beziehung zu einem Mann weichen musste. Er wehrte sich aber lange dagegen, seine Tochter freizugeben. Schließlich lud Friedrich Wieck Clara und Robert ein, ihn in Leipzig zu besuchen. Dabei zeigte er auch Interesse an Robert Schumanns Arbeit und seinen neuesten Werken.[100]

Während des lang anhaltenden Konflikts hatte Clara nur die Hoffnung auf die gemeinsame Zeit mit Robert getröstet, die kommen würde: »Den Neujahrskuß laß Dir geben, mein geliebter Robert, mit welchen Gefühlen ich das neue Jahr betrete kann ich Dir nicht sagen, es sind Freudige aber auch Ernste. Ich soll Dir nun bald ganz angehören, das erregt mich freudig, mein ganzes Lebensglück liegt dann aber auch in Deiner Hand. Ein unbegrenztes Vertrauen hab ich zu Dir, Du wirst mich ganz beglücken, aber ich will Dir auch immer von ganzer Seele ergeben sein, mein ganzes Sinnen und Trachten ist ja Dein Glück. (...)«[101] Immer wieder schrieb sie in diesem Ton und zeigte ihre tiefe Liebe in der Zeit der Trennung: »Mein innigstgeliebter, guter Robert, wie glücklich hat mich Dein Brief heute gemacht, und wie liebevoll hast Du mir wieder geschrieben! ich möchte Dir's erwidern mit meinem ganzen Herzen. Wie glücklich werden wir zusammen seyn – ach ja, mein Robert, Deine Liebe ist doch mein höchstes Gut, und ich will sie Dir lohnen – wär ich doch erst Dein Weib! Ich kann Dir nicht sagen, welch seliges Gefühl mir das ist, immer um Dich seyn zu können, nie mehr von Dir zu müssen.«[102]

In den ersten Wochen nach der Hochzeit aber mussten sich beide erst einmal zusammenraufen, denn die jeweiligen Erwartungen an ihr gemeinsames Leben wichen erheblich voneinander ab. Robert freute sich auf die Hausfrau an seiner Seite, die ihre künstlerische Seite »vergessen« sollte. Clara dagegen wollte auf jeden Fall weiterhin Konzerte geben und hatte sogar Angst, als Künstlerin in Vergessenheit zu geraten. Bezeichnend ist Robert Schumanns Äußerung zu seinen Vorstellungen von der Ehe, die als Absage an die Emanzipation der Frau verstanden werden kann: »Das erste Jahr unserer Ehe sollst Du die Künstlerin vergessen, sollst nichts als Dir und Deinem

Haus und deinem Mann leben, und warte Du nur, wie ich Dir die Künstlerin vergessen machen will – nein das Weib steht doch noch höher als die Künstlerin, und erreiche ich nur das, daß Du gar nichts mehr mit der Öffentlichkeit zu tun hättest, so wäre mein innigster Wunsch erreicht.«[103]

Das Paar bezog eine repräsentative Wohnung in der Leipziger Inselstraße, wo es im geräumigen Salon 30 Personen platzieren konnte.[104] Ab der ersten Ehewoche wurde ein gemeinsames Ehetagebuch geführt, in dem sie Einnahmen und Ausgaben sowie ihre künstlerische Entwicklung minutiös dokumentierten. Während Robert komponierte, sorgte Clara für Ruhe und steckte damit selbst zurück, was ihre Arbeit als Pianistin betraf. Bereits nach kurzer Zeit beklagte sie sich über die Situation, die sich jedoch erst in der dritten gemeinsamen Wohnung ändern sollte.[105] Aber sie kämpfte schon jetzt dafür, arbeiten zu können. Zunehmend nahm sie auch die Rolle als musikalische Assistentin ihres Mannes ein. So übertrug sie zum Beispiel Roberts Balladenheft ins Reine, begleitete ihn bei Konzertproben und übernahm bisweilen sogar das Dirigat. Robert regte sie sogar zu eigenen Kompositionen an.[106] Schon vor der Hochzeit hatte Clara Roberts Kompositionen analysiert und ihrer Meinung nach unpassende Passagen verändert. »(...) Deine Romanze hab ich bekommen und sie noch an manchen Stellen corrigiert, Du mußt sie aber, sowie die Nachtstücke, wo ich mir einige Fragezeichen erlaubt habe, noch einmal genau durchsehen. Im dritten Nachtstück kommt mir der erste Theil des Trio in B moll etwas monoton vor (...), ich meine, das könntest Du leicht abändern, wenn Du den Daumen etwas mehr beschäftigtest.«[107] Auch stellte sie kritische Fragen zu Details und äußerte offen, was sie störte: »(...) Dein Lied

läßt Dir die Mutter sagen, sey ganz entzückend, und sprä-
che sie ganz besonders an. Ich hab's heut mehrmals wieder gesungen, und dabei geschwelgt in diesen himm-
lischen Harmonien. Sag mir doch, lieber Robert, warum
hast Du zu Anfang des Liedes 2 Quinten? Das fällt doch
ein wenig auf, jedes Mal wenn ich's spiele stört es mich.
Hast Du's noch nicht bemerkt, oder ist das absichtlich?«[108]

An ihren eigenen Konzertreisen hatte sie Robert Schumann schon während der Trennungszeiten vor der Eheschließung, aber auch später teilhaben lassen, indem sie
ihm so oft es ging schrieb. Vor einem Berliner Konzert
schilderte sie ihm die intensiven Vorbereitungen, die noch
notwendig waren: »(...) Meine erste Soirée ist nun Sonn-
abend gewiß, und Du kannst Dir meine Unruhe denken.
3 Stunden hatte ich gestern zu arbeiten um nur alle Bil-
lette zu bezeichnen, dann mußte ich die Subscriptionen
schreiben, dann die Annoncen (die müssen jedes Mal
viermal abgeschrieben werden) und dann die Besuche zu
machen bei den Sängerinnen, die mir Alle abschlagen zu
singen, weil sie jetzt zu sehr beschäftigt (...) sind.«[109]

Zwischen den Eheleuten kam es aufgrund von Claras
Selbstbestimmtheit und Arbeitswillen immer wieder zu
Konflikten. Um Robert zu überzeugen, wie wichtig die
Konzerte für sie waren, fuhr Clara alles an Argumenten
auf: »Nun aber einmal ernstlich, lieber Robert, wegen
Kopenhagen. Alle rathen mir zu, ich könne dort viel machen, Parish wollen mir Empfehlungsbriefe geben, das ich
gleich an den König komme, das Wasser ist jetzt ruhiger
als im Sommer oft, und wäre somit die Fahrt von Kiel ganz
gefahrlos, und die ganze Reise in 4 Wochen abgemacht,
die Mutter will mich begleiten.«[110] Der Plan zu einer Konzertreise nach Russland drückte die Stimmung im Hause

Schumann zusätzlich. Robert stellte sich Claras Willen entgegen, schon so kurze Zeit nach der Eheschließung die gemeinsame Wohnung für eine Konzertreise zu verlassen. Graf Alexej Lwow hatte Clara Schumann zu einer Konzertreise nach St. Petersburg eingeladen. Der etwa 40-Jährige war Adjutant des Zaren Nikolaus I. und Intendant der Hofmusik in St. Petersburg. Er hatte im November Mendelssohns Violinkonzert im Gewandhaus gespielt, wo sie sich begegnet waren.

Clara wollte die Reise unbedingt. Robert sah das anders. Er wollte seine Frau an seiner Seite wissen.[111] Zwar waren beide glücklich, nach der langen Zeit als Paar endlich vereint zu sein, aber Robert betrachtete Claras Aufstieg und Ruhm mit gemischten Gefühlen. Einerseits gönnte er ihr den Erfolg, andererseits sah er seine Vorstellung von ihrem gemeinsamen Leben in Gefahr. Doch seine Befürchtungen erwiesen sich als unbegründet. Clara Schumann setzte sich mit ganzer Kraft für ihre Ehe mit Robert und später auch für ihre Kinder ein. Sie ertrug die schwierige Persönlichkeit ihres Mannes und dessen wiederkehrende gesundheitliche Zusammenbrüche und unterstützte die zeitweisen finanziellen Engpässe der Familie mit den Einnahmen aus ihren eigenen Konzerten.[112]

In der zweiten Hälfte der 1840er-Jahre lebte das Paar in Dresden. In dieser Zeit gebar Clara weitere Kinder: Julie, Emil, Ludwig und Ferdinand, weshalb die Konzerttätigkeit abnahm. Die folgenden Jahre konzentrierte sie sich ganz auf die Familie, und abgesehen von den politischen Ereignissen mit der 1848/49er-Revolution, die in Dresden ihren Höhepunkt erlebte, verlief die Zeit undramatisch.[113] Gesellschaftliche Kontakte pflegten die Schumanns nun vor allem mit Künstlern der Dresdner Malerschule wie den Historienmalern Eduard Bendemann und Julius Hübner, dem Bildhauer Ernst Rietschel oder dem Maler-Dichter Robert Reinick sowie den Musikern Ferdinand Hiller und Richard Wagner, der sich besonders stark in der Revolution engagierte.[114] Als die revolutionären Unruhen am 3. Mai 1849 Dresden erreichten, floh Familie Schumann auf das Herrenhaus Maxen zum befreundeten Ehepaar von Serre. Johann Friedrich Anton von Serre hatte das Rittergut 1819 erworben und Schloss Maxen zu einem Zentrum namhafter Gelehrter und Künstler gemacht. Auch Hans Christian Andersen zählte zum Freundeskreis der Familie. Später zog die Familie Schumann weiter in das Dorf Kreischa. Nachdem der Aufstand am 9. Mai von preußischen Truppen niedergeschlagen worden war, kehrte sie am 10. Juni nach Dresden zurück.[115]

In der Dresdener Zeit verschlechterte sich Roberts gesundheitlicher Zustand. Neben Zittern und Erschöpfung litt er unter Schlaflosigkeit und entwickelte Angst vor hohen Bergen und Wohnungen in den oberen Etagen. Es häuften sich Schwindelanfälle, und ab Mai 1946 traten akustische Halluzinationen auf. Jedes Geräusch hallte in ihm nach.[116]

Im September 1850 zogen die Schumanns nach Düsseldorf, wo Robert die Stelle des Städtischen Musikdirektors übernahm; seine Vorgänger waren Ferdinand Hiller und Felix Mendelssohn Bartholdy gewesen. Schumann dirigierte im Rahmen seiner neuen Position die Abonnement-Sinfoniekonzerte im Geislerschen Saal, und Clara trat wieder häufiger als Solistin auf. Diszipliniert meisterte die sechsfache Mutter und Pianistin ihren Tagesablauf, stand früh auf, auch wenn sie in der Nacht wenig hatte schlafen können, erledigte die umfangreiche Korrespondenz und arbeitete am Klavier. In der Düsseldorfer Wohnung empfing das Paar gerne Freunde und Kollegen wie den Geiger Joseph Joachim und den Komponisten Johannes Brahms oder auch die Schriftstellerin Bettina von Arnim.

Die Arbeit mit Chor und Orchester lag Robert Schumann weniger, die Schwierigkeiten in der Zusammenarbeit verstärkten sich. Zum Ausgleich brachen Clara und Robert zu einer gemeinsamen Konzertreise nach Holland auf. In knapp vier Wochen absolvierten sie zwölf Konzerte in den Städten Utrecht, Den Haag, Rotterdam und Amsterdam.[117]

Im Frühjahr 1854 wurde Schumann wieder stärker von den »Gehöraffektionen« gequält. Er hörte immer ein und denselben Ton und zuweilen auch noch ein Intervall, wie Clara in ihrem Tagebuch notierte.[118] Am 13. Februar 1854 berichtete sie über die Verstärkung der Symptome: »Die Gehöraffektionen hatten sich soweit gesteigert, dass er ganze Stück wie von einem Orchester hörte, von Anfang bis Ende, und auf dem letzten Akkorde blieb der Klang, bis Robert die Gedanken auf ein anderes Stück lenkte. (...) Die Gehörtäuschungen steigerten sich vom 10.–17. Februar in hohem Grade. Wir nahmen einen anderen Arzt, Regimentsarzt Dr. Böger an.«[119] Die Situation wurde immer quälender, bis Robert Schumann schließlich am Rosenmontag im Karnevalstrubel nahezu unbemerkt zur Rheinbrücke ging und sich hinabstürzte. Er wurde gerettet und in die nahe gelegene Privatheilanstalt in Endenich gebracht. Bei der Aufnahme am 4. März 1854 lautete die Diagnose: »Melancholie im Wahn«. Entsprechend des späteren Obduktionsberichts des behandelnden Arztes Dr. Richarz litt Schumann an einem unheilbaren Prozess der Selbstauflösung des infizierten Gehirngewebes als Spätfolge einer früheren Syphilisinfektion.[120] Es begann eine äußerst schwere Zeit. Der Patient wurde, wie damals üblich, völlig isoliert. Clara durfte ihn nicht besuchen. Es blieb nur der Austausch über Briefe, der allerdings erst nach sieben Monaten begann.[121] Bis zu seinem Tod am 29. Juli 1856 lebte Schumann als Patient in Endenich, wo seine geistigen und körperlichen Kräfte immer mehr verfielen. Clara durfte erst zu ihm, als er bereits im Sterben lag.[122]

Brahms

Trost und Beistand erhielt Clara Schumann nach dem Tod ihres Ehemannes von Johannes Brahms.[123] Die erste Begegnung war am 30. September 1853 erfolgt, als der noch unbekannte junge Komponist dem Paar einen Höflichkeitsbesuch in der Düsseldorfer Wohnung abstattete. Es blieb nicht bei diesem einen Besuch, sondern es entwickelten sich eine intensive Freundschaft und ein reger künstlerischer Austausch zwischen den Schumanns und Johannes Brahms. Am 1. Oktober, direkt nach dessen Antrittsbesuch, findet sich im Tagebuch Robert Schumanns nüchterner Eintrag: »Das Concert für Violine beendigt. Brahms zum Besuch (ein Genius)«[124]. Brahms' innige Verbindung zum Ehepaar Schumann fand Ausdruck in seinen Klaviervariationen Opus 9 über ein Thema von Robert Schumann, die er 1854 komponierte und Robert Schumann in Endenich vorstellte.

Nach dessen Tod zog Brahms in die Wohnung der Schumanns ein und lebte dort in einer Art Wohngemeinschaft mit Clara und den Kindern, um die er sich rührend kümmerte. Auch nachdem sie 1857 die Wohnung aufgelöst hatten, hielten sie über einen intensiven Briefwechsel weiterhin Verbindung. [125] Anfangs noch beim »Sie« bleibend, wurden die Ansprachen immer vertrauter und offener. Brahms hielt zwar einerseits an seiner offiziellen Rolle als Freund der Familie fest, machte Clara aber verklausuliert doch schließlich eine Liebeserklärung. Offen bekannte er seine Liebe: »Ich liebe Sie zu viel, um es Ihnen schreiben zu können«, oder später im vertrauten »Du«: »Meine geliebte Clara, ich möchte, ich könnte Dir so zärtlich schreiben wie ich Dich liebe (...).« Auch Clara öffnete sich allmählich, verriet ihre Zuneigung zu Brahms in emotionaleren Formulierungen, und ab November 1856 verbarg auch sie ihre Liebe zu dem jüngeren Komponistenfreund nicht mehr.[126]

Brahms wurde insbesondere nach Robert Schumanns Tod zum engen Freund und Tröster, gerade in den Wochen, in denen Clara depressiv zu werden drohte und er ihr mit Reiseideen und seinen Briefen neuen Lebensmut schenkte.[127] Brahms war Claras »liebster treuester Beistand«, hat mit ihr alles »durchlebt und gelitten« und stand ihr auch bei Reisen zur Seite.[128] Nach der Auffassung von Tochter Eugenie liebte Clara Johannes Brahms »wahrhaftig und innig mit der ganzen Wärme ihres Herzens«, wobei Muttergefühle und die Bewunderung des Künstlers Brahms sicher auch eine Rolle gespielt haben. Sie verband ein tief empfundenes Zusammengehörigkeitsgefühl, aber auch die gemeinsame Arbeit mit der Musik und der intellektuell-literarische Austausch.[129] Brahms und Clara Schumann blieben ihr Leben lang in großer Vertrautheit verbunden, der Kontakt riss nie ab. Auch wenn sie in verschiedenen Städten lebten, trafen sie sich zumindest einmal jährlich. Sie starben schließlich innerhalb des kurzen Abstands von nur einem Jahr: Clara 1896, Brahms 1897.

Die selbstbewusste Künstlerin

»Die Ausübung der Kunst ist ja ein großer Theil meines Ichs – es ist mir die Luft in der ich athme!«, schrieb Clara Schumann im Oktober 1868 an Johannes Brahms. Sie wollte damit klarstellen, dass die intensiven Konzertreisen nicht allein finanziell begründet waren, sondern ihrem künstlerischen Selbstverständnis entsprachen.[130] Diese Aussage darf aber nicht darüber hinwegtäuschen, dass Clara einen beträchtlichen finanziellen Anteil am Haushalt der Familie Schumann bestritt, sowohl vor als auch nach dem Tod ihres Ehemannes, als sie die Familie allein versorgen musste. Robert gegenüber musste sie sich allerdings für ihre Konzertreisen immer wieder rechtfertigen, da er sie lieber zu Hause wusste. Im September 1840 schrieb sie an ihn aus Gotha: »(...) Du bist mir doch nicht etwa bös, daß ich jetzt die Concerte noch gebe? Daß ich nicht in der Stimmung bin, kannst Du Dir denken, doch dachte ich, ich könnte mir ein kleines Nadelgeld noch verdienen, unser eins braucht doch hie und da einmal einen Thaler, und wie wäre mir's wenn ich alle Augenblicke zu Dir kommen müßte und Dir es abfordern, ...«[131]

Die Pariser Konzertreise 1839, als sie erstmals ohne den Vater auf Tournee ging, war ein Meilenstein in ihrer Karriere, oder wie Robert es formulierte, »ihr großer Schritt in die Welt ohne Vater«. Damals war eigentlich undenkbar, dass eine 18-Jährige, noch unmündige und nicht geschäftsfähige junge Frau allein ins Ausland reiste. Aber Clara setzte sich durch, nahm eine französische Gesellschafterin, Claudine Dufourd, und die künftige Klavierschülerin Henriette Reichmann mit.[132] In Paris machte sie dann die Erfahrung, dass sie die notwendigen Aufgaben auch allein, ohne ihren Vater, erfolgreich bewältigen konnte: das Vorspielen vor Repräsentanten der Pariser Musikszene, die üblichen Konzertvorbereitungen, Besuche, um Publikum zu gewinnen und Konzertkarten zu verkaufen.

In ihren Briefen an Robert wird deutlich, dass sie sich hier durchsetzen wollte. Gerade in den Monaten, als Robert und Clara um ihre gemeinsame Zukunft gegen den Vater kämpften, verbrachte Clara Wochen in der französischen Metropole und beeilte sich auch nicht, zurückzukommen. Im Gegenteil, sie wollte den Aufenthalt noch um die Sommermonate verlängern, weil es ihrem Renommee und der weiteren Entwicklung zuträglich wäre. Sie plante also konsequent ihre Karriere und stellte die privaten Ziele zeitweise hintan.[133]

Konzerte bedeuteten Clara Schumann alles. Auch in gesundheitlich angeschlagenem Zustand ging sie auf die Bühne und absolvierte das Programm mit großer Zähigkeit. So berichtete sie an Robert Schumann aus Berlin am 28. Januar 1840: »Mein innigst geliebter Robert, es geht mir zwar noch sehr schlecht und kaum kann ich den Kopf aufrecht halten, ich muß Dir doch einen Gruß wieder sagen und muß Dir noch Einiges über das Concert schreiben. Es war ein Tag den ich im Leben nicht vergessen werde; denke Dir daß ich bis eine Viertel Stunde vor Anfang des Concertes zu Hause im schrecklichsten Zustande lag und mich endlich aufraffte, wie ich es sah, es half nichts mehr. Mit Mühe konnte ich mich in meine Concertkleider werfen, nicht stehen, die Glieder so matt daß ich keine Hand aufheben konnte (...) also wurde ich in den Wagen gepackt und in den Concertsaal gebracht. Inmitten des Concertes stärkte ich mich mit Champagner, dem ohngeachtet ward mir einige Male während des Spiels ganz schwarz vor Augen und ich war überhaupt den ganzen Abend mehr der Ohnmacht nahe als einer musicalischen Begeisterung, und doch hat es niemand gemerkt, es ging Alles prächtig.«[134]

Dass sie ihre Karriere konsequent verfolgte, zeigte sich auch in ihren Erfolgen. Mit Anfang zwanzig spielte Clara Schumann vor Angehörigen des internationalen Hochadels und nahm geduldig die notwendigen Schritte und Wartezeiten in Kauf, um ans Ziel zu kommen: »(...) Du weißt wohl daß die Kaiserin in einigen Wochen hierher kömmt. Schon seit ein paar Tagen laufe ich herum bei Redern, dem oesterreichischen Gesandten, um zum Spiel beim Kronprinz zu kommen, und dann vielleicht auch bei der Kaiserin.«[135] Im August 1840 war es schließlich so weit, an Robert berichtete sie freudig aus Weimar: »So eben komme ich von Belvedere, und eile Dir Freudiges mitzuteilen. Morgen Abend halb 8 Uhr spiele ich in Belvedere und zwar vor der Kaiserin, die heute Abend ankommt. Der Marschall sagte mir, es werde ungeheuer voll werden, da auch viele hohe Gäste da sind. (...) Chélard wird mich bei Hof präsentiren. Ein Concert soll ich auch geben (...).«[136] Robert musste sogar als Presseattaché dienen: »(...) Nun lieber Robert, sey so gut und setze in die Zeitung, daß ich die Ehre gehabt bei der Großherz. in Gegenwart ihrer Majestät der Kaiserin von Rußland/Prinzeß Wilhelm von Preußen zu spielen.« Einen Tag später erhielt sie eine weitere Einladung von der Großherzogin, noch einmal im engsten Familienkreis zu spielen. Die Großherzogin habe ihr in Anerkennung ihres Talents ein schönes, wertvolles Geschenk überreichen lassen, mit der Einladung, recht bald wiederzukommen.[137]

Der Gatte selbst war nicht immer von Claras Konzertreisen angetan. Sehnsüchtig schrieb er ihr: »Noch immer keine Nachricht von Dir, meine Klara. Ich glaubte von Kiel aus – Du haßt mich gewiß schon vergessen? – gestern wußte ich mir vor Melancholie kaum zu lassen. Diese Oede im Hause, diese Leere in mir!«[138] Clara befand sich zu dieser Zeit auf Konzertreise im Norden: Am 10. Mai 1842 fuhr sie von Hamburg nach Kiel, von dort aus weiter nach Dänemark. Robert hatte sie bis Hamburg begleitet und war dann allein nach Leipzig zurückgekehrt.

Ein künstlerischer Höhepunkt in den ersten Ehejahren bildete die Konzertreise nach Russland von Januar bis Mai 1844. Hier wurde Clara Schumann vom Zaren empfangen und absolvierte ein dichtes Konzertprogramm mit Werken ihrer Zeitgenossen. Beim ersten Konzert, das im Engelhardt'schen Saal in Sankt Petersburg stattfand, spielte sie eine Nocturne von Chopin, eine Etüde von Schumann und das *Frühlingslied* von Mendelssohn Bartholdy. Es folgen weitere Konzerte, unter anderem im Palais des Fürsten Wielgorski und im Winterpalast des Zaren. Die Presse berichtete umfassend und positiv.[139]

Aber nicht nur die großen, längeren Konzertreisen ins europäische Ausland, sondern auch Konzerte in Leipzig, Dresden oder Berlin waren wichtige Stationen in Clara Schumanns künstlerischer Entwicklung. Freundschaftlich und natürlich kollegial verbunden waren die Schumanns mit Felix Mendelssohn Bartholdy und seiner Schwester Fanny Hensel. Im großbürgerlichen Palais der

Mendelssohns in der Leipziger Straße in Berlin verliehen sie dieser Verbindung bei einem gemeinsamen Hauskonzert besonderen Ausdruck. In dem lang gestreckten Stadtpalais mit angrenzendem Wirtschaftsgebäude, Pferdeställen und Gartenhaus im Querriegel sowie einem Park nahm Fanny nach längerer Zwischenpause die Tradition ihrer Eltern wieder auf und veranstalte Hauskonzerte, die sogenannten Sonntagsmusiken. Neben Kammermusik standen auch Opern in kleiner Besetzung auf dem Programm; für Musiker der Stadt war es eine Ehre, in diesem Haus zu spielen. Zu den Konzertgästen zählte das *Who's who* der Berliner Kulturgesellschaft: Carl Maria von Weber, Ferdinand Hiller, Carl Friedrich Zelter, die Maler Moritz von Schwind und Wilhelm von Kaulbach, die Schauspielerin Wilhelmine Schröder-Devrient, Wissenschaftler wie Robert Wilhelm Bunsen, Alexander von Humboldt oder Philosophen wie Georg Wilhelm Friedrich Hegel.[140] Besonders in der Düsseldorfer Zeit traten Clara und Robert gemeinsam auf, auch mit Kollegen wie Ferdinand Hiller. Knapp drei Wochen nach Roberts Eröffnungskonzert in Düsseldorf gab Clara eine »Musikalische Soirée«, die sie mit dem Klaviertrio in d-Moll von Robert Schumann begann. Daran anschließend führte sie Beethovens *Apassionata* auf und spielte gemeinsam mit Hiller dann das *Andante* und die *Variationen für zwei Klaviere* von Robert Schumann.[141]

Im Laufe der Jahre wandelte sich das Öffentlichkeitsbild von Clara Schumann. Aus dem Wunderkind Clara Wieck ging die gefeierte Konzertpianistin hervor. In den 60er- bis 80er-Jahren veränderte sich ihr Image nochmals dahingehend, dass sie als »Hohepriesterin der Klavierkunst« gefeiert wurde, wie Franz Liszt sie nannte. Bei den

Konzerten zeigte sie Werktreue und setzte sich auch darin von ihren männlichen Kollegen ab, dass sie auf extravagante Eigenwilligkeiten verzichtete und die Authentizität der Musik in den Vordergrund stellte.[142] Sie spielte vor allem streng konzipierte Konzertprogramme und verabschiedete sich von den »bunten« unterhaltenden Programmen, die lange üblich gewesen waren. Von ihr favorisierte Komponisten waren J.S. Bach, Scarlatti, Chopin, Beethoven, Schumann und Brahms. Sie galt als führende Beethoveninterpretin ihrer Zeit. Im Laufe ihrer sechzig Jahre währenden internationalen Konzerttätigkeit prägte sie den Musikgeschmack des Publikums und formte als Klavierdozentin einen Kanon von Klaviermusik, der bis heute in die Lehrpläne für den Musikunterricht einfließt.[143]

Konzertieren war für Clara Schumann existenzielle Notwendigkeit, aber besonders nach dem Tod ihres Mannes Trauerarbeit und Lebenselixier zugleich. Allein bis zu dem Zeitpunkt, als Robert Schumann nach Endenich eingeliefert wurde, hatte sie 139 öffentliche Konzerte gegeben, und nach seinem Tod nahm sie die Konzerttätigkeit rasch und in vollem Umfang wieder auf.[144] Neben ihrem Image als Konzertpianistin pflegte Clara Schumann aber auch das Bild der treuen Frau des erkrankten Komponisten in der Öffentlichkeit und schließlich das der Witwe. Aber auch als umsorgende Mutter der sieben gemeinsamen Kinder wollte sie gesehen werden sowie als sorgsame Hüterin von Robert Schumanns musikalischem und schriftstellerischem Erbe.[145]

Komponistin wider Willen?

Im 19. Jahrhundert war es üblich, dass Pianistinnen und Pianisten in ihren Konzerten auch eigene Stücke spielten. Daher bildete Friedrich Wieck seine Tochter nicht nur zur Klaviervirtuosin aus, sondern führte sie auch frühzeitig ins Komponieren ein. Schon ihre ersten eigenen Werke waren daher auch Bravourstücke, mit denen sie sich in Konzerten glanzvoll präsentieren konnte und die beim Publikum gut ankamen. Zu Claras Kompositionen der frühen Jahre zählten vorrangig Klavierstücke wie *Quatre Polonaises*, das als Opus 1 gedruckt wurde; im Alter von zwölf Jahren komponierte sie *Caprices en forme de Valse*, neun Minutenwalzer. Es folgten *Romance variée, Valses romantique* oder *Quatre pièces caractéristiques*, ein Echo auf Berlioz' *Symphonie fantastique*, die Robert Schumann 1835 in seiner Zeitschrift rezensiert hatte.[146]

In der Zeit nach der Eheschließung öffnete sich Clara auch für andere Gattungen wie das Kunstlied oder die Chor- und Kammermusik. Manche Kompositionen sind vom Austausch mit dem Ehemann inspiriert, Bearbeitungen von dessen Kompositionen oder auch dem gemeinsamen Studium von Partituren. Auf diese Weise sind zum Beispiel die *Variationen für das Pianoforte über ein Thema von Robert Schumann* entstanden. Robert Schumann nahm insgesamt die Rolle des Unterstützers ein, ermutigte seine Frau zum Komponieren und setzte sich auch für die Veröffentlichung einiger ihrer Werke ein, wie das 1841 gemeinsam komponierte Stück *Liebesfrühling*, zwölf Lieder nach Gedichten von Friedrich Rückert, von denen drei Lieder von Clara stammten.

Zwischen 1829 und 1853 komponierte Clara Wieck-

Schumann 23 Werke mit den Opuszahlen 1 bis 23 sowie etliche Werke ohne Opuszahl und Bearbeitungen vor allem von Robert Schumanns Stücken. Zu einer ihrer bedeutendsten Kompositionen zählt das 1847 bei Breitkopf & Härtel erschienene Klaviertrio in g-Moll Opus 17, an dem sie wenige Monate nach Emils Geburt arbeitete.[147] In g-Moll verfasste sie auch die einzige Sonate für Klavier (1841/42), die ebenso zu den wenigen großformatigen Kompositionen Clara Schumanns zählt. Zu erwähnen ist hier noch das Louis Spohr gewidmete Klavierkonzert in a-Moll von 1833/35, für das sie dieselbe Tonart wählte wie jene des berühmten Klavierkonzerts Opus 54 von Robert Schumann. Inspiriert von der Bach-Renaissance im 19. Jahrhundert, deren wichtigster Vertreter Felix Mendelssohn Bartholdy war, komponierte sie drei vierstimmige Fugen nach Themen von Johann Sebastian Bach aus dem zweiten Teil des *Wohltemperierten Klaviers*, das *Präludium* f-Moll sowie das *Präludium und Fuga a 4 Voci* fis-Moll (beide 1845). Überwiegend arbeitete Clara Schumann allerdings an kleineren Stücken oder Zyklen wie den Johannes Brahms gewidmeten *Drei Romanzen für Klavier* (1853/55, Opus 21) oder den *Drei Romanzen für Violine und Klavier* (1853/55, Opus 22), die sie Joseph Joachim widmete.

Robert Schumanns Ruf als großer Komponist wirkte sich aber auch hemmend auf Claras Entwicklung als Komponistin aus. Anders als ihrer langjährigen Freundin, der Sängerin und Komponistin Pauline Viardot, ging Clara das Komponieren nicht leicht von der Hand. An ihren Mann schrieb sie sogar, dass sie keine Begabung zum Komponieren habe: »(...) Componieren aber kann ich nicht, es macht mich selbst zuweilen ganz unglücklich, aber es geht wahrhaftig nicht, ich habe kein Talent dazu. Denke ja nicht daß es Faulheit ist. Und nun vollends ein Lied, das kann ich gar nicht; ein Lied zu componieren, einen Text ganz zu erfassen, dazu gehört Geist.«[148] Clara gestand ihre Zweifel ein, vertrat ihre Haltung zum Komponieren aber auch mit großem Selbstbewusstsein. Sie versuche zu komponieren, wie sie im Mai 1840 an ihn schrieb, es sei aber, als verscheuche ein böser Geist jeden musikalischen Gedanken von ihr.[149] Die Selbstzweifel, aber auch andere Gründe wie ihre fortlaufenden Schwangerschaften führten letztlich dazu, dass Clara das Komponieren um das Jahr 1853 ganz aufgab. Vielleicht lag es auch daran, dass sie sich mehr zur Pianistin berufen fühlte und damit identifizierte als zur Komponistin. Auch die Notwendigkeit, die Familie nach Roberts Tod allein zu finanzieren, spielte sicher eine Rolle.[150]

Mutter und Konzertpianistin

Wie nur wenige Frauen der Zeit gab Clara ihren Beruf nicht auf, als sie Kinder bekam, auch wenn es gesellschaftlich von ihr erwartet wurde. Sie versuchte, beides zu vereinen: Mutter und Künstlerin. Wie Frauen in ihrer gesellschaftlichen Stellung hatte sie Ammen und Personal und entschloss sich nach dem Tod ihres Mannes dazu, einige der Kinder wegzugeben. Das erleichterte die Situation, zog aber auch Kritik auf sich. Doch sie ließ sich nicht beirren und verfolgte ihre Karriere konsequent.

Innerhalb von dreizehn Jahren gebar Clara Schumann acht Kinder, von denen sieben überlebten.

Am 1. September 1841 kam in Leipzig Marie zur Welt.[151]

Sie unterstütze später ihre Mutter und stand ihr immer auch bei der Erziehung der Geschwister zur Seite. Freude-strahlend schrieb Clara an Pauline Viardot am 3. Januar 1842 aus Leipzig: »(...) Auch ich bin seit vier Monaten glücklich in meiner kleinen Marie, die ein Ebenbild ihres Vaters – jetzt von außen, später einmal, hoffe ich, auch im Innern. Ach, Du glaubst es nicht, was für unendliche Freude Einem so ein kleines Wesen macht, je älter es wird; nach dem ersten viertel Jahr, sieht man täglich Fort-schritte an Körper und Verstand, und man wird selbst wieder mit zum Kinde.«[152]

Eine tragische Entwicklung widerfuhr dem am 20. Ja-nuar 1848 in Dresden geborenen Ludwig. Er war ein erfolg-loser Schüler und brach die Berufsausbildungen ab. Nach einem Zusammenbruch ließ Clara Ludwig in einem Kran-kenhaus untersuchen. Sie selbst befand sich zu diesem Zeitpunkt auf einer Konzertreise in England. Die Diag-nose fiel unspezifisch aus, angeblich handelte es sich um eine unheilbare Rückenmarkserkrankung. Clara entschied sich daraufhin für eine radikale Lösung und ließ ihn in die Landesheilanstalt für unheilbar Geisteskranke in Colditz, einem burgähnlichen Schloss in der Nähe von Leipzig, bringen. Bei der Einweisung war sie nicht anwesend, auch später besuchte sie ihn nur wenige Male. Ludwig ver-brachte von da an sein Leben in dieser Anstalt, lediglich sein Bruder Ferdinand besuchte ihn und berichtete über seinen »furchtbaren« Zustand.

Immerhin war Ludwig so klar bei Verstand, dass er immer wieder darum flehte, ihn aus der »Irren-Verwahr-anstalt« herauszuholen. Clara sprach mit dem Anstalts-geistlichen und dem Klinikdirektor, der keine Einwände gegen Ludwigs Entlassung vorbrachte. Doch Clara war überzeugt, Ludwig sei in Colditz gut aufgehoben. Brahms vertraute sie an, es beunruhige sie, dass Ludwig meine, wieder selbstständig leben zu können, was ihrer Einschätzung nach nicht zutraf. Clara litt unter der Situation, vermied aber Besuche in Colditz.[153] Ihre Haltung war letztlich widersprüchlich, sie entzog sich der Verantwortung. Sie scheute die Konfrontation mit dem Leiden, bei Robert wie bei Ludwig. Vielleicht aus Hilflosigkeit, Unsicherheit oder aus Angst vor der eigenen Schwäche, die Situation nicht zu bewältigen. Sie war trainiert auf Funktionieren, Leistung und Pflichterfüllung – die Krankheitskrisen der ihr Nahestehenden verunsicherten sie und machten sie hilflos. Ludwig verstarb am 9. Januar 1899 in Colditz.

Auch Ferdinands Leben stand unter keinem glücklichen Stern. Der im Juli 1849 geborene zweitälteste Sohn wurde morphiumsüchtig und starb 1891 mit nur 41 Jahren. Nach dem Besuch des Gymnasiums absolvierte er eine Ausbildung bei der Bank H. C. Plaut in Berlin, spielte aber auch intensiv Klavier. Er diente im Deutsch-Französischen Krieg, wo er überwiegend Wachdienst leistete, arbeitete danach wieder in der Bank und gründete eine Familie mit sieben Kindern. Als Folge einer Militärübung erkrankte er dauerhaft an einer schmerzhaften rheumatischen Gelenkentzündung. Fatalerweise verschrieb ihm ein Arzt Morphiumspritzen zum beliebigen Gebrauch. Er wurde abhängig und konnte seiner Arbeit nicht mehr nachgehen. Entziehungsversuche scheiterten. Ab 1888 war er dauerhaft auf Krücken angewiesen.[154]

Die Musik war für alle Schumann-Kinder wegweisend, wenn auch nicht alle musikalische Berufe ergriffen, so spielten sie doch alle mindestens ein Instrument. Eugenie, geboren am 1. Dezember 1851 in Düsseldorf, beispielsweise erhielt während der Schulzeit und danach eine musikalische Ausbildung, schließlich an der Königlichen Hochschule für Musik in Berlin, die der elterliche Freund und Kollege Joseph Joachim leitete.[155] Der am 11. Juni 1854 in Düsseldorf geborene Felix spielte Klavier und Geige und wollte partout Musiker werden, doch seine Mutter war dagegen. Er studierte dann auf ihren Wunsch Jura in Heidelberg – wie schon der Vater –, erkrankte aber an Tuberkulose und starb mit nur 25 Jahren.[156]

Clara Schumann lebte in verschiedenen Städten und zog häufig um. Nach Leipzig, Dresden und Düsseldorf ging sie 1857 nach Berlin, wo sie in der Dessauer Straße 2, dann ab 1861 am Schöneberger Ufer 22 mit den vier Kindern Marie, Elise, Eugenie und Felix lebte. Wenn sie auf Konzertreisen war, unterstützte sie Elisabeth Werner, eine Freundin, im Haushalt und bei der Betreuung der Kinder.

1863, sechs Jahre nach dem Umzug nach Berlin, verließ sie die Stadt wieder und ging in den Süden Deutschlands, nach Baden-Baden. In dieser Baden-Badener Zeit, Clara war in ihren Vierzigern, entwickelte sich eine kurze, bis 1864 andauernde Liebesbeziehung mit dem verheirateten Komponisten, Dirigenten und Pianisten Theodor Kirchner, den mit Johannes Brahms eine lebenslange Freundschaft verband.

Clara Schumann kannte Baden-Baden bereits von einer Reise mit Robert. Im Jahr 1862 hatte sie sich erneut zur Kur dort aufgehalten und die Entscheidung getroffen, ein Haus an der Stadtpromenade, die sich durch die Grünanlagen zieht, zu erwerben. Das Haus mit einem großzügigen Salon und weiteren fünf Räumen wurde für die nächsten zehn Jahre zum familiären Zentrum und diente der gefragten Konzertpianistin zur Erholung von den Strapazen. Ihre zahlreichen Tourneen führten sie immer wieder auch über die deutschen Grenzen hinaus zu Konzerthäusern in Frankreich, Belgien, Holland, Russland, Böhmen, Österreich, Ungarn und neunzehnmal nach England.

Im November 1862 hatte Clara Schumann ihrem Freund Johannes Brahms berichtet: »Also, ich ziehe im April 1863 nach Baden-Baden, habe mir dort in der Lichtentaler Alle ein kleines Häuschen, so gerade ausreichend für mich, gekauft, um den Sommer dort mit den Kindern zusammen sein zu können. Ich habe dort der Vorteile viele, Menschen und Natur, und brauche die Menschen doch nur zu sehen, wenn's mich darnach verlangt, denn mein Häuschen liegt still, hinter der Oos, aber mit der Aussicht auf die große schöne Allee.«[157] Brahms folgte ihr zwei Jahre später und mietete sich ab 1865 in den Sommermonaten in das Haus einer Advokatenwitwe ein.[158]

Baden-Baden bot ihr umfassende Möglichkeiten für intellektuellen Austausch und gemeinsames Musizieren, sei es in privaten Salons oder öffentlichen Konzertsälen, nicht nur mit Brahms oder Viardot. Hier hatten die beiden Freundinnen Clara Schumann und Pauline Viardot endlich ausgiebig Gelegenheit, sich häufiger zu sehen und gemeinsam aufzutreten. Zwischen der vielseitig begabten Sängerin, Pianistin, Schauspielerin und Regisseurin und der gefeierten Konzertpianistin und Komponistenwitwe bestand eine jahrzehntelange Freundschaft, die von großem gegenseitigem Respekt auf der künstlerischen Ebene gekennzeichnet war. Pauline bewohnte in Baden-Baden mit ihrer Familie ein Chalet im Schweizer Stil.[159]

Auch das gesellschaftliche Leben pflegte Clara wieder intensiver. Im eigenen Haus empfing sie, wie es ihre Toch-

ter Eugenie beschrieb, alles was »an bedeutenden Musikern, Virtuosen, Gesangskünstlern nach Baden kam«.
Zu Gast waren zum Beispiel das berühmte Florentiner
Streichquartett um Jean Becker, die Pianistenkollegen
Anton Rubinstein und Marie Jaëll und die Violinvirtuosen
Heinrich Wilhelm Ernst und Camillo Sivori. Natürlich war
auch Joseph Joachim häufig in Baden-Baden zu Besuch, er
war einer der häufigsten Konzertpartner Clara Schumanns.[160] Außerdem der Wagner-Dirigent Hermann Levi,
der im nahen Karlsruhe als Hofkapellmeister angestellt
war und unter dessen Leitung Clara Schumann damals
häufig Klavierkonzerte gab. Illustre Gäste waren zudem
der Fotograf, Kupferstecher und Publizist Julius Allgeyer
und sein Freund, der Maler Anselm Feuerbach.

Im Lichtentaler Haus lebte Clara auch ihre gestalteri-
sche Begabung aus. Gemeinsam mit ihrer ältesten Tochter Marie verbrachte sie viel Zeit mit der Ausstattung der
Räume, die mit Kupferstichen oder antiken Gipsabgüssen
des Apollo von Belvedere oder der Venus von Milo ge-
schmückt waren. An der dem Sofa gegenüberliegenden
Wand hing ein lebensgroßes Gemälde von Clara selbst.
Drei nebeneinanderliegende Fenster lenkten den Blick
der Besucher auf die rebenumrankte Veranda und den
Garten.[161]

Nach der glücklichen Zeit in Baden-Baden aber ging
Clara wieder zurück nach Berlin, wo sie von 1873 bis 1878
eine Wohnung am Tiergarten bezog. Gründe dafür lagen
vor allem in ihrem Wunsch, wieder näher bei den in Berlin lebenden Söhnen Ferdinand und Felix zu sein. Auch
war Eugenie dort, die an der Königlichen Hochschule für
Musik in Berlin Klavier und Gesang studierte. Ihr Konzertpartner Joseph Joachim bewohnte eine Villa in der

Nachbarschaft. Aber Clara war nicht glücklich in Berlin, ihr fehlte hier vor allem der rege künstlerische Austausch, wie sie ihn in Baden-Baden genossen hatte.

Ende der 1870er-Jahre ging es dann zu ihrer letzten Lebensstation Frankfurt, wo sie von 1878 bis zu ihrem Tod 1896 wohnte. Auch dafür gab es einen konkreten Grund: die Berufung zur »Ersten Klavierlehrerin« des neu gegründeten Dr. Hoch's Konservatoriums. Mit Marie und Eugenie bezog sie eine Wohnung in der Myliusstraße 32, in der Nähe des Palmengartens und der Universität. In diesen letzten Jahren war sie neben dem Unterrichten vor allem mit der Herausgabe von Robert Schumanns Werk beschäftigt, das bei Breitkopf & Härtel veröffentlicht wurde. Die Konzerttätigkeit nahm ab, ihr letztes Konzert gab sie am 12. März 1891 im Alter von 71 Jahren. Nach einem Schlaganfall starb Clara Schumann am 26. März 1896. Auf ihren Wunsch hin wurde sie zwei Monate später in Bonn auf dem Alten Friedhof in der Grabstätte von Robert Schumann beigesetzt. Ihr 14 Jahre jüngerer Lebensfreund Johannes Brahms starb nur ein knappes Jahr später, im April 1897.

GEORGE SAND

Ein Stück Freiheit erkämpfte sich George Sand, indem sie in Männerkleidung Theateraufführungen besuchte. Im 19. Jahrhundert war es für Frauen nicht üblich, ohne Begleitung ins Theater oder in die Oper zu gehen. Darüber setzte sie sich einfach hinweg, zog sich Hose und Mantel an, setzte einen Hut auf und besuchte – unerkannt als Frau – allein die Aufführungen, die sie interessierten. Aber nicht nur dieses Verhalten zeigt ihre Freiheitsliebe und den hohen Grad an Selbstbestimmung, der ihr gesamtes Leben prägte. George Sand trennte sich von ihrem Mann nach einer unglücklich verlaufenen Ehe und schlug sich zunächst mit journalistischen Arbeiten durch, um ihren Lebensunterhalt zu bestreiten. Damit war sie unabhängig von der Finanzierung durch einen Mann, anders, als es für Frauen, insbesondere adlige, damals üblich war. Nach ihrer Scheidung waren Männer wie Frédéric Chopin, Alfred de Musset, Honoré de Balzac oder Gustave Flaubert zwar wichtige Begleiter in ihrem Leben, sei es als Liebhaber oder Freund, doch bestimmend für die Ausrichtung ihres Lebenswegs waren sie nicht.

Kindheit auf Nohant

George Sand wurde am 1.Juli 1804 als Aurore Dupin in Paris geboren.[162] Ihre Eltern lebten in bescheidenen Verhältnissen in einer Zweizimmerwohnung in der Rue Grange Batelière, später in der Rue de Longchamps beim Arc de Triomphe. Der Vater Maurice verfolgte seine Laufbahn beim Militär, beginnend vom Rittmeister bis hin zum Adjutanten des Prinzen Murat und nahm an den Feldzügen Napoleons teil.[163] Während die Mutter, Sophie Delaborde, als Tochter eines Pariser Schankwirts und Tänzerin in einem Boulevardtheater von kleinbürgerlicher Herkunft war, ließ sich über den Vater eine adlige Linie bis hin zu Moritz von Sachsen, dem bedeutenden Heerführer von Louis XV., auch bekannt als Maréchal de Saxe, ziehen. Aurore hatte ihren Namen von der Großmutter, Marie Aurore, einer unehelichen Tochter von Maurice de Saxe und seiner Geliebten Marie Rintau.

1808 starb der Vater, Aurore war erst vier Jahre alt. Die Mutter Sophie Delaborde lebte mit ihrer kleinen Tochter zunächst bei der Schwiegermutter auf dem Landgut Nohant. Aufgrund von unüberwindlichen Gegensätzen zwischen beiden zog Sophie schließlich nach Paris und ließ Aurore bei der Großmutter auf dem Land zurück. Die Mutter schloss mit ihrer Schwiegermutter einen Vertrag, in dem sie sich einverstanden erklärte, dass Marie Aurore die Erziehung ihrer Enkelin übernahm. Im Gegenzug erhielt Sophie sogar eine jährliche Apanage von 2500 Livres. Mit dieser Vereinbarung bekam die Großmutter quasi das Sorgerecht über das Mädchen.[164]

Von nun an übernahm die Großmutter die Erziehung von Aurore, die sich später bildhaft an die außergewöhnliche Frau erinnerte: »Auch sie erschien mir sehr groß, obwohl sie nur 5 Fuß maß, und ihr weiß und rotes Gesicht, ihre würdige Miene, ihre unveränderliche Kleidung, die aus einem braunen, seidenem Gewande mit lange Taille und engen Ärmeln bestand, das sie nicht nach den Anforderungen der Mode des Kaiserreichs geändert hatte, ihre blonde Perücke, die auf der Stirn eine gekräuselte Puffe bildete, und ihre kleine runde Haube mit einer Rosette von Spitzen in der Mitte, machte sie für mich zu einem ganz absonderlichen Wesen, das mit allem, was ich je gesehen hatte, keine Ähnlichkeit besaß.« Die Großmutter, die sich liebevoll, aber auch streng um die Enkelin kümmerte, verkörperte noch stark das vergangene 18. Jahrhundert, die Zimmer auf Nohant waren im Stil Louis' XV. eingerichtet, alles erschien der kleinen Aurore wie ein Paradies.[165]

Das Landgut Nohant wurde für George Sand zum Lebensmittelpunkt nicht nur in der Kindheit, sondern auch in ihren späteren Jahren. Wie sehr sie diesen Ort der Ruhe inmitten einer traumhaften Natur liebte, wird in ihren Erinnerungen deutlich: »Ich will nun etwas von dem Gute Nohant erzählen, wo ich aufgewachsen bin, wo ich fast mein ganzes Leben zugebracht habe und wo ich einst zu sterben wünsche. Der Ertrag des Gutes ist gering; die Wohnung ist einfach und bequem und die Umgebungen sind ohne Schönheit, obwohl Nohant im Mittelpunkt der Vallée-noire – eines weiten wunderschönen Tales – gelegen ist. Aber gerade diese Lage in dem flachsten, niedrigsten Teile des Tales, inmitten eines fruchtbaren Weizenbodens, beraubt uns der reichen Abwechslung und der umfassenden Aussicht, welche die Abhänge und Höhen gewähren. (...) Diese durchfurchtete, fette, braune Erde, diese mächtigen Nußbäume, die schattigen Wege und das wilde Gesträuch, dieser grasbewachsne Kirchhof, der kleine mit Ziegeln bedeckte Glockenturm, die antike Halle, die großen morschen Ulmen, die kleinen Bauernhäuser, umgeben von hübschen Hecken, Weinlauben und grünen Hanffeldern – alles dies wird dem Auge angenehm und der Erinnerungen teuer, wenn man lange in der friedlichen, bescheidenen und stillen Umgebung gelebt hat.« Das schlossähnliche Haus war zur Zeit Ludwigs XVI. gebaut worden, aber vom Charakter eher ein Landgut und weniger prunkvoll. Umgeben war das Gut von einigen Höfen wohlhabender, unabhängiger Bauern, mit denen man in Eintracht lebte.[166]

Marie Aurore, erklärte Anhängerin der Aufklärung und vor allem der Schriften Voltaires, übernahm nicht nur die Erziehung ihrer Enkelin, sondern sorgte auch für eine umfassende Bildung der Kleinen. Sie brachte ihr das Lesen von Musiknoten bei, führte sie in die Literaturgeschichte ein, klammerte aber religiöse Schriften aus. George Sand blickte mit einem kritischen Blick zurück, als sie schrieb: »Wissen um zu wissen, das war der Kern der Erziehung, die mir gegeben wurde, und es war nie die Rede davon, sich zu belehren, um besser, glücklicher und weiser zu werden. Man lernte, um mit unterrichteten Leuten plaudern zu können, um die Bücher zu verstehen, die man in den Schränken hatte, und um die Zeit auf dem Lande oder sonst wo zu töten.«[167] Sie habe sich nur aus Liebe für die Großmutter mit ganzer Kraft den Studien hingegeben, die sie eigentlich langweilten. Sie habe Tausende von Versen auswendig gelernt, deren Schönheit sie nicht begriff. Das Lernen von Latein war ihr ein Graus, die Prosodie empfand sie wie eine Zwangsjacke für ihr natürliches poetisches Gefühl. Von Arithmetik wurde ihr schwindelig. Was ihr viel mehr zusagte, war Geschichte, die in ihren Augen einen anderen Reiz hatte. Sie war begeistert von der historischen Literatur und romantischen Episoden wie Heldengeschichten und edlen Taten, wundersamen Begebenheiten und poetischen Zwischenfällen. Sand betrachtete Geschichte vor allem von der philosophischen Seite und gab ihr Wissen enthusiastisch weiter. Dabei kümmerte es sie wenig, ob ihr Urteil mit dem der Geschichtsschreiber übereinstimmte. Auch Musik erlebte sie mit großer Leidenschaft. Die trockenen Fingerübungen, die ihr die Großmutter vorgab, erlernte sie schnell, um ihr Gewissen zu beruhigen, aber sobald sie diese beherrschte, nahm sie sich die Freiheit und änderte die Stücke ab, schmückte sie aus und improvisierte.[168]

Als Aurore 13 Jahre alt war, übergab die Großmutter ihre Enkelin dem Kloster der Englischen Augustinerinnen in Paris, wo sie eine angemessene Bildung erhalten und standesgemäße Umgangsformen lernen sollte. Diese Zeit erlebte Aurore als äußerst ambivalent. Einerseits entkam sie dadurch dem für sie belastenden Konflikt zwischen Mutter und Großmutter: »Ich freute mich, daß ich im Kloster war; ich fühlte das Bedürfnis, mich von den inneren Kämpfen zu erholen; ich war müde der Zankapfel zwischen zwei Wesen zu sein, die ich liebte. Ich hätte fast gewünscht, daß man mich ganz vergessen möchte.«[169] Andererseits empfand sie das Kloster als Gefängnis: »So verlebte ich zwei Jahre hinter dem Gitter. Wir hörten die Messe in unserer Kapelle, empfingen die Besuche im Sprachzimmer, nahmen dort auch unsere Privatstunden, wobei sich der Lehrer jenseits und der Schüler diesseits des Gitters befanden. (...) Es war wirklich ein Gefängnis, aber ein Gefängnis mit großem Garten und großer Gesellschaft. Ich gestehe, daß ich die Strenge der Gefangenschaft nicht einmal bemerkte und nur über die kleinlichen Vorsichtsmaßregeln lachte, die man nahm, um uns hinter Schloß und Riegel zu halten (...).«[170]

Allmählich aber gewöhnte sie sich an die Frömmigkeit der Schwestern und machte sich diese sogar ein wenig zu eigen. Die klösterlichen Riten erschienen ihr dennoch als ein »albernes und lächerliches Ding«, das sie nicht ernst nehmen konnte. Sie war vorbehaltlos ins Kloster eingetreten und willig, sich der Disziplin zu unterwerfen, aber als sie sah, »wie einfältig diese Disziplin in vielerlei Hinsicht war« und wie boshaft sie gehandhabt wurde, setzte sie ihre »Mütze aufs Ohr und trat entschlossen in die Reihen der Teufel ein«.[171]

Auf das »Gefängnis« Kloster folgten erste Monate der Freiheit. Mit 17 lebte sie ein Jahr lang quasi allein. Diese Zeit war wohl entscheidend für ihre spätere Lebensgestaltung, wie sie in ihren Erinnerungen festhält: »Aber mein Schicksal wollte, daß ich im Alter von siebzehn Jahren, allen äußeren Einflussen entzogen und beinahe ein Jahr mir selbst überlassen bleiben sollte, um im Guten oder im Bösen das zu werden, was ich fast mein ganzes Leben lang über geblieben bin.« Ihre Großmutter zog sich aus der erzieherischen Verantwortung zurück, auch aus Gesundheits- und Altersgründen. Sie blieb zwar zärtlich und liebevoll mit ihrer Enkelin, war besorgt um deren Gesundheit, aber alles andere, auch die Heiratsplanung für Aurore, schien sie nicht mehr zu kümmern. Aurores Mutter weigerte sich, nach Nohant zu kommen, weil sie ihre andere Tochter Caroline nicht verlassen könne; auch Aurores Bitten konnten daran nichts ändern, was diese lakonisch kommentierte. Schließlich aber fügte sie sich und ertrug die Einsamkeit.[172]

In dieser Zeit ritt Aurore gerne frühmorgens aus und trug dabei Männerkleidung, da sie beim Herumstreifen einfach bequemer war. Schließlich blieben die Röcke gerne in den Büschen hängen. Es kümmerte sie nicht, dass andere sich über sie amüsierten oder ihr Verhalten befremdlich fanden. Denn ihre Lebensweise hing, wie sie schrieb, »so genau mit der außergewöhnlichen Lage zusammen, in der ich mich befand, daß es mir ganz natürlich schien, wenn mein Leben von dem der anderen jungen Mädchen abwich. Man hielt mich für sehr bizarr, doch war ich es viel weniger, als ich es hätte sein können, wenn ich am Außergewöhnlichen Geschmack gefunden hätte«.[173]

In der Nacht vom 22. auf den 23. Dezember 1821 starb die Großmutter. Kurz vor ihrem Tod schenkte sie Aurore ein kleines Messer von Perlmutter und sagte zu ihr: »Du verlierst Deine beste Freundin.« Dem knappen, aber deutlichen Beweis für eine innige Beziehung gab George Sand einen zärtlichen Widerhall, als sie schrieb: »Dies waren ihre letzten Worte, dann lagerte sich ein bleierner Schlaf auf ihr ruhiges, immer noch frisches und schönes Gesicht. Sie erwachte nicht wieder und verschied ganz schmerzlos beim Anbruch des Tages und bei den ersten Klängen des Weihnachtsgeläutes.«[174]

Nach dem Tod der Großmutter ging Aurore nach Paris zu ihrer Mutter, die ihr mittlerweile fremd geworden war, aber auf Nohant konnte sie allein nicht bleiben. Sie war irritiert vom Jugendwahn und der Eitelkeit ihrer 48-jährigen Mutter, die sich nur für Frisuren, Haarfarbe und neue Kleider interessierte, während Aurore Ruhe suchte und las.[175] Wegen ständiger Streitereien beschlossen sie, dass Aurore zu einer befreundeten Familie, den Duplessis, ziehen sollte.[176]

Eine unglückliche Ehe

Bei der Familie Duplessi verlebte Aurore eine sorglose Zeit. Dort begegnete sie auch dem Sohn einer befreundeten adligen Familie: Casimir Baron Dudevant. Sie kamen sich näher, was auch den Berichten der Duplessis geschuldet war, denn diese hatten ihr viel Gutes von Casimir und seiner Familie erzählt, was ihr Interesse an dem jungen Mann weckte. Sie empfand seine Worte und sein Verhalten als aufrichtig. Er sprach nicht von Liebe, sondern gestand, dass er kein besonders leidenschaftlicher oder enthusiastischer Mensch sei und zudem ungeschickt im Aussprechen von Komplimenten.[177] Auch wenn es nicht die große romantische Liebe zwischen ihnen war, entschlossen sie sich bereits im September 1822 zur Heirat. Das junge Paar zog nach der Hochzeit nach Nohant.[178] Am 30. Juni 1823 bekam Aurore ihr erstes Kind, ihren Sohn Maurice, benannt nach ihrem Vater und dem berühmten Urgroßvater, Maurice de Saxe.[179] Die Mutterrolle und die Liebe zu Maurice erfüllten sie. »Die Verwandlung, die in diesem Augenblicke in dem Wesen und den Ideen der Frau vorgeht, ist gewöhnlich vollständig und plötzlich.«[180] Wenige Jahre später, am 13. September 1828, wurde ihre Tochter Solange geboren.[181]

Die Ehe stand allerdings unter keinem guten Stern. Nach der Geburt von Solange entfremdeten sich Aurore und Casimir immer mehr. Casimir führte das Leben eines traditionellen Gutsherrn, ging oft auf die Jagd und interessierte sich nicht für die intellektuellen Gedanken seiner Frau. Mehr noch, er demütigte sie, schlug sie in Anwesenheit von Gästen und kam nach den Wirtshausbesuchen mit Freunden oft betrunken nach Hause. Als er, neben anderen Frauen, mit denen er Liebschaften pflegte, eine Affäre mit dem Dienstmädchen im eigenen Haus begann, war der Höhepunkt des Schreckens erreicht.[182] Aurore hielt es nicht mehr aus und unterbreitete ihm den Vorschlag, dass sie mit Solange in Paris leben könne, worauf er schließlich einging.[183] Casimir blieb nach der Trennung auf Nohant und lebte dort weitestgehend vom Geld seiner Frau. Nach einigen finanziellen Fehlspekulationen verlor er später ein beträchtliches Vermögen. Wie bei der Trennung vereinbart erhielt George schließlich die Vormundschaft für die Kinder, wobei Maurice die Hälfte seiner Ferien bei seinem Vater verbringen sollte.[184]

Neuanfang in Paris

Nach dem Schrecken der Ehejahre begann am 6. Januar 1831 ihr neues Leben in Freiheit, und zwar in Paris. Aurore hatte eine kleine Wohnung in der Rue de Seine 31 bezogen und freute sich über das bescheidene eigene Zuhause und die Unabhängigkeit: »Ich suchte mir eine Wohnung und richtete mich nach kurzer Zeit auf dem Quai St. Michel ein, in einer Mansardenstube des großen Hauses, welches an der Brücke, der Morgue gegenüber, die Ecke des Platzes bildet. Ich hatte drei, kleine nette Zimmer mit einem Balkon, der mir die Aussicht über einen Teil der Seine und auf die riesenhaften Bauwerke von Notre-Dame, Saint-

Jacques-la-Boucherie, die Saint-Chapelle usw. gewährte. Ich hatte da Himmel, Wasser, Luft, Schwalben und bemooste Dächer und lebte in dem malerischen und poetischen Paris, das Victor Hugo geschildert hat, in der Stadt der Vergangenheit.«[185] Sie schrieb den ganzen Tag so viel sie konnte und ging nur nach draußen, um die kleine Solange im Chardin du Luxembourg spazieren zu führen.

In den ersten Jahren nach der Trennung tröstete Aurore der 19 Jahre jüngere Journalist und Jurastudent Jules Sandeau. Die Beziehung war allerdings nicht von Dauer, da auch er sie bald betrog.[186] In dieser Zeit begann sie für den *Figaro* zu arbeiten, jene konservativ ausgerichtete Tageszeitung, die aber auch kritisch gegen die Monarchie Position bezog.[187] Für ihre Artikel suchte Aurore ein Pseudonym und wählte schließlich den Namen George Sand, der einen Bestandteil des Nachnamens ihres Freundes Jules enthielt. Von jetzt an nannte sie sich George Sand.

In den 1830er-Jahren trat dann ein anderer Mann an ihre Seite: der Schriftsteller Alfred de Musset. Sie lernten sich 1833 bei der Zeitschrift *Revue des Deux Mondes* kennen, für die sie beide schrieben. De Musset hatte etwas von einem Dandy, neigte zum Weltschmerz und tröstete sich mit Opium, Champagner und Prostituierten. Im Winter 1833/34 unternahmen George und er eine Reise nach Italien, auf der es zu Eifersuchtsszenen kam. De Musset brach immer wieder in Eifersuchtsanfälle aus, so auf den italienischen Arzt Pietro Pagello, der ihn behandelte und der mehr als freundlich zu George war. Auch traten ihre unterschiedlichen Erwartungen an die Liebe und das Leben immer deutlicher hervor. Während George diszipliniert arbeitete, brauchte Musset das Chaos. Nach einer dramatischen Zuspitzung am 22. Februar 1834, bei der

Alfred seine Geliebte mit einem Messer bedrohte, zog sich George nach Nohant zurück.[188]

Ein weiterer Freund jener Zeit war Honoré de Balzac. Beide verband die unermüdliche Arbeit an ihren Texten. George besuchte ihn oft in seinem eleganten Appartement: »Nachdem Balzac seinen Roman *La Place de Chagrin* unter günstigen Bedingungen verkaufte hatte, (…) begnügte er sich damit, seine kleine Poetenstube in eine Reihe eleganter Boudoirs zu verwandeln, (…) und lud uns ein, in seinen mit Seidenstoffen ausgeschlagenen und mit Spitzen verzierten Gemächern Eis zu essen.«[189] Balzac war noch nicht so berühmt, wie er später werden sollte, liebte aber schon jetzt den Luxus, sodass ihm das Notwendige inmitten seines Überflusses fehlte. Er entsagte lieber Suppe und Kaffee, als dass er auf Silberbesteck und chinesisches Porzellan verzichtet hätte. George Sand beschrieb ihn als zynisch, er berausche sich beim Wassertrinken, sei unmäßig bei der Arbeit und mäßig in allen Leidenschaften, in gleichem Übermaß romantisch und nüchtern. Zudem sei er gläubig und skeptisch, voller Kontraste und Geheimnisse. Balzac schien schon in seiner Jugend selbst für jene ein Rätsel gewesen zu sein, die versuchten, ihn zu verstehen. Man sollte meinen, dass Geoerge und er lange Gespräche über Literatur und Politik führten, aber so war es nicht. Sie erzählte ihm wenig von ihren literarischen Projekten. Aber sie war gern mit ihm zusammen, nur zuweilen schwatzte er ihr zu viel.

In ihren Erinnerungen schilderte sie die manchmal bizarren Situationen, die sie mit ihm erlebte: »Eines Abends, nachdem wir bei Balzac auf die sonderbarste Weise diniert hatten (ich glaube, die Mahlzeit bestand aus gekochtem Rindfleisch, einer Melone und gekühltem Champagner), zog er sich einen schönen, ganz neuen Schlafrock an, den er uns mit der Freude eines kleinen Mädchens vorführte. Dann bestand er darauf, in diesem Aufzuge auszugehen und uns, mit einem Wachslichte in der Hand, bis an das Gitter des Luxembourg zu begleiten.«[190]

Von Balzac ließ sich die junge Autorin zum Realismus inspirieren. George Sand bewunderte an Balzac seinen umfassenden Geist. Sie schätzte seine große Begabung, die moderne Gesellschaft treffend abzubilden. Auch pflichtete sie ihm bei, wenn er Kritikern entgegentrat, sobald diese es wagten, dem Künstler einen bestimmten Rahmen, ein Thema und eine Darstellungsweise vorzuschreiben.[191]

1836 erfolgte die Scheidung von Casimir unter heftigen gegenseitigen Vorwürfen, vor allem von George Sand an Casimir: schlechte Verwaltung des Besitzes Nohant, Affären mit Dienstmädchen, Trunkenheit in der Öffentlichkeit. Schließlich kehrte George nach Nohant zurück, entließ alle Bediensteten bis auf den Gärtner und seine Frau und beseitigte die Hinterlassenschaften ihres Ex-Mannes. Casimir focht das Urteil an, hielt ihr die Beziehung zu Jules Sandeau vor, die Reise mit Musset, die Männerkleidung und das Rauchen.[192]

Seit der Trennung 1836 hatte sich Casimir in sein Schloss Guillery bei Nérac zurückgezogen, wo er mit Jeanny Dalias, seiner Haushälterin, lebte, mit der er ein Kind hatte. Solange und Maurice führten daher später gegen ihren Vater einen Prozess. Die uneheliche Tochter sollte keinen Erbanspruch haben. Nach dem mehrjährigen Rechtsstreit kam es zu einer Einigung, Guillery wurde verkauft und die Einnahmen auf alle aufgeteilt. Casimir Dudevant starb am 8. März 1871.[193]

Das Verhältnis von George Sand zu ihren Kindern war ambivalent. Mit Maurice verband sie eine große Nähe, auch mit dessen Familie. Er war vielseitig begabt, wurde Maler, Schriftsteller und widmete sich biologischen Studien. Am 27. Februar 1840 trat er als Schüler in das Atelier von Eugène Delacroix ein, bei dem George einst Modell gesessen hatte.[194] 1866 veröffentlichte er eine Insektenkunde, *Le monde des papillons*, für die George bei Journalisten warb. Am 10. Januar desselben Jahres wurde die Tochter von Maurice Sand geboren und erhielt den Namen der Großmutter, Aurore. Am 12. März 1868 folgte Gabrielle, seine zweite Tochter. Maurice und seine Frau Lina lebten mit den Kindern ebenfalls auf Nohant.[195]

Georges Verhältnis zu ihrer Tochter dagegen war über lange Zeit hinweg schwierig. Solange heiratete den Bildhauer Auguste Clésinger, einen Schüler von Bertel Thorvaldsen. Die Ehe war schwierig, und nach kürzester Zeit verschuldeten sich die beiden bis zu einer Summe von 80 000 Francs. Sie suchten Hilfe bei George und erwarteten, dass diese eine Hypothek auf Nohant aufnahm. George ging jedoch nicht darauf ein, bot ihnen aber an, ihnen 50 000 Francs aus ihrem neuen Vertrag mit dem Verleger Hetzel zu geben. George war mittlerweile finanziell unabhängig und verdiente gut mit der Schriftstellerei. 1849, zwei Jahre nach der Heirat von Auguste Clésinger und Solange, wurde Tochter Nini geboren, die allerdings bereits mit sechs Jahren verstarb. Kurz zuvor hatten sich ihre Eltern getrennt.

Clésinger stand seit den 1840er-Jahren mit George Sand in Verbindung. Auch mit Chopin verband ihn ein freundschaftliches Verhältnis. Von ihm nahm Clésinger auf dem Sterbebett eine Totenmaske und einen Abdruck der

Hände ab. Für Chopins Grab auf dem Friedhof Père Lachaise erschuf er eine Skulptur der Euterpe. Solange war immer wieder neidisch auf ihre Mutter, deren gesellschaftliche Stellung und besonders auf die zahlreichen Gäste auf Nohant. Von der Ehe mit dem Bildhauer Clésinger hatte sie sich eine Verbesserung ihrer eigenen gesellschaftlichen Position versprochen, was sich aber letztlich nicht erfüllte.[196] Zwischen Chopin und Solange entstand eine gewisse Nähe, die Mutter und Tochter schließlich zusätzlich entfremdete.

Chopin

1838 kam es zur Begegnung mit einem Mann, der für die kommenden neun Jahre eine große Rolle in George Sands Leben einnehmen sollte: Frédéric Chopin. Ab den 1830er-Jahren lebte Chopin in Paris, wo er in den Salons seine Klavierkunst vorführen konnte. In den Pariser Salons wie jenem von Astolphe de Custine, aber auch in der Klaviermanufaktur von Camille Pleyel begegneten sich der Komponist und die Schriftstellerin immer wieder. George verliebte sich bald in den jungen Polen, der sich anfangs jedoch zurückhaltend zeigte.[197] Allmählich aber näherten sie sich an und trafen sich schließlich regelmäßig in Chopins elegantem Appartement in der Chaussée d'Antin.[198] Ein Zeugnis ihrer Liebe ist das Doppelporträt von Eugène Delacroix, das 1838 entstand.[199]

Im Sommer desselben Jahres war George auf der Suche nach einem warmen Ort für ihren kränkelnden Sohn Maurice. Die Wahl fiel auf Mallorca. Als sie Chopin davon berichtete, war er sofort von der Idee begeistert: »Während ich diesen Plan verfolgte und meine Vorbereitungen zur Reise traf, sagte mir Chopin, den ich täglich sah und dessen Genie und Charakter ich zärtlich liebte, daß auch er bald geheilt sein würde, wenn er an Maurice' Stelle sein könnte. (...) An der Reise ließ ich ihn freilich nicht an Maurice' Stelle, sondern neben demselben teilnehmen.«[200] Im Oktober brach George zunächst mit den Kindern und einem Dienstmädchen auf, in Perpignan nahe der spanischen Grenze stieß dann Chopin zu der kleinen Gruppe, und gemeinsam reisten sie über Barcelona weiter nach Mallorca. Nach zwei einfachen Unterkünften fanden sie schließlich Unterschlupf im Kloster Valldemossa, wo sie sich nebeneinandergelegene Zellen einrichteten. In den drei sieben Meter hohen Räumen hatten sie genügend Platz zum Schlafen, Wohnen und Arbeiten sowie ein Gartenstück mit einem Wasserreservoir.[201]

Der Aufenthalt von George Sand und Chopin auf Mallorca wurde später literarisch romantisiert, in Wahrheit entwickelte er sich wohl schnell zu einem veritablen Horrortrip. Denn Chopins Erkältung wuchs sich zu einer heftigen Bronchitis beziehungsweise Schwindsucht, heute als Tuberkulose bekannt, aus. Sie wurden aufgrund der unehelichen Gemeinschaft von Einheimischen angefeindet, Chopins Krankheit bestimmte den Alltag, und George kümmerte sich um ihn und die Kinder.[202]

Für George war das Kloster dennoch eine malerische Bleibe: »Wir hatten in einer verlassenen, halb verfallenen Kartause eine ebenso gesunde als malerische Wohnung gefunden. Morgens gab ich den Kindern einige Stunden, den ganzen übrigen Tag liefen sie umher, während ich arbeitete. Abends, beim Mondenschein, versammelten wir uns im Kreuzgange oder lasen in irgendeiner Zelle, und so würde unser Leben in dieser Einsamkeit trotz der Rauheit des Landes und der Unredlichkeit seiner Bewohner sehr angenehm gewesen sein, hätte mich nicht der traurige Anblick unseres leidenden Gefährten (...) um alle Freude und um allen günstigen Einfluß der Reise gebracht.« Der kranke Chopin wurde immer mehr zur Belastung: »Der arme, große Künstler war ein unausstehlicher Kranker. Das, was ich vorgesehen hatte, aber leider nicht genug gefürchtet hatte, trat ein: er verlor alle Selbstbeherrschung, und während er die Leiden des Körpers mit ziemlichem Mute ertrug, konnte er die Unruhe seiner Einbildungskraft nicht besiegen.«[203] Hinzu kam, dass George den Aufenthalt auf Mallorca allein finanzierte, was ihr letztlich hohe Schulden einbrachte. Trotz der zeitaufwendigen Krankenpflege gelang es ihr, in den strengen Tagesablauf den Unterricht der Kinder und das Arbeiten an Romanen wie *Spiridion* und *Lelia* einzubauen.[204] Im Februar 1839 schließlich verließen sie Mallorca wieder und reisten über Marseille zurück nach Paris.

Ab Juni 1839 lebte das Paar abwechselnd auf Nohant und in Paris. Chopin liebte das Landgut, weil er dort die notwendige Ruhe zum Arbeiten hatte. Seinen Verwandten in Polen beschrieb er Nohant in geradezu lyrischen Tönen.[205] Auch hier sorgte George wieder für einen geregelten Tagesablauf, in dem sie allen familiären Pflichten tagsüber nachkam und spätestens in der Nacht dann an ihren Romanen und Schriften saß. Sie liebte es aber auch, im Garten zu arbeiten und Chopins Improvisationen zu lauschen, die durchs offene Fenster nach draußen drangen.[206]

Da Chopin wieder Geld verdienen musste und in Paris Konzerte und Klavierunterricht gab, suchten sie sich zwei getrennte Wohnungen, er in der Rue Tronchet 5, sie in der Rue Pigalle 16.[207] Doch Nohant blieb nicht nur ihr Rückzugsort. Immer wieder kamen Gäste, auch für längere Zeit, wie Delacroix im Sommer 1842, die Schriftsteller Heinrich Heine und Adam Mickiewicz, der Maler Ary Scheffer oder Chopins Schülerin und Muse Delfina Potocka. Auch Solange nahm Unterricht bei Chopin. Sie verstanden sich gut, was zu einer großen Nähe zwischen beiden führte.[208]

Auch mit Liszt, dem Vertrauten von Chopin, verband George eine tiefe Freundschaft. 1837 verbrachten Liszt und Marie d'Agoult zwei Monate auf Nohant. Mit Marie d'Agoult, der Geliebten von Liszt, freundete sich George an, wenn auch nicht besonders eng. Marie aber war eifersüchtig auf sie wegen ihrer Nähe zu Liszt und weil sie selbst sich einst vergebens um Chopin bemüht hatte.

George Sand und Frédéric Chopin verband zweifelsohne eine starke gegenseitige Anziehungskraft. Aber George nahm in ihrem Verhältnis auch die Rolle einer Krankenschwester und die einer Mutter ein, nicht nur aufgrund des Altersunterschieds, sondern auch wegen ihres fürsorglichen Verhaltens. Politisch lagen sie weit auseinander, Chopin vertrat konservative Positionen, George Sand sozialistische. Und so kam es schließlich zur Entfremdung zwischen ihnen. Am 11. November 1846 verließ Chopin Nohant für immer. Es kam nie zu einer Aussprache wegen der Trennung.[209] Als er am 17. Oktober 1849 starb, waren auf Nohant vier Tage lang die Vorhänge zugezogen und George war nicht erreichbar.[210]

Unermüdliche Arbeit und Werke

Das Schreiben war für George Sand die Erfüllung von Fantasien, aber auch ein notwendiges Instrument zur Sicherstellung ihrer finanziellen Unabhängigkeit. Nach der gescheiterten Ehe mit Casimir gelang es ihr schnell, eigenes Geld zu verdienen. Was die eigene Beurteilung ihres Talents betraf, so war sie sehr kritisch mit sich: »Ich komme darauf zurück, deutlicher und positiver auszusprechen, daß mich nichts von dem, was ich geschrieben habe, jemals befriedigt hat; meine ersten Versuche im zwölften Jahre ebenso wenig wie die literarischen Arbeiten meines Alters.«[211] Wichtiger waren ihr die Fantasien und Träumereien, denen sie bereits als Kind nachgehangen hatte: »Das Schreiben hörte nun also auf, aber das Bedürfnis zu erfinden und zu schaffen, quälte mich immerfort. Ich bedurfte einer Welt der Phantasien, und ich hörte niemals auf, mich mit denselben zu beschäftigen. Sie umgaben mich überall, auf meinen Spaziergängen und in meinen Grübeleien, im Garten, im Felde, im Bette, ehe ich einschlief und sobald ich erwachte.«[212] Seit frühester Kindheit fühlte sie das Bedürfnis, sich eine innere Welt nach ihrer Weise zu schaffen, eine fantastische, poetische Welt, die nach und nach zu einer religiösen oder philosophischen, zu einer Welt des Geistes oder des Gefühls wurde. Ihre Träumerei ging so weit, dass sie Sinnestäuschungen erlebte und sich der realen Welt entrückt fühlte.[213]

Während sie tagsüber Zeitungsartikel schrieb, fand sie nachts Zeit, an ersten Romanen zu arbeiten. 1833 erschien *Indiana*. In diesem frühen Werk verarbeitete sie die unglücklichen Erfahrungen ihrer Ehe. Sie beschrieb die unterschiedlichen gesellschaftlichen Erwartungen und Herausforderungen der Rollen von Frau und Mann. *Indiana* wurde ein Bestseller und von Feministinnen, linken Intellektuellen und Befürwortern von freier Liebe gefeiert. Sie sahen in dem Roman ein Pamphlet gegen die etablierte Ordnung mit einer feministischen Botschaft.[214] In ihren Erinnerungen berichtete George Sand über ihre enorme Produktivität. Als *Indiana* im Verlag von Ernest Dupuy erschien, arbeitete sie bereits an weiteren Werken wie *Valentine* und *Lelia*. *Valentine* erschien nur wenige Monate nach *Indiana*. Beide Romane entstanden in der Zeit, als sie abwechselnd in Paris und Nohant lebte, wobei sie regelmäßig drei von sechs Monaten auf dem Landgut verbrachte.[215]

In *Valentine* findet eine unglücklich verheiratete, adlige Frau Liebeserfüllung bei einem Bauernsohn. Dabei lässt George Sand in das fiktive Geschehen politische Überlegungen einfließen: zu einer gerechteren Verteilung von Wohlstand, der Abschaffung von Erbschaften oder einer gesetzlichen Gleichstellung von Mann und Frau. Damit griff sie durchaus aktuelle Positionen auf, die zu Zeiten der Julirevolution von Saint-Simonisten verbreitet wurden, die die Autorin einluden, als ihr Sprachrohr zu fungieren, was diese aber ablehnte. Auch arbeitete sie in *Valentine* stimmungsvolle Naturbeschreibungen ein, vor allem ihre Eindrücke aus der Gegend um Nohant, die Landschaftsregion der Berry und das Vallée Noire.[216]

Ihre Idee mit dem Pseudonym ging auf, die Zeitungen lobten die Romane des Herrn George Sand. Die Veröffentlichung von *Indiana* und *Valentine* war auch finanziell ein Erfolg, sie brachten der Autorin 3000 Francs ein, sodass sie bald eine Bedienstete anstellen konnte. Zu dieser Zeit kaufte ihr Verleger Buloz die Zeitschrift *Revue des Deux Mondes,* für die George Sand bald auch Novellen schrieb, die ihr die Türen zur Pariser schreibenden Zunft öffneten: »Die *Revue des Deux Mondes* war damals der Sammelplatz für die Elite der Schriftsteller. Mit zwei oder drei Ausnahmen ist alles, was sich später als Publizist, Dichter, Roman- und Geschichtsschreiber, Philosoph, Kritiker usw. einen Namen gemacht hat, durch die Hände von Buloz gegangen. Er ist ein intelligenter Mann, der sich nicht auszudrücken versteht, aber unter der rauen Schale eine große Freiheit verbirgt. Es ist sehr leicht, vielleicht zu leicht, sich über diesen brutalen, hartköpfigen Genfer zu moquieren – (…) aber es ist nicht leicht, sich seiner Herrschaft zu entziehen.«[217] In der *Revue des Deux Mondes* erschien zwischen 1. Juli und 15. August 1866 ihr Roman *Le Dernier Amour.* [218]

Doch die Zusammenarbeit mit Buloz verlief nicht immer harmonisch, »trotz seiner Spötterei, Härte, übertriebenen Anforderungen hat der Despot Buloz Augenblicke, in denen er gefühlvoll und teilnehmend ist«. Später kam es zum großen Zerwürfnis und gerichtlichen Auseinandersetzungen. George Sand zeigte ihrem Verleger gegenüber großes Selbstbewusstsein und Unabhängigkeit und behauptete sich damit gegenüber dem Mächtigeren.[219] Dennoch, Buloz war ein wichtiger Partner in diesen Jahren. Im Frühjahr 1838 erhielt George Sand von ihm ein attraktives Angebot: 6000 Francs für ihr Gesamtwerk, das sie annimmt.[220] Im Herbst 1871 beendete George schließlich die Zusammenarbeit mit der *Revue des Deux Mondes* und verpflichtete sich, für *Le Temps* alle 14 Tage ein Feuilleton zu schreiben, das unter der Überschrift »Träumereien und Erinnerungen« abgedruckt wurde. Mit

Dumas fils, dem Sohn von Alexandre Dumas, dachte sie darüber nach, eine eigene Zeitschrift zu gründen, die sich an junge Leser wendet. Dumas lehnte ab.[221]

Generell verhandelte George Sand selbstbewusst mit ihren Verlegern. So auch mit Michel Lévy. Hier ging es aber nicht um ihr eigenes Werk, sondern um einen Roman von Gustave Flaubert. George vermittelte zwischen Autor und Verlag, da Flaubert solche Verhandlungen zuwider waren. Sie blieb dem Verleger gegenüber hartnäckig, und die Verhandlungen zogen sich länger hin. Flaubert berichtete sie am 18. Mai 1869 aus Paris über ihre geschickte Taktik: »Ich habe heute Lévy gesehen. Ich habe mich zunächst einmal herangetastet, dann aber erkannt, daß er um keinen Preis von seinem Vertrag abzuweichen gewillt ist. Ich habe ihm dann aber sehr viel Gutes über das Buch gesagt und nebenbei bemerkt, er habe es recht billig bekommen.«[222] Michel Lévy gründete 1836 zusammen mit seinem Bruder Kalmus das bedeutende Verlagshaus Calmann-Lévy. Die Brüder waren die Verleger herausragender französischer Schriftsteller des 19. Jahrhunderts wie Alexandre Dumas des Älteren und dessen Sohn gleichen Namens, Honoré de Balzac, Victor Hugo, Alphonse de Lamartine, Alfred de Vigny, Théophile Gautier, Edgar Quinet und natürlich George Sand. Michel Lévy hielt sich zeitweise auch in Nohant auf, im Juli 1873 beispielsweise.[223]

Zusammen mit Pierre Leroux und Louis Viardot gründete sie 1841 die Zeitschrift *Revue indépendante*. Auch diese Zeitschrift wurde ein wichtiges Medium, in dem sie ihre Romane als Vorabdruck veröffentlichte, wie *Horace* beispielsweise. Der Pariser Theaterdirektor und Kunstschriftsteller Louis Viardot war der Mann von Pauline Viardot.

Einer der Schlüsselromane George Sands, *Lelia*, erschien am 10. August 1833, ein Jahr nach *Indiana*. Es war
ihr zweiter großer Roman. 1834 wurde er bereits in deutscher Übersetzung veröffentlicht, 1839 nach ihrer Überarbeitung erneut. Auf ein vom Literaturkritiker Charles-
Augustin Sainte-Beuve verbreitetes Gerücht geht die Annahme zurück, dass die Heldin mit der Autorin identifiziert
werden könne. Der Roman reflektiert das Jahrhundert, die
Charaktere sind symbolisch aufgeladen und verkörpern
jeweils ein bestimmtes Gefühl der Zeit. Lelia selbst vereint
widersprüchliche Aspekte in sich, so zum Beispiel wenn
sie einerseits als heiliges Wesen von der Ich-Erzählerin
beschrieben wird, andererseits als Person, die der Liturgie
in der Kirche distanziert gegenübersteht.[224] Lelia ist von
der Liebe enttäuscht, das Leben wird für sie zur leidvollen
Pilgerschaft auf ein unbekanntes Ende zu.[225] Wer Lelia
eigentlich ist, bleibt bis zum Schluss unklar. Verschiedene
Charaktere symbolisieren die einzelnen Lebensphasen
von George Sand: Magnus steht für ihre Kindheit, Stenio
für ihre Jugend, Lelia für das reifere, Trenmor schließlich
das Greisenalter. Der Roman löste vor allem wegen seines
atheistischen und blasphemischen Inhalts bei Kritikern
eine hitzige Debatte aus. Es ist ein Werk der Extreme, in
dem vielfach Gegensätze aufgezeigt werden, im Denken,
bei Charakteren, Beziehungen oder Landschaften. Auch
Lelia selbst wird mal als Engel, mal als Teufel dargestellt,
sie pendelt zwischen Himmel und Hölle, Liebe und Hass,
Feuer und Eis sowie Leben und Tod hin und her.[226]

1837 veröffentlichte George Sand *Mauprat*, eine Geschichte mit Anklängen an die russischen Dichter Turgenjew und Dostojewski, mit der sie in die Riege der großen
Erzähler und Erzählerinnen aufstieg. Eine der Hauptfigu-

ren ist ein bäuerlich geprägter Philosoph, der, inspiriert von Rousseau und der griechischen Philosophie, zurückgezogen im Wald lebt.[227] Intellektuelle und Schriftsteller bildeten für George Sand ein wichtiges Netzwerk. Sainte-Beuve schlug die Autorin für den Prix d'Académie vor, der mit 20 000 Francs dotiert war, doch sie wurde abgewiesen. Mit dem um zwanzig Jahre jüngeren Alexandre Dumas verband George Sand eine Arbeitsfreundschaft.[228]

Um eine ganz andere Thematik als in ihren Romanen geht es in der musikalischen Novelle *Mouny-Robin*, in der sich George Sand mit der deutschen Oper auseinandersetzt, insbesondere mit dem *Freischütz* von Carl Maria von Weber. Das brachte sogar Richard Wagner dazu, eine Rezension in der Zeitschrift *Revue et gazette musicale de Paris* zu veröffentlichen. Hintergrund war eine Debatte um die Eigenarten der französischen und der deutschen Musik. Der Erzähler in *Mouny-Robin* gibt bei einem Besuch des *Freischütz* ein Gespräch zwischen einem Pariser Bürger und einem Deutschen während der Aufführung wieder, in dem die Unterschiede zwischen der Kunstwelt des Pariser Kulturtempels und dem ländlichen Leben der Vallée Noire, wo der Erzähler aufgewachsen ist, thematisiert werden. Die Novelle erschien zeitgleich mit vielen anderen Kritiken und Artikeln zur Pariser Uraufführung des *Freischütz* im März 1841.[229]

Das Theater war für George Sand ein Forum, um die Werke ihrer Schriftstellerfreunde zu erleben, diente ihr aber auch als Bühne ihrer eigenen Werke. So wurde am 10. Juli 1867 im Théâtre National de l'Odéon *Der Marquis von Villemer* mit großem Erfolg wiederaufgeführt.[230] Anlässlich der Proben zu ihrem Stück *Cadio* verbrachte sie täglich einige Stunden dort. Flaubert berichtete sie am

29. September 1868 aus Paris: »Ich bin jeden Tag von sechs Uhr abends bis zwei Uhr früh im Theater (…) ich, die ich wie Du an Nachtarbeit gewöhnt bin, verspüre keinerlei Müdigkeit (…), an andere Dinge zu denken. Ich bin es ja weidlich gewohnt, schon an einem neuen Stück zu arbeiten, während man das alte probt, und das ist sogar recht anregend in diesen großen düsteren Sälen (…).«[231]

Am 3. Oktober 1868 fand schließlich die Premiere von *Cadio* statt, bei der auch Flaubert zugegen war.[232] Zwei Wochen später berichtete sie ihm von den mal mehr und mal weniger gut besuchten Aufführungen sowie der Presseberichterstattung, die ebenso schwankend, teils anerkennend, teils ablehnend war.[233] Die Arbeit mit den Schauspielerinnen und Schauspielern bereitete ihr große Freude. Am 17. August 1869 schrieb sie Flaubert erneut: »Schauspieler sind zartbesaitete Instrumente; wenn man sie zu hart anpackt, zerbrechen sie. Man muß ihnen ständig sagen, daß sie es gut machen, nur unter Lob kommen sie zum Schwingen, Kritik läßt sie zerspringen.«[234] Sie hielt Schauspielerinnen für zartfühlende Mütter, deren Kinder glücklicher seien als die vornehmer Frauen; denn diese könnten ihre Fehltritte nicht gestehen und müssten die Zeugen ihrer Liebe verbergen oder gar entfernen. Nirgends – so George Sands Überzeugung – seien die Bande inniger als unter Schauspielern. »Wenn die Mutter genötigt ist, am Tage fünf Stunden lang in die Probe und abends fünf Stunden lang während der Vorstellung tätig zu sein; wenn sie kaum Zeit hat, zu essen und sich anzukleiden, werden die flüchtigen Augenblicke, in denen sie ihre Kinder anbeten und liebkosen kann, Momente voll leidenschaftlichen Entzückens, und die Tage der Ruhe sind wahre Feste.«[235]

Viele Theaterstücke von George Sand wurden in Paris uraufgeführt. So fand am 11. September 1869 die Premiere von *La Petite Fadette* in der Opéra-Comique statt. Die Autorin saß in der Direktionsloge, umgeben von zahlreiche Freunden, darunter auch Flaubert. Ein Triumph war die Premiere von *L'Autre* am 25. Februar 1871.[236]

Und George Sand blieb produktiv. Auch in den späteren Jahren saß sie häufig an mehreren Arbeiten zugleich, wie sie Flaubert aus Nohant am 15. November 1869 schrieb: »(...) Auch ich korrigiere Druckbogen von *Pierre qui roule*, und bin in der Mitte eines neuen Romans, der nicht viel Aufsehen erregen wird. Mehr will ich im Moment gar nicht. Arbeite abwechselnd an meinem Roman, an dem, der mir gefällt, und an einem anderen, der der *Revue* nicht gleichermaßen mißfällt und mir recht wenig gefällt.«[237] Die Arbeit für die Zeitungen verfolgte sie weiterhin. In der *Revue des Deux Mondes* veröffentlichte George Sand am 21. Dezember 1869 einen Artikel über *L'Éducation sentimentale* von Flaubert, seinen letzten vollendeten Roman. Im August 1871 begann sie die Mitarbeit bei *Le Temps* mit ihren regelmäßigen Feuilletons *Rêveries et Souvenirs*. Ihr Roman *Nanon* wurde in Fortsetzung vom 7. März bis 20. April 1872 in *Le Temps* veröffentlicht.[238]

George Sand arbeitete unermüdlich, genoss aber auch die Stunden mit der Familie und die Gespräche mit Freunden, wobei die Gedanken an ihre Arbeit immer präsent waren. Sie war hin- und hergerissen zwischen den Polen in ihrem Leben: dem geselligen Beisammensein und der Arbeit an ihren Romanen. »Ich verwünschte meine Arbeit zehnmal täglich, wenn ich von ernsten Schriften hörte, die ich hätte lesen mögen, oder von Dingen, die ich gern gesehen hätte. Wenn ich mit meinen Kindern zusammen war, wünschte ich nur für sie und mit ihnen zu leben. Und wenn meine Freunde zu mir kamen, warf ich mir vor, daß ich sie nicht oft genug sah und zuweilen in ihrer Mitte zerstreut war. Es schien mir, als ob das wahre Leben an mir vorrüberginge wie ein Traum und die imaginäre Welt des Romans sich mit quälender Wirklichkeit auf meine Seele lagerte.«[239]

Politisches Engagement

Mit der Februarrevolution von 1848 ging für George Sand zunächst eine Hoffnung in Erfüllung, die aber bald enttäuscht wurde. In ihren Artikeln, die in verschiedensten Zeitungen erschienen waren, hatte sie ihrer sozialistischen Haltung immer wieder Ausdruck verliehen.[240] Aber auch in den Romanen zeigte sie sich politisch, wie beispielsweise in dem Doppelroman *Consuelo/La Comtesse de Rudolstadt* (1842/1844), der als Fortsetzungsroman in der *Revue indépendante* erschien und in dem sie die Utopie einer Gesellschaft ohne Unterschiede zwischen Geschlechtern und Klassen entwarf. Ab 1848 verantwortete sie dann das *Bulletin de la République*, das offizielle Presseorgan der neuen Regierung.

Zunächst war sie begeistert, als Louis Napoléon Bonaparte, den sie 1838 persönlich kennengelernt hatte, zum Staatspräsidenten gewählt wurde. Ihre Nähe zu ihm nutzte sie, um sich für vier verurteilte Sozialisten einzusetzen. Nachdem Louis Napoléon sich allerdings zum Kaiser krönen ließ, kehrte sie Paris enttäuscht den Rücken und ging nach Nohant zurück. Die sich plötzlich verschärfende Zensur ließ sie vorsichtig werden. Sie vernichtete ihre politischen Schriften und achtete auf unverfänglichere Themen in ihren Romanen. Zusammen mit Kollegen wie Lamartine, Balzac und Victor Hugo wandte sie sich gegen Pläne des Ministerrats, rund um die Stadt Paris Festungsbauten zu errichten. Sie umgab sich mit Arbeiteranführern und Sozialisten, besuchte in deren Begleitung Bälle, was dem politisch konservativen Chopin unangenehm und peinlich war.[241]

Das Schicksal der kleinen Bürger und einfachen Leute lag ihr am Herzen: »Es gab aber einen Grund zu Besorgnissen. Die allgemeine Störung der Geschäfte mußte besonders diejenigen treffen, deren Arbeit von den bedrohten Formen des politischen Lebens abhängig ist. Handwerker und Künstler, welche von einem Tage zum anderen leben, finden sich in solchen Krisen plötzlich gelähmt (...). Ich fand mich in einer nicht weniger prekären Lage: als die Krisis ausbrach, war ich infolge der Verheiratung meiner Tochter tief verschuldet.«[242] Doch Georges anfängliche Begeisterung verlor sich zusehends mit den fortschreiteden Ereignissen angesichts sich verschärfender Fronten zwischen den Lagern. Die Republik wurde »ermordet«, wie sie meinte, weil die Menschen ihre Kinder gegeneinander zum Kampfe führten. Zwischen den beiden Parteien der Revolution, dem Volk und der Bourgeoisie, öffnete sich ein tiefer Abgrund. Auch in Nohant fühlte sie sich von dem feigen Hass und der dummen Furcht der Provinzbewohner bedroht. »Meine Seele war tot, mein Hoffen lag zerschmettert unter den Barrikaden.«[243]

Im zweiten großen Krieg des Jahrhunderts, dem Deutsch-Französischen Krieg von 1870/71, wurde George Sand schließlich zur Pazifistin. Jetzt kämpfte Frankreich gegen den Norddeutschen Bund unter der Führung Preußens sowie die mit ihm verbündeten Staaten Bayern, Württemberg, Baden und Hessen-Darmstadt. Als Sieger ging Preußen hervor, die Folge war die Gründung des Deutschen Reichs unter Bismarck. An Flaubert schrieb sie am 26. Juli 1870: »Ich halte diesen Krieg für infam, diese offiziell genehmigte Marseillaise für ein Sakrileg. Die Menschen sind blutrünstige und eitle Rohlinge.«[244] Die Beweggründe für einen Krieg erschienen ihr absurd angesichts des Leidens, das aus den brutalen Kämpfen resultierte. Wiederum klagte sie bei Flaubert: »Bist Du in Paris, mitten in diesem Aufruhr? Welch eine Lektion erhalten die Völker, die absolute Herrscher wollen! Frankreich und Preußen, die einander die Kehle durchschneiden, aus Gründen, die sie selbst nicht begreifen! Da haben wir nun all das Unheil, und all die Tränen am Ende, wenn alles vorbei ist, aber wir werden als Sieger daraus hervorgehen! (...) Welch eine Unordnung, welch eine Ratlosigkeit in dieser Heeresverwaltung, die alles aufsog und doch alles andere verschlingen sollte! Wird diese grauenvolle Erfahrung der Welt endlich beweisen, daß der Krieg abgeschafft werden muß oder die Zivilisation dem Untergang geweiht ist?«[245]

Der Schriftstellerfreund

Ein wichtiger Freund und Kollege in den 1860er- und 70er-Jahren war Gustave Flaubert. Zeugnis davon ist eine umfassende Korrespondenz mit über 400 Briefen. In ihren Briefen diskutierten sie über vielfältigste Themen aus Philosophie und Politik, über Moral, Gefühle oder da-

rüber, was es bedeutet, Künstler zu sein. Ihre Freundschaft blieb platonisch, war aber durchaus von Zärtlich-
keit bestimmt.[246]

Ihre erste Begegnung fand wohl am 12. Februar 1866
statt, als George zum ersten Mal am berühmten *Dîner
Magny* teilnahm, bei dem Flaubert häufiger zugegen
war.[247] Später besuchte George die Uraufführungen von
Flauberts Stücken in Pariser Theatern und reiste häufig in
die Kleinstadt Croisset bei Rouen, wo er mit seiner verwit-
weten Mutter lebte. Am 28. September 1866 schrieb sie an
Flaubert aus Nohant: »Abgemacht, lieber Kamerad und
guter Freund. Ich werde mein Möglichstes tun, um bei der
Aufführung des Stücks Ihres Freundes in Paris zu sein und
dort, wie immer, meiner Bruderpflicht nachkommen; danach fahren wir zu Ihnen, und ich werde acht Tage bleiben, doch unter der Bedingung, daß Sie nicht aus Ihrem
Zimmer ausziehen. Es betrübt mich, wenn ich Umstände
verursache, und ich bin auch gar nicht verzopft, was das
Schlafen angeht. Ich schlafe überall, in der Asche oder
einer Küchenbank, wie ein Hühnerhofhund.« Sie genoss
die endlosen Plaudereien mit dem Freund, Ausflüge in die
Umgebung von Croisset und nächtliches Vorlesen.[248] Wieder zurück in Paris schrieb sie ihm im November 1866, wie
sehr sie die Tage auf dem Land liebte: »Ich war sehr glücklich während dieser acht Tage, die ich mit Ihnen verlebte.
Keinerlei Sorgen, ein warmes Nest, eine schöne Landschaft, liebevolle Seelen, und Ihr schönes, offenherziges
Gesicht, das etwas Väterliches ausstrahlt. Mit dem Alter
hat das nichts zu tun, man verspürt in ihrer Nähe eine
Geborgenheit, die aus unendlicher Güte stammt (...).«[249]

Das Leben in der Natur wurde für George Sand immer
wichtiger. In den 60er-Jahren hatte sie ein Haus in Palai-

seau gekauft, einem südlichen Vorort von Paris, das sie am 29. April 1869 wieder verkaufte. An Flaubert schrieb sie aus Palaiseau am 22. November 1866, dass sie sich inmitten der Ruhe und Natur sehr wohlfühle, wo sie mutterseelenallein in ihrem Häuschen lebte. Die einzige Gesellschaft bildeten der Gärtner und seine Familie, die im Gartenpavillon wohnten. Ihr Haus lag am Dorfrand, völlig isoliert im freien Gelände, in einer bezaubernden Oase, wie sie schrieb: »Wiesen, Wälder, Apfelbäume, wie in der Normandie; kein großer Fluß mit zischendem Dampf und rasselnden Ketten; ein Bächlein nur, das stumm unter den Weiden dahin fließt; und eine Stille.«[250]

Auch aus Nohant kamen regelmäßig Berichte nach Croisset über die Freuden des Landlebens wie am 17. Januar 1869: »Dem G. Sand genannten Individuum geht es gut, es genießt in vollen Zügen den herrlichen Winter, der im Berry herrscht, pflückt Blumen, vermeldet interessante botanische Anomalien, näht Kleider und Mäntel für seine Schwiegertochter, Kostüme für die Marionetten, schneidet Bühnenbilder aus, zieht Puppen an, liest Musikparituren, verbringt aber vor allem Stunden um Stunden mit der kleinen Aurore, die ein erstaunliches kleines Mädchen ist.«[251] Flaubert besuchte die Freundin auch mehrere Male in Nohant, so vom 23. bis 28. Dezember 1869 oder vom 12. bis 19. April 1873, als auch Turgenjew zugegen war.[252]

Gegenstand ihrer Briefe war immer wieder ihre schriftstellerische Arbeit. Nach der Lektüre seines Reiseberichtes zur Bretagne fragte George Sand Flaubert, warum er ihn noch nicht veröffentlicht habe? Sie ermutigte ihn, seine Schriften zu veröffentlichen und nicht zu zögern. Alles, was von ihm stamme, sei lehrreich. Aber ihm fiel es bisweilen schwer zu arbeiten: »Sie wissen nicht, was es heißt, den ganzen Tag dazusitzen, den Kopf in beide Hände gepreßt, und seinen unglücklichen Kopf zu zermartern, um ein Wort zu finden. Bei Ihnen fließt der Gedanke breit und unaufhörlich wie ein Strom. Bei mir ist es ein dünnes Rinnsal.«[253] Doch auch George Sand quälten Zweifel an der Qualität ihrer Texte: »Wenn ich sehe, wieviel Mühe mein Freund sich macht, um einen Roman zu schreiben, dann verliere ich den Mut zu meiner leichten Hand und sage mir, meine Literatur ist Flickschusterei. *Cadio* hab ich fertig, er ist längst in den Fängen von Buloz.«[254]

Es waren zwei gegensätzliche Charaktere: Flaubert, der Einsiedler, der Zerstreuung mied, der sich Tag und Nacht mit seinen Texten abmühte, und George Sand, die hin und wieder ein paar Stunden arbeitete, vor allem nachts. Dennoch waren beide durch eine tiefe und stabile Freundschaft miteinander verbunden, die auf gegenseitiger Anerkennung und aufrichtiger Bewunderung basierte.[255] So schrieb Flaubert beispielsweise über George Sand: »Was für eine Natur! Was für eine Kraft! Und niemand ist gleichzeitig von so beruhigender Gesellschaft. Sie vermittelt einem etwas von heiterer Gelassenheit.«[256]

Bei den *Dîners Magny* sahen Sand und Flaubert sich regelmäßig und berichteten sich von ihren Erlebnissen und Begegnungen wie beispielsweise mit den Brüdern Goncourt, die George Sand zum einen als »geniale Null« bezeichneten, sich andererseits aber lobend über ihre Autobiografie *Geschichte meines Lebens* äußerten.[257]

Auch die politischen Ereignisse kommentierten beide in ihren Briefen. Besonders im Herbst 1870 tauschten sie zahlreiche Briefe zum Deutsch-Französischen Krieg aus, in denen sich ihr Entsetzen, ihre Trauer und Verzweiflung nachlesen lässt.[258] Am 18. Januar 1871 erfolgte die Proklamation des Deutschen Kaiserreichs in Versailles, am 28. Januar 1871 wurde der Waffenstillstand beschlossen, den George Sand mit Erleichterung aufnahm.[259] An Flaubert schrieb sie am 22. Februar 1871: »Heute morgen erhielt ich Deinen Brief vom 15.; von welch grausamem Dorn befreit er mein Herz! Im Augenblick wird man ja wahnsinnig vor Unruhe, wenn man keine Antwort erhält. Hoffen wir, daß wir bald plaudern und uns vom › Verschollensein‹ erzählen können. (...) Auch ich hatte das Glück, keinen meiner jungen und alten Freunde zu verlieren. Das ist alles, was man sich an Gutem mitteilen kann. Ich trauere dieser Republik nicht nach; sie war die mißlungenste von allen, die unseligste für Paris, die unangemessenste für die Provinz. Im Übrigen würde ich ihr, selbst wenn sie mir lieb geworden wäre, nicht nachtrauern, sofern nur dieser abscheuliche Krieg aufhört!«[260]

Im März 1871 klang sie noch enttäuschter: »(...) geistig haben wir alle mehr als zu irgendeiner Zeit unseres Lebens gelitten, und wir werden auch weiterhin an dieser Wunde leiden. Es ist offensichtlich, daß der Barbareninstinkt im Begriff ist, die Oberhand zu gewinnen. Doch ich fürchte noch Schlimmeres, den Egoismus- und Feigheitsinstinkt; die widerwärtige Korruptheit der falschen Patrioten, der Ultra-Republikaner, die nach Rache schreien und sich bedeckt halten; ein idealer Vorwand für die Bourgeoisie, die sich eine starke Reaktion wünscht.«[261]

Ihre Gedanken zum Krieg veröffentlichte George Sand in der *Revue des Deux Mondes*.[262] Sie war empört und traurig über den Ausbruch der Kommune, da all ihre humanitären Träume enttäuscht wurden. Es war für sie »das unwürdige Experiment, das Paris erprobt oder erleidet,

keinerlei Beweis gegen die Gesetze des ewigen Fort-
schritts der Menschheit und der Dinge«.[263] Der Aufstand
der Kommune war für George Sand eine Zeit großer Unordnung und Ungewissheit, die sie in eine schwere Gewis-
senskrise versetzte. Ihre ablehnende Haltung der Kommune gegenüber beunruhigte ihre Freunde, denen sie
wiederum vorwarf, den Sturz der Regierung durch den
Aufstand unterstützt zu haben. In ihren Augen hatte die
Kommune die Republik zugrunde gerichtet.[264]

Flaubert erlebte Mitte der 1870er-Jahre eine weitere
große Krise, die finanziell bedingt war. Erst indirekt über
Turgenjew erfuhr George, wie schlecht es dem Freund
ging. Am 3. Mai 1873 fand vermutlich das letzte Treffen
von Flaubert und George statt, anlässlich eines Dîners bei
Véfour.[265]

Eine selbstbestimmte Persönlichkeit

George Sand ist sich, nach eigenen Aussagen, ihr Leben
lang treu geblieben. Das Schreiben, ihre Fantasien, aber
auch das Zusammensein mit anderen waren ihr immer
wichtig: »Ich bin jetzt in einem Alter von fünfzig Jahren
noch ganz so, wie ich damals war. Ich liebe die Träumerei,
die Grübelei und die Arbeit.«[266]

George Sand war eine selbstbestimmte Frau. Sie
kämpfte sich aus ihrer unglücklichen Ehe heraus, erkannte
schnell, dass sie mit dem Schreiben ihre finanzielle Unabhängigkeit erreichen konnte, und zeigte im Umgang
mit Freunden und Verlegern, dass sie in der Lage war, sich
als Frau zu behaupten. Dennoch stand sie dem Feminismus ihrer Zeit distanziert gegenüber. Kritik von Feminis-

tinnen wie Eugénie Niboyet traf sie nicht, denn sie fühlte sich keineswegs als Feministin, sondern als unabhängiger Geist. Für sie stand immer der Mensch im Zentrum, war eine Frau in Not, war für sie ein Mensch in Not.[267]

Auch die Unterscheidung von zwei Geschlechtern schien ihr nicht plausibel. An Flaubert schrieb sie, dass es nur ein Geschlecht gäbe. Mann und Frau seien in so vielerlei Hinsicht gleich, dass man Mühe habe, die Argumente der Gesellschaft für eine Differenzierung zwischen zwei Geschlechtern nachzuvollziehen. Bei ihren Kindern habe sie festgestellt, dass ihr Sohn wie sie war, folglich eine Frau, und ihre Tochter ein missglückter Mann.[268]

Wogegen sie sich allerdings wandte, war die Geringschätzung von Frauen durch Männer. Besonders eine Aussage Montaignes hatte sie empört: »Ich wurde übrigens in tiefstem Herzen durch die Verachtung verletzt, welche mein geliebter Montaigne gegen mein Geschlecht beweist, indem er sagt: ›Die Wahrheit zu sagen, ist die gewöhnliche Selbstüberschätzung der Frauen (...).‹« Montaignes Worte empfand sie als Demütigung. »(...) und ich muß gestehen, daß die moralische Inferiorität, die in allen philosophischen Büchern und sogar in der heiligen Schrift dem Weibe zugeschrieben wird, den Stolz meines jugendlichen Herzens empört hat«.[269] Dass Frauen auf die typisch weiblichen Rollenbilder reduziert wurden, lehnte sie vehement ab: »Dann fühlte ich auch, daß weder die alberne Putzsucht noch der Wunsch, allen Männern zu gefallen, meinen Sinn beherrschten; die Lehren und das Beispiel meiner Großmutter hatten mir die Verachtung dieser Dinge eingeflößt.«[270]

Aber sie sah auch ein, dass sie sich der gesellschaftlichen Rolle, die Frauen zugewiesen wurde, nicht ganz entziehen konnte und sie sich in gewissem Maße anpassen musste. Ein Unterschied zwischen den Geschlechtern lag für sie aber eher darin, dass die Frau künstlerischer und poetischer in ihrem Leben, der Mann künstlerischer und poetischer in seinen Werken sei. Aber dieser Unterschied dürfe nicht als moralische Inferiorität verstanden werden.[271]

George Sands Selbstzeugnisse der späteren Lebensjahre sind voller Wärme und Ruhe. Sie lebte ein friedliches Leben mit ihrer Familie in Nohant, arbeitete in Maßen, unterrichtete ihre Enkelinnen, malte und verlor sich in der Gartenarbeit. Von harmlosen Krankheiten war sie leicht geschwächt, und die Außenwelt interessierte sie immer weniger. An Flaubert schrieb sie am 15. Januar 1867 aus Nohant: »(...) Ja, geistiges Glück, Licht! Das ist es nämlich: wer alt ist, macht sich im Lebensabendlicht – wo Farbtöne und Schattierungen am schönsten sind – einen neuen Begriff von den Dingen und der Zuneigung ganz besonders. Im Alter der Kraft und der Selbstbehauptung sondiert man den Freund wie den Boden, bedacht auf Gegenseitigkeit. Man fühlt sich kräftig, und kräftig soll auch sein, was einen trägt oder leitet. Doch wenn man die Intensität des Ich schwinden fühlt, liebt man Menschen und Dinge um ihrer selbst willen, dann zählt, was sie in den Augen der Seele darstellen und keineswegs, was sie zusätzlich beitragen zum eigenen Geschick.«[272]

Im Mai 1867 schilderte sie die harmonischen Frühlingstage, die von Nichtstun geprägt waren. Sie schloss gerade die Arbeit an *Cadio* ab, es war warm, und sie genoss die Ruhe in Nohant, über der aber auch eine unbestimmte Traurigkeit hing. Das harmonische, friedliche und angenehme Leben, das sie dort führte, zehre an ihren geistigen

Kräften, während es sie körperlich stärke, meinte sie. Sie versinke in melancholische »Honig- und Rosenträumereien«. Sie bildete sich ein, dass alle, die sie geliebt habe, sie vergessen würden. Sie empfand sich als egoistisch, da sie einfach so vor sich hin lebe, ohne etwas für andere zu tun oder tun zu müssen. In der Vergangenheit habe sie sich oft über ihre Kräfte für andere aufgeopfert, was sie nicht selten verflucht habe. Aus diesem Grund fühle sie sich jetzt, da sie nicht mehr gefordert sei, zwar wohl, aber sei gelangweilt.[273] Wiederum an Flaubert schrieb sie im hochsommerlichen Monat August, leicht selbstironisch, aber auch sich amüsierend über die brave Ehefrau, ihre Schwiegertochter: »Hier ruht sich der Geist aus inmitten eines überschäumenden Tatendrangs von Maurice und seiner tüchtigen kleinen Frau, die es sich zur Pflicht macht, alles zu lieben, was er liebt und ihn in allem, was er unternimmt, tatkräftig zu unterstützen. Inmitten dieses ertragreichen Schaffens wirke ich wie die personifizierte Faulheit. Ich betreibe Botanik und bade in einem kleinen eisigen Sturzbach.«[274]

Am 8. Juni 1876 starb George Sand infolge eines inoperablen Darmverschlusses.[275]

LOU ANDREAS-SALOMÉ

Ein Leiterwagen, zwei junge Männer im Gespann, eine junge Frau auf der Ladefläche mit der Peitsche in der Hand – beim Betrachten dieses bekannten Bildes aus dem Jahr 1882, das Friedrich Nietzsche, Paul Rée und Lou Andreas-Salomé zeigt, könnte man meinen, die Frauen-emanzipation wäre bereits Ende des 19. Jahrhunderts Realität gewesen.[276] Aber obgleich es in Europa damals durchaus Bestrebungen von Frauen für mehr Selbstbestimmung gab, war eine echte Gleichberechtigung noch in weiter Ferne.

Und dennoch: Eine Frau, die sich nicht vor den Karren spannen ließ, sondern die Peitsche in der Hand hielt – zumindest symbolisch –, war Lou Andreas-Salomé. Dank ihrer finanziellen Unabhängigkeit durch das elterliche Vermögen konnte sie ihren schriftstellerischen und wissenschaftlichen Neigungen nachgehen, musste sich nicht aus existenziellen Gründen an einen Mann binden und pflegte langjährige Freundschaften zu Frauen wie zu Männern. Schließlich ging sie die Ehe mit dem Orientalisten Friedrich Carl Andreas ein, bei der sie allerdings die Bedingungen mitbestimmte.

Einige berühmte Männer spielten in ihrem Leben eine herausragende Rolle, wie Friedrich Nietzsche, Rainer Maria

Rilke oder Sigmund Freud. Dies brachte ihr fälschlicherweise den Ruf der Femme fatale oder sogar eines »Vamps« ein.[277] Was bei ihr häufig eine rein platonische Freundschaft war, wurde allzu leicht mit einer Liebesbeziehung verwechselt. Bei Lou Andreas-Salomé muss man dies klar trennen.

Die erste Liebeserfahrung

Lou Andreas-Salomé wurde 1861 geboren und war anders als zumeist vermutet eine durch und durch romantische Frau. Schon in jungen Jahren hatte sie eine prägende Liebeserfahrung mit dem holländischen Prediger Hendrik Gillot, den sie 1879 in Sankt Petersburg kennengelernt hatte und der sie in eine neue Wirklichkeit stieß: »(...) auch in meinem Fall ergab sich das, indem die kindliche Phantasterei und Träumerei sich ein Stück weit in die Wirklichkeit weggeschoben sah. Ein leibhaftiger Mensch trat an ihre Stelle: er trat nicht neben sie, sondern mitumgriff sie – selber Inbegriff aller Wirklichkeit. Erschütterung, die er auslöste (...)«[278] Dem 25 Jahre älteren Hendrik Gillot sollte eine bestimmende Rolle in ihrer weiteren Entwicklung zukommen. Er war für sie ein »Gottmensch«, der jede Fantasterei ablehnte und auf den klaren Verstand setzte, weswegen Lou ihm »umso leidenschaftlicher gehorchte«. Gillot wurde ihr Erzieher und Lehrer, der sie auf ihr späteres Studium in Zürich vorbereitete und den sie zunächst heimlich besuchte, bevor er auch von der Familie anerkannt wurde. Er forderte sie intellektuell heraus, führte sie in die Welt der Religionsphilosophie ein und erläuterte ihr die unterschiedlichen Konzepte der Weltreligionen Christentum, Judentum, Buddhismus und Islam. Von den großen Philosophen standen Kant, Fichte, Leibniz, Spinoza und Schopenhauer auf dem Lehrplan.[279] Gillot war damals Prediger bei der holländischen Gesandtschaft in Sankt Petersburg und galt als der bedeutendste protestantische Kanzelredner der Stadt.[280]

Diese erste Liebeserfahrung prägte sich tief in Lous Empfinden und Denken ein. Ein Jahrzehnt später verarbeitete sie sie in ihrer Erzählung *Ruth*, in die auch schon erste psychologische Beobachtungen einflossen, die später typisch für Salomé werden sollten.[281] In ihrer Autobiografie beschreibt sie diese erste romantische Erfahrung dann aus der analytischen Distanz heraus: »Auch dem nüchternsten Erleben ersteht irgendwo diese Verzauberung: das Gefühl, als erstehe die Welt als eine ganz andere, neue, und als sei, was dem widerspricht, ein unfaßliches Missverständnis gewesen. (...) Uns verwechselt sich dann, was uns im Innersten pulst, mit Gefühlsüberschüssen, die sich an irgendeinen zeitlichen Ablauf, unproportioniert und unproduktiv, verhängten.«[282]

Diese Liebe fand jedoch ihr Ende, als der verheiratete Gillot Lou einen Heiratsantrag machte, den sie ablehnte.[283] Ob ihre Beziehung rein platonisch war, ist ungeklärt, doch Lou von Salomé schien das nicht für wichtig zu erachten, im Gegenteil: »Aber gerade infolge von diesen Reifehemmnissen hatte mir die unvollendete Liebeserfahrung einen unwiederholbaren, durch nichts zu überbietenden Zauber behalten, eine Unwiderleglichkeit, die sich die Probe auf das Leben ersparte. Deshalb wurde das jähe Ende (...) zu einem Fortschritt in Freude und Freiheit hinein (...).«[284]

Für Lou existierten drei Arten, Liebe zu leben: in der

Ehe, der Mutterschaft und in einem »puren Erosbund«, wie sie es nannte. Bei allen drei Formen habe sie versagt. Für Lou zählte nur das Leben, das Wirken und dass die Menschen schaffend bleiben. Von anderen Frauen grenzte sie sich ab, da sie die damalige noch allgemeingültige Auffassung über die Rolle einer Frau im Leben nicht teilte.[285]

Familie

Das Verhältnis von Lou Andreas-Salomé zu Männern war stark von den männlichen Mitgliedern ihrer Familie geprägt. Sie war nicht nur das jüngste der Kinder, sondern zudem das einzige Mädchen. Ihre drei Brüder hatten weit in ihr Leben hinein großen Einfluss, was sich nicht zuletzt daran zeigte, dass ihr ihre späteren Partner immer auch Züge von einem der Brüder aufwiesen.[286] Traf sie auf einen Mann, rief dessen »Lauterkeit der Gesinnung«, dessen Mannhaftigkeit oder Herzenswärme das Bild ihrer Brüder in ihr wach.[287] Auch die Freundschaft zu Nietzsche und Rée stand im Zeichen einer Weiterführung der geistig-platonischen Beziehung zu ihren Brüdern.

Der älteste von ihnen, Alexander, genannt Sascha, war in seiner Mischung von Energie und Güte wie ein zweiter Vater für die kleine Lou gewesen. Sie liebte seinen Humor und sein ansteckendes Lachen, aber auch seine Hilfsbereitschaft. Als er starb, war Lou bereits 50 Jahre alt und fühlte sich dennoch ohne ihn schutzlos. Der Zweitgeborene, Robert, war künstlerisch begabt und von »sensitiver Stimmung«; er war der Mazurkatänzer auf den Hausbällen. Obwohl er gerne eine militärische Karriere eingeschlagen hätte, wurde er auf Wunsch des Vaters Ingenieur.

Nach dessen Tod 1879 übernahm Robert die Rolle des Familienoberhaupts und verlor während der Russischen Revolution den Familienbesitz.[288] Eugène, Genja, der dritte Bruder, schließlich wurde Kinderarzt. Alle drei waren erfolgreich in ihren Berufen, leidenschaftliche Ehemänner und verantwortungsvolle Väter.[289]

Die Brüder besaßen Ähnlichkeit mit ihrem Vater, Gustav von Salomé, den Lou von Salomé als aufbrausend, aber auch arglos und offen beschrieb sowie von formvollendeter Höflichkeit, wenn er beispielsweise aufstand, sobald Lous Mutter das Zimmer betrat. Mit ihrem Vater verband sie eine zärtliche Beziehung, er hatte sich lange ein kleines Mädchen gewünscht und beendete seine Briefe an seine Frau immer mit den innigen Worten: »Küsse mir unser kleines Mädchen.«[290] Das enge Verhältnis zu ihrem Vater thematisierte Lou Andreas-Salomé in vielen Romanen und Erzählungen wie *Ruth, Rodinka* oder *Im Zwischenland*.[291] Aber auch zur Mutter war das Verhältnis intakt; in ihrem Lebensrückblick schrieb Lou immer wieder zärtlich und liebevoll über die Eltern. Als die Mutter kurz vor ihrem neunzigsten Geburtstag starb, berichtete Lou an Rilke: »Sie wollte nicht in das 90ste hinübergehn, ging fort. Das tat sie ganz sanft und wie im Traum.«[292]

Die Familie besaß väterlicherseits deutsche, französische und baltische Wurzeln. Als Hugenotten hatten sie nach der Französischen Revolution die Stadt Avignon verlassen und waren über Deutschland ins Baltikum ausgewandert. Lous Vater, 1804 im Baltikum geboren, erhielt als Junge unter Alexander I. in Sankt Petersburg eine erste militärische Ausbildung. Nachdem er sich beim Niederschlagen des polnischen Aufstands von 1830 besonders hervorgetan hatte, bekam er den russischen Adelstitel verliehen; den französischen besaß er schon.[293] Die in Sankt Petersburg geborene Mutter entstammte Hamburger und dänischen Familien.[294] Die kleine Lou von Salomé wuchs in einem multikulturellen und multireligiösen Milieu in Sankt Petersburg auf. Neben Tataren und Esten prägten evangelische, griechische, muslimische und schwäbische Kolonisten die Stadt.[295] Die große Wohnung der Familie von Salomé lag in der vornehmen Innenstadt Sankt Petersburgs, zwischen dem Newski-Prospekt, dem Moika-Kanal und dem Schlossplatz mit Eremitage und Winterpalast. Die Sommermonate verbrachte die Familie in ihrem Landhaus in Peterhof, südwestlich der Stadt, wo auch der Zar seine Sommerresidenz hatte.

Nach dem Ende der Beziehung zu Hendrik Gillot zog es Lou aus Sankt Petersburg fort. Er hatte ihr Mut gemacht zu studieren, und so verließ sie Russland im September 1880 und begann ein Studium an der Universität Zürich, die Frauen damals schon zum Studium zuließ; auch Ricarda Huch studierte in Zürich. Mit ihrer Mutter, die sie in die Schweiz begleitete, bezog Lou ein Haus in Riesbach am Zürichsee. Bei Alois Biedermann, einem der bedeutendsten frei-protestantischen Theologen der Zeit, studierte sie Allgemeine Religionsgeschichte auf philosophischer Grundlage, Dogmatik, Logik und Metaphysik. Im Wintersemester 1880/81 hörte sie Philosophie bei Andreas Ludwig Kym und Richard Avenarius sowie Kunstgeschichte bei Gottfried Kinkel.[296] Sie erkrankte jedoch an der Lunge, und ihr gesundheitlicher Zustand zwang sie, das Studium nach nur einem Jahr abzubrechen, woraufhin sie sich autodidaktisch weiterbildete.[297] Mit der Mutter reiste sie in verschiedene Bäder zur Kur und Anfang

1882 nach Italien, weil die Ärzte ihr ein mildes Klima emp-
fahlen.

Lou bat ihren Lehrer Gottfried Kinkel um ein Empfehlungsschreiben für Malwida von Meysenbug, eine Schriftstellerin und Frauenrechtlerin, die damals in Rom lebte
und eine Freundin Kinkels war. Lou hatte von Meysen-
bugs *Memoiren einer Idealistin* gelesen und sah in ihr ein
Vorbild für die Verwirklichung ihres Wunsches nach Freiheit und Selbstbestimmung.[298]

Dreieinigkeit

In Rom lernte Lou Andreas-Salomé während einer Abend-
gesellschaft bei Malwida von Meysenbug im März 1882
Paul Rée kennen. 1849 in Bartelshagen, Pommern, auf
dem Rittergut seiner Eltern geboren, hatte Rée zunächst
auf Wunsch des Vaters Jura in Leipzig studiert, schloss
nach dem Krieg aber ein Philosophiestudium in Halle an,
daraufhin ein Medizinstudium, das er 1895 mit Promotion
erfolgreich beendete. Sein Lebensmittelpunkt wurde das
Familienrittergut Stibbe in Westpreußen, wo er als Land-
arzt tätig war.

Im Salon von Malwida von Meysenbug waren Lou und
Paul Rée immer gleich in intensive Gespräche vertieft, die
sie bis zum gemeinsamen Nachhausegehen weiterführ-
ten. Und die Begegnung blieb nicht ohne Folgen, wie Lou
in ihrem Lebensrückblick schrieb: »Diese Gänge durch
die Straßen Roms im Mond- und Sternenschein brachten
uns einander bald so nahe, dass sich in mir ein wunder-
voller Plan zu entwickeln begann, wie wir dem Dauer verleihen könnten, auch nachdem meine Mutter (...) heim-

gereist sein würde.« Die gegenseitige Anziehung war so stark, dass Paul Rée ihr bald einen Heiratsantrag machte. Lou wollte sich aber nicht so stark binden und lehnte ab. Sie hatte mit der Liebe vorerst abgeschlossen, vor allem wegen ihres »total entriegelte(n) Freiheitsdrang(s)«.[299] Sie zog lieber in eine Wohngemeinschaft in Berlin, die sich im Stadtteil Schmargendorf am Waldrand befand.

Mit Rée verband sie ein starkes Interesse an wissenschaftlichen Fragen. Sie umgaben sich mit Naturwissenschaftlern, Orientalisten, Historikern und Philosophen, insbesondere dem Kreis um Ludwig Haller. Lou begriff bald, dass die Verbindung zu Rée von Dauer sein würde. Seine Wesensart ließ ihn für sie zum »Gefährten edelster Einzigkeit« werden, wie sie es ausdrückte, und sie schätzte vor allem seine Herzensgüte. Rée war Melancholiker und Pessimist und hatte bereits als junger Mann an Suizid gedacht. Er war aber auch ein heiterer Mensch mit viel Sinn für Humor.[300]

Die harmonische Zweisamkeit währte aber nicht lang, denn sie wurde noch in Rom durch einen Dritten erweitert: Friedrich Nietzsche. Malwida von Meysenbug hatte ihn nach Rom eingeladen, er reiste aus Messina an. Nietzsche, Rée und Salomé schlossen sich zu einer Art »Dreieinigkeit« zusammen, die sich allerdings verkomplizierte, als Nietzsche Rée bat, bei Lou für ihn wegen eines Heiratsantrags seinerseits vorzufühlen. Lou aber blieb hart, sie lehnte die Ehe kategorisch ab, nicht nur wegen ihres Freiheitsdrangs, sondern auch, weil sie von der Pension ihrer Mutter lebte und sie ihren Anspruch darauf bei einer Heirat verlieren würde.[301]

Nietzsche war höflich und von einer fast weiblichen Milde, wie Lou es beschrieb, dazu mit einem wohlwollenden Gleichmut ausgestattet. Er hatte Freude am vornehmen Umgang, doch sein Auftreten war dabei immer auch als eine Art von Verkleidung zu sehen. Bei ihrer ersten Begegnung in der Peterskirche in Rom war Lou erstaunt, wie formvollendet er sich benahm, entlarvte jedoch bald die Maskerade: »Aber nicht lange täuschte es an diesem Einsamen, der seine Maske doch nur so ungewandt trug, wie Jemand, der aus der Wüste und Gebirge kommt, den Rock der Allerweltsleute trägt (...).«[302]

Das Verbindende zwischen den dreien, besonders aber zwischen Nietzsche und von Salomé, waren endlose Gespräche, in denen sie ein »reiches Miteinander« erlebten, möglichst ohne störende andere. Lou kannte zunächst noch nichts von Nietzsches Werk außer *Fröhliche Wissenschaft*, aus dem er ihr in Rom vorlas, liebte es aber, seinen Gedankenreisen zu folgen. »Wir sprechen uns diese drei Wochen förmlich todt, und sonderbarerweise hält er es jetzt plötzlich aus, ca. 10 Stunden täglich zu verplaudern.« In ihren langen und intensiven Gesprächen gerieten sie in Abgründe, wie Lou es empfand, an schwindlige Stellen, »wohin man wohl einmal einsam geklettert ist, um in die Tiefe zu schauen.« [303]

Die Freundschaft mit Nietzsche dauerte nur einen Sommer an. Im Oktober 1882 kam es zur letzten Begegnung zwischen Nietzsche und von Salomé. Wie sie in ihrem Lebensrückblick erklärte, war es seine Eifersucht, die sich wie ein Keil zwischen die drei klemmte. Nietzsche habe den Konkurrenten Paul Rée bei der Angebeteten schlechtgemacht und bald auch Lou selbst brieflich mit hasserfüllten Vorwürfen überzogen.[304] Nietzsche spürte wohl die besondere Verbindung zwischen Paul Rée und Lou. Eigentlich hatte es noch Pläne gegeben, im Winter zu dritt zu Studienzwecken nach Paris zu reisen, doch Nietzsche verließ die beiden im Herbst vorzeitig und fuhr wieder in den Süden. Der endgültige Bruch zwischen Lou und Nietzsche erfolgte im Juli 1883. Für Nietzsche wurde dieser Sommer zum einschneidenden Erlebnis. Obwohl er bereits an *Zarathustra* arbeitete, empfand er die Gespräche mit Lou als das Nutzbringendste, das er in jenem Sommer getan hatte. Was er besonders liebte, war, mit ihr in aller Offenheit sprechen zu können.

Auch Lou von Salomé hatte diese zwar kurze, aber intensive Zeit mit dem Philosophen zutiefst geprägt. Sie sollte sich daraufhin noch eingehend mit seinem Werk auseinandersetzen und fasste ihre Gedanken zu Nietzsches Persönlichkeit und Denken in ihrer Schrift *Nietzsche in seinen Werken* zusammen, die 1894 erstmals erschien und als ein Dokument ihrer psychologisierenden Methode gelten kann.[305]

Salomé verstand die Texte von Nietzsche vor allem als Ausdruck seiner selbst: »Dem, der Nietzsches Schriften zu lesen weiß, ist es denn auch ein verrätherisches Wort: es deutet die Verborgenheit an, in welcher alle seine Gedanken stehen, die lebendige Hülle, die sie vielgestaltig umkleidet, es deutet an, dass er im Grunde nur für sich dachte, für sich schrieb, weil er nur sich selbst beschrieb, sein eignes Selbst in Gedanken umsetzte.«[306] Das Besondere seines Denkens lag für sie nicht in der »theoretischen Originalität«, sondern in der »intimen Gewalt, mit welcher hier eine Persönlichkeit zu einer Persönlichkeit redet«. Sie beklagte, dass viele seiner Anhänger Nietzsches Ideen aus dem Zusammenhang lösten, beliebig deuteten und zu Stich- und Schlagworten ganz anderer Richtungen machten, denen Nietzsche selbst völlig fremd gegenüberstand.[307] Denn Nietzsche war für sie, besonders in seiner letzten philosophischen Mystik, in die »Einsamkeit versunken, in deren Stille wir ihm nicht mehr folgen können«. Leiden und Einsamkeit seien die beiden großen »Schicksalszüge« in Nietzsches Entwicklungsgeschichte.[308] In ihrer Analyse greift von Salomé zentrale Aspekte aus Nietzsches Denken auf. So schildert sie, wie Nietzsche in seinem Buch *Die Geburt der Tragödie aus dem Geiste der Musik* alle Kunstentwicklung auf zwei entgegengesetzte Kunsttriebe der Natur zurückzuführen versuche, die er nach den beiden Kunstgottheiten der Griechen als das Dionysische und das Apollinische bezeichnet.[309] Ein weiterer zentraler Gedanke Nietzsches sei die Ablehnung der grenzenlosen Wissenschaft. Nietzsche wende sich gegen die Verkümmerung eines reichen Seelenlebens durch die einseitige Verstandesbildung, gegen die ungeheure Menge an unverdaulichen Wissenssteinen, die der Mensch mit sich herumschleppe. Die Überwindung der Wissensanhäufung, d. h. bei Nietzsche des Historischen, liege für ihn in der Hinwendung auf das Unhistorische, worunter er die Rückkehr zum Unbewussten meint.[310]

Um Nietzsche verstehen zu wollen, müsse man sich auch mit seinem Geniebegriff beschäftigen. Von Schopenhauer beeinflusst habe Nietzsche sein erschreckend elitäres Verständnis vom »erhabenen Einzelnen« entwickelt, um derentwillen allein die übrige »Fabrikware der Natur« (Nietzsche) vorhanden sei. Von dieser Genievorstellung und entsetzlichen Terminologie weicht er laut von Salomé in seiner mittleren Schaffensperiode ab. In der späten Phase verstand er den Geniekult als einen »Cultus des Metaphysischen«, der in der menschlichen Physis bleibe. Eine leibhaftige Verkörperung des Kunstgenies lag für

Nietzsche in Richard Wagner, dessen Musik für ihn Offenbarung war.[311] In seinem späteren Werk *Menschliches, Allzumenschliches* kehre Nietzsche von dem Genieverständnis im Sinne von Begabung und angeborenen Talenten radikal ab und spreche plötzlich davon, dass Genie erlernbar sei.[312]

Gemeinsam besuchten Nietzsche und Lou von Salomé während einer Reise durch die Schweiz das Gut Tribschen bei Luzern, wo Nietzsche mit Wagner eine unvergessliche Zeit erlebt hatte. Nietzsche habe lange am Seeufer gesessen, wie Lou schrieb, in schwere Erinnerungen versunken. In dieser Phase, in der sich Nietzsche von Wagner und der Philosophie Schopenhauers nach und nach löste, lag für von Salomé der Beginn seiner langen Krankheits- und Leidenszeit.[313] Mit der Krankheit habe er sich selbst zum »Stoff seiner Gedanken« genommen, sein eigenes Ich seinem philosophischen Weltbild zugrundegelegt. Es sei Nacht um ihn geworden. »Es war ein ungeheurer Zusammenbruch, unter dessen Trümmern er wie begraben wurde.« Auch seine Texte zeugten davon: »sie sind die qualvollen, kampfvollen, endlich sieghaften Schritte nach einem dunklen Ziele hin.«[314]

Während Nietzsches Freundschaft zu Wagner von einer Ausschließlichkeit bestimmt war, in der er zu dem Komponisten wie ein Jünger aufsah, entwickelte sich bald, um 1875, eine ganz andere Freundschaft zu dem Mediziner Paul Rée; eine Freundschaft, die Lou von Salomé als eine geistige Genossenschaft bezeichnet. Je mehr Nietzsche durch sein körperliches Leiden in die Einsamkeit verdammt war, desto mehr sehnte er sich nach dem Freund, zehnmal täglich wünsche er sich, bei ihm zu sein, wie er 1878 aus Basel schreibt. Die beiden Freunde verbanden gemeinsame Studien; Rée beschaffte Nietzsche Bücher, las ihm daraus vor und lebte mit ihm in einem ständigen Gedankenaustausch, der sich auch in ihren Briefen niederschlug. Lou von Salomé analysierte differenziert die beiden Freunde und fragte nach den Motiven ihrer starken gegenseitigen Anziehung vor allem auf geistig-intellektueller Ebene. Dabei war ihr Blick durch ihre persönliche Beziehung zu beiden Männern geprägt, aber auch ihre psychologische Sichtweise auf Menschen und ihr Denken zeigten sich in ihrer Betrachtung.

Gegen Ende des Jahres, nach der turbulenten Dreiecksgeschichte mit Nietzsche, ließen Lou von Salomé und Paul Rée sich wie geplant in Berlin nieder. Für Lou war es die Erfüllung ihrer Wünsche, mit einem Mann in geistiger Freundschaft und Unabhängigkeit zusammenzuleben, quasi wie mit einem Bruder. Lou fand schnell Anschluss im Freundeskreis von Rée, dem prominente Intellektuelle der 1890er-Jahre angehörten wie der Psychologe Hermann Ebbinghaus, der dänische Literaturhistoriker Georg Brandes, der Soziologe Ferdinand Tönnies, der Historiker Hans Delbrück und die Philosophen Paul Deussen, Heinrich Romundt und Heinrich von Stein.[315]

Lous Mutter, Louise von Salomé, war natürlich alles andere als begeistert vom neuen Lebensstil ihrer Tochter. Sie wollte sie nach Sankt Petersburg zurückholen. Lou beschloss daher, sich eine Legitimation für ihren Verbleib in Berlin zu beschaffen, und die fand sie in der Arbeit. So entstand ihr erster Roman *Im Kampf um Gott*, in dem sie sich dem Thema Glaubensverlust widmete und den sie 1885 im Alter von 24 Jahren unter dem Pseudonym Henri Lou veröffentlichte. Auf 217 Seiten bettete sie in die Romanhandlung religionsphilosophische Überlegungen und erste psychologische Gedanken ein. Das Buch wurde überraschend zum großen Erfolg, auch bei der Presse, und verschaffte ihr mit einem Schlag den Eintritt in den Literaturbetrieb; so konnte Lou ihrer Familie beweisen, dass sie in der Lage war, selbst für sich zu sorgen.

Der Ehemann

Trotz ihrer großen Freiheitsliebe ließ sich Lou von Salomé schließlich doch auf eine Ehe ein. Voraussetzung war aber, dass sie die Bedingungen bestimmte. In Berlin umwarb sie im Jahr 1886 der Orientalist Friedrich Carl Andreas. Seine aus Norddeutschland stammende Mutter heiratete einen Armenier aus dem Fürstengeschlecht der Bagratuni. Friedrich Carl Andreas wuchs in Hamburg auf, bis ihn sein Vater mit 14 Jahren nach Genf aufs Gymnasium schickte. Anschließend studierte er in Deutschland Iranistik und wurde 1868 in Erlangen promoviert. Seine Studien über die Pahlavi-Schrift führten ihn nach Persien, wo er sechs Jahre verbrachte. Später hielt er sich zunächst mit Privatunterricht über Wasser, bis er eine Anstellung am neu gegründeten Orientalischen Seminar in Berlin erhielt, wo er Diplomaten und Industrielle unterrichtete, die beruflich nach Asien reisten.[316]

Lou schilderte Andreas als einen übergründlichen Menschen. Überraschenderweise passte sie sich schnell seinen Gewohnheiten an, »unsere äußere Lebensweise bestimmte sich mehr und mehr nach der meines Mannes«. Sie hätte mit ihm, den sie am 20. Juni 1887 heiratete, wenn nötig auch Europa verlassen.[317] Sie fühlte sich von Andreas weniger sexuell-erotisch angezogen als durch seine suggestive Kraft. Sie empfand in ihrer Beziehung zu ihm etwas Vorherbestimmtes, dem sie sich nicht entziehen konnte; sie verband vor allem eine große geistige Übereinstimmung.[318] Andreas hoffte zwar, Lous Widerstand gegen die körperliche Nähe würde sich geben, er akzeptierte aber bald ihre Haltung. Was aber nicht verhinderte, dass er zuweilen eifersüchtig auf andere Männer in Lous Leben reagierte, wie auf Rilke, den sie 1897 kennenlernte.

Nach der Heirat lebte das Paar zunächst in Andreas' Wohnung in Tempelhof, fand aber bald ein Haus mit Terrasse und Garten in der Albrechtstraße, damals noch ein Vorort von Berlin.[319] Nachdem Andreas im Spätherbst 1903 den Lehrstuhl für Iranistik und Westasiatische Sprachen an der Universität in Göttingen erhielt, zogen beide in die Stadt im südlichen Niedersachsen, nahe der Grenze zu Thüringen und Hessen. Hier erfüllte sich für sie der Wunsch nach »vollkommener Ländlichkeit des Wohnens«. Sie bezogen ein Fachwerkhaus mit Obstgarten auf der Rohnshöhe, einem damals noch dünn besiedelten Teil Göttingens. »Diese Naturnähe wirkte auf mich jedesmal erneut wie eine Lebenserfüllung. Gleichviel, von wo ich im Laufe dreier Jahrzehnte hierher zurückkehrte: immer wieder schien die jeweilige Jahreszeit diesen Fleck Erde am vollsten, gesammeltesten zu umstehen, als ginge sie von ihm aus.«[320] Wenn Lou nach längeren Aufenthalten wieder zurück in ihr Haus kam, so pflegte sie bei frühmorgendlichen Spaziergängen durch den Garten alles, Busch und Baum, genau anzuschauen und zu prüfen, inwieweit sich etwas verändert hatte.

Lou war begeistert von der Lage des Hauses auf der Anhöhe, von wo aus sie über die Stadt blicken konnte, wie sie an Rilke im November 1903 schrieb: »Und nun steht's

da. In einer weiten Landschaft, die es auch weithin über-
blickt mit ihren Buchenwäldern und langgestreckten
Höhen, hinter denen irgendwo der Harz anhebt. Uns zu
Füßen im Tal die Stadt. Und um uns steht alter baumrei-
cher Garten, Obstland, Gemüseacker. Sogar ein Hühner-
hof fehlt nicht!«[321] In der ersten Neujahrsnacht im neuen
Zuhause »stiegen wir oben hinauf, zur Zeit, wo die Glocken losläuten sollten in Göttingen. Ein unaussprechli-
cher Frieden über allem, etwas Mond, und Schimmel fraß
vom Schnee und nieste. Aber der Wind, der von Osten her
stand, wehte den Ton der Glocken von uns hinweg, und
trug uns stattdessen, als wär es ganz nah, das Geläute der
Dorfglocke zu«.[322] In Göttingen verband sich das Natur-
erleben mit intensiver Arbeit, die nur durch Wanderungen über die Felder unterbrochen wurde; im Lebensrückblick schrieb sie, wie sehr sie dort immer wieder ihr
»Einsamkeitsverlangen« empfand.[323]

Das Haus in Göttingen, dem das Paar bald den Namen
»Loufried« gab und das Lou Andreas-Salomé in ihrem
Roman *Das Haus* literarisch verewigte, hatte viele Fenster,
die die Sonne hineinließen. Lou beschrieb ihre beiden
Zimmer im Oberstock wie eine Laube, von breiten Lin-
den umstanden. Ihre Wände hatte sie mit dunklem blau-
grauem Stoff überzogen, an der Hauptwand hing Heinrich
Vogelers Bild *Liebe*, »das er mir selbst hingehängt und das
eigentlich ein Rainerbild war«.[324] Das Arbeitszimmer
beherrschten zwei große Bärenfelle, die von Jagden in
Russland stammten. In den einfachen Bücherregalen aus
Tannenholz fanden sich umfangreiche Bücherbestände,
vor allem die ihres Mannes.[325]

Seine Kollegs hielt Andreas zu Hause ab. Man traf sich
abends, »am Rande der Nacht«, Andreas bereitete orien-

talischen Tee, Gebäck, Wein oder belegte Brote für seine Studenten zu, die oft bis weit in die Nacht blieben. Bei seinen Studenten war er sehr beliebt, zu ehemaligen Schülern und ausländischen Kollegen hielt er noch Kontakt auch nach seiner Emeritierung, die nach zwei Jahrzehnten an der Universität Göttingen folgte.[326] Für Lou blieb der 15 Jahre ältere Friedrich Carl in gewisser Weise alterslos, bei ihm schienen »Jugend und Alter sich weniger scharf, als sie es sonst zu tun pflegten, (zu) unterschieden. Beide äußerten sich weniger separat und in Nacheinanderfolge; ich weiß kaum ob ich ihn früher abgeklärter oder früher ungestümer kannte; denn, war er ganz da, dann durch eine Gegenwärtigkeit, die zeitloses Gepräge hatte (...)«.[327]

Die Ehe verlief harmonisch und ruhig. Sie beobachtete ihren Mann gerne, wenn er am Abend in der sommerlichen Frühdämmerung noch einmal durch den Obstgarten ging. »Meistens noch ganz voll von dem, was an wissenschaftlichen Problemen ihn alles übrige darüber hatte vergessen lassen bei mühseliger und seliger Arbeit.« Er ging behutsam wie ein Tier, weckte die Amseln mit sie imitierenden Tönen, die darauf leise antworteten.[328] Während eines sechswöchigen Klinikaufenthaltes kamen sie sich besonders nah. Seine täglichen Besuche wurden für sie immer kostbarer: »Wiedersehn um Wiedersehn begab sich wie zwischen nach langem und von weitem heimgekehrten Menschen; und der Vergleich kam uns selber und bereitete eine feine Heiterkeit über den Reichtum dieser Stunden.«[329]

Während der Ehe mit Friedrich Carl Andreas nahm Lou sich immer wieder die Freiheit, mit Freunden oder Freundinnen Reisen zu unternehmen, nach Wien oder Paris.

Die längeren Phasen der Trennung schadeten aber weder der Intensität ihrer Beziehung noch ihrem liebevollen Umgang miteinander. Wenn die Ehe nach außen hin auch distanziert wirkte, so bewährte sich das Modell doch für beide.[330] Friedrich Carl Andreas unterstützte Lou in ihrer publizistischen Arbeit, so zum Beispiel bei ihrem Buch über *Henrik Ibsens Frauengestalten*, das sie ihm dann auch widmete. Er hatte die Werke Ibsens vorgelesen und übersetzt, noch bevor es gedruckte Übersetzungen gab. In ihrem 1892 erschienenen Buch interpretierte sie sechs seiner Dramen anhand von Psychogrammen der wichtigsten Protagonistinnen. Dabei ging es immer um das Spannungsfeld zwischen Bindung und Freiheit, das Andreas-Salomé auszuloten versuchte. Sie glaubte, dass eine zu große Gebundenheit Menschen in ihrer freien Entwicklung einschränken und damit schwächen könne. Doch auch ein ungezügeltes Freiheitsstreben bringe sie nicht weiter, wenn es nicht mit Verantwortung einhergehe.[331]

Freundinnen

Eine der wichtigsten Freundinnen von Lou Andreas-Salomé war die Schriftstellerin Frieda von Bülow.[332] Die Frauen verband der Wille zu einem freien Leben, das sie auch führen konnten, da sie durch ihre Arbeit finanziell unabhängig waren. Die Freundschaft, die trotz der räumlichen Distanz zwischen ihnen nichts an Intensität verlor, dauerte 17 Jahre an, bis zu Friedas Tod.[333] Mit Frieda von Bülow, die zeitweise in Deutsch-Afrika lebte, unternahm Lou Reisen, wie 1894 nach Paris oder nach Wien ein Jahr später, wo sie Zutritt zu den literarischen Kreisen der

Stadt bekam. Neben Arthur Schnitzler traf sie Richard Beer-Hofmann, Felix Salten und Hugo von Hofmannsthal. Gemeinsam erkundeten sie die Wiener Umgebung, besuchten Theater und Konzerte oder berühmte Cafés wie das *Griensteidl*.[334]

Lou hatte zahlreiche Freundinnen, viele von ihnen waren Frauenrechtlerinnen, und sie verehrte die bekannte Schriftstellerin Marie von Ebner-Eschenbach. Im Mai 1895 besuchte Lou sie in Wien. Es entwickelte sich eine enge Beziehung zwischen ihnen, deren Zeugnis ein unveröffentlichter Briefwechsel ist. Beide zeichnete Mut und Offenheit aus, beide lasen Nietzsche, und beide waren mit dem Atheisten und Sprachwissenschaftler Fritz Mauthner befreundet, obwohl ihnen Religion viel bedeutete.[335]

Auch mit der prominenten Repräsentantin der Frauenbewegung um 1900, Helene Lange, war Lou bekannt. Sie veröffentlichte in der von Lange herausgegebenen Monatszeitschrift *Die Frau* Gedichte, Rezensionen und eine Erzählung. Die Verbindung mit einigen herausragenden Frauenrechtlerinnen bedeutete aber keineswegs, dass Lou Andreas-Salomé immer auf Linie mit ihnen war. Sie scheute sich nicht, ihre Ansichten über die Frau und Weiblichkeit offen zu diskutieren. Mit ihrer unkonventionellen und selbstbestimmten Lebensführung entsprach sie zwar den Idealen der Frauenbewegung, doch in ihren Publikationen bezog sie weniger eindeutig Position, da sie eine undogmatische Denkerin war, die sich vor keinen Karren spannen ließ.

Die Frauenfiguren in ihren Schriften sind heterogen, mal eher von Demut geprägt, mal klar als emanzipierte Frau erkennbar wie die promovierte Akademikerin Fenitschka aus der gleichnamigen Erzählung. In ihrem

1899 veröffentlichten Essay *Der Mensch als Weib* stellte sie Überlegungen über die Unterschiede zwischen der weiblichen und der männlichen Psyche an. Dabei bewegte sie sich auf einem schmalen Grat zwischen konservativer und feministischer Argumentation und löste so auch eine gespaltene Rezeption innerhalb der Frauenbewegung aus. Hedwig Dohm beispielsweise empfand manche ihrer Sätze »zum Haarsträuben«, andere wiederum verstanden sie als wichtige Argumentationsbasis für die Frauenemanzipation.[336]

Rilke

Anfang 1897, Lou lebte mit ihrer Freundin Frieda von Bülow für eine gewisse Zeit von Andreas getrennt in den »Fürstenhäusern« der Münchner Schellingstraße, erhielt sie Gedichte von einem anonymen Absender. Die Verse stammten von Rainer Maria Rilke.[337] Rilke war zu dieser Zeit 21 Jahre alt, hatte bereits Gedichte und Geschichten geschrieben und die *Wegwarten*-Zeitschrift herausgegeben. Im September 1896 hatte er sich als Student der Philosophie an der Münchner Universität immatrikuliert.

Zwischen beiden entstand bald eine innige Beziehung, die bis 1900 andauerte, freundschaftlich verbunden blieben sie bis zu Rilkes Tod 1926. Die 14 Jahre ältere Frau hatte großen Einfluss auf Rilke, aber auch für Lou war ihre Verbindung eine einzigartige Erfahrung: »War ich jahrelang Deine Frau, so deshalb, weil Du mir das erstmalig Wirkliche gewesen bist, Leib und Mensch ununterscheidbar eins, unbezweifelbarer Tatbestand des Lebens selbst. (...) Darin wurden wir Gatten, noch ehe wir Freunde geworden, und befreundet wurden wir kaum aus Wahl, sondern aus ebenso untergründig vollzogenen Vermählungen. Nicht zwei Hälften suchten sich in uns: die überraschte Ganzheit erkannte sich erschauernd an unfaßlicher Ganzheit.«[338]

Sie suchten bald ein Haus weit außerhalb von München, näher in Richtung der Berge und fanden zunächst eins in Wolfratshausen, in das auch Frieda von Bülow mit einzog. Später fanden sie ein Bauernhaus in der Nähe von Wolfratshausen, in dem sie drei Kammern über dem Kuhstall bewohnten.[339]

Rilke war von Lou verzaubert, wie seine zärtlichen Briefe an sie zeigen: »Ich will den Segen Deiner Hände auf meinen Händen und meinem Haar in meine Nacht mitnehmen. Ich will nicht zu den Menschen reden, damit ich den Nachklang Deiner Worte, der wie ein Schmelz über den meinen zittert und ihren Klang reich macht, nicht verschwende, und ich will nach der Abendsonne in kein Licht mehr sehen um am Feuer Deiner Augen tausend leise Opfer zu entzünden. (...) Ich will aufgehen in Dir, wie das Kindergebet im lauten, jauchzenden Morgen, wie die Rakete bei den einsamen Sternen. (...) Ich will keine Träume haben, die Dich nicht kennen, und keine Wünsche, die Du nicht erfüllen willst oder kannst.«[340] Am 5. September 1897 schrieb Rilke an Lou, dass er jeden Augenblick an sie denke und besorgt sei, jeder Windhauch, den sie auf ihrer Stirn fühle, küsse sie mit seinen Lippen. Seine Liebe sei wie ein schirmend und wärmender Mantel für sie.[341]

Lou ihrerseits empfand Rilke als »das ureigentliche Erlebnis (...), das tiefste Erleben dessen, worin ein Menschenwesen besteht«.[342] Was beide verband, war die

Sehnsucht nach Stille und Natur. In ihrem Tagebuch schilderte sie immer wieder lange Wanderungen, die sie und Rilke unternahmen, am liebsten barfuß über den Waldboden laufend.[343]

In seinen Briefen zeichnet der Dichter bezaubernde Bilder seiner Vorstellung beider als Gemeinsamkeit: »Denn, nicht wahr, Lou, es soll so sein; wir sollen wie ein Strom sein und nicht in Kanäle treten und Wasser zu den Weiden führen? Nichtwahr, wir sollen uns zusammenhalten und rauschen? Vielleicht dürfen wir, wenn wir sehr alt werden, einmal, ganz zum Schluß, nachgeben, uns ausbreiten, und in einem Delta münden ... liebe Lou!«[344]

Seit Herbst 1897 lebten sie beide in Berlin, Rilke fand ein möbliertes Zimmer unweit ihrer gemeinsamen Wohnung mit Andreas in Schmargendorf. Er besuchte das Paar fast täglich und war auch bei dem Ehemann ein willkommener Gast.[345]

Während zweier Russlandreisen, im April 1899 und im Mai 1900, bei der sie unter anderem Tolstoi auf seinem Gut besuchten, zeigten sich starke neurotische Störungen bei Rilke. Lou hielt die Diskrepanz zwischen seinem Schaffenwollen und Nicht-Schaffenkönnen für ursächlich.[346] Sie beschäftigte sich intensiv mit Rilkes psychischen Problemen. Sie wollte ihn von seinen Qualen erlösen, kapitulierte dann aber und erwog schließlich die Trennung. Am Silvesterabend 1900 schrieb Lou in ihr Tagebuch, dass das, was sie sich vom kommenden Jahr wünsche, Stille und mehr Alleinsein sei, so wie in der Zeit vor vier Jahren, also vor der Begegnung mit Rilke.[347] Rilkes psychische und körperliche Probleme waren es letztlich, die Lou Andreas-Salomé dazu bewogen, sich intensiver mit Psychologie und Psychoanalyse zu beschäftigen.

Geistes- und Gedankenwelt

Lou Andreas-Salomé hat wie nur wenige Frauen ihrer Zeit ein beispielhaft selbstbestimmtes Leben geführt. Davon zeugen sowohl ihre Schriften als auch ihre Biografie. Beides entzieht sich jeder gängigen Kategorie. Sie war mobil, fühlte sich keinem Menschen verpflichtet, vor allem den Männern nicht.[348] Bei ihren wichtigsten Lebensentscheidungen, ihren Liebesbeziehungen und ihrer Ehe hat sie immer wieder ihren großen Freiheitsdrang geltend gemacht.[349] Mit ihrer außergewöhnlichen Begabung und dem ausgeprägten Interesse an der intellektuellen Auseinandersetzung verfolgte sie akribisch ihre Studien der Philosophie, Religionsgeschichte und Psychologie. Freunde waren für sie vor allem Gesprächs- und Denkpartner, nie verließ sie ihren Weg radikaler Selbstbestimmung.[350]

In ihrer Lebensweise, insbesondere der Beziehung zu Männern, brach sie mit den gängigen sozialen Normen, und auch als Schriftstellerin hielt sie sich wenig an die geltenden Gattungsformen. Emanzipierte Frauen sind aber nicht zwingend Feministinnen. Lou Andreas-Salomé war eine freiheitsliebende, emanzipierte Frau, die aber der Frauenbewegung distanziert gegenüberstand.[351] Die Rezeption liefert kontroverse Stimmen: Manche sehen in ihr wegen ihres selbstbestimmten Lebens und ihrer literarischen Arbeiten eine Vorreiterin der Frauenemanzipation, obwohl sie sich selbst nie als solche bezeichnet hat.[352] Sie entschied sich gegen das konventionelle Frauendasein, das ihr Familie und Gesellschaft zu bieten hatten, und wagte es, ihren Weg als freie Schriftstellerin zu gehen.[353] Hilfreich für ihre Unabhängigkeit war das Erbe, das ihr nach dem Tod der Mutter zur Verfügung stand.

Rilke gegenüber bekannte sie 1903, dass ihr das konventionelle Leben in der Familie wenig bedeute und sie für das »andere Leben« plädiere: »(...) dieses ist ein Leben und das andere ein anderes, und wir sind nicht gemacht zwei Leben zu haben; als ich mich immer nach einer Wirklichkeit sehnte, nach einem Haus, nach Menschen, die weithin sichtbar zu mir gehörten, nach dem Täglichen – wie irrte ich da. Seit ich es habe, fällt es von mir ab, eins nach dem anderen. Was war mir ein Haus anderes, als eine Fremde, für die ich arbeiten sollte, und was sind mir die nahen Menschen mehr als ein Besuch, der nicht gehen will. Wie verliere ich mich jedesmal, wenn ich ihnen etwas sein will; wie gehe ich von mir fort und kann zu ihnen nicht kommen und bin zwischen ihnen und mir unterwegs und so auf der Reise, daß ich nicht weiß, wo ich bin und wie viel meines mit mir und erreichbar ist.«[354]

Neben der politischen Situation in Russland, dem Land, an dem sie noch immer hing, beschäftigte Lou Andreas-Salomé das Thema Krieg, den sie ablehnte. An Rilke schrieb sie 1904: »So kann dieser volksmordende Krieg in jedem Fall, auch im Siegesfall, nur Rückstand bedeuten.«[355] Über den Krieg tauschte sie sich zu Beginn des Ersten Weltkriegs auch mit Freud in Briefen aus. Freud schrieb Ende November 1914 an Lou, dass die Wissenschaft nur scheintot, die Humanität aber wirklich tot zu sein schien.[356]

Für Lou war Krieg keine rein politische Angelegenheit, sondern nahm schon im Innersten des Menschen seinen Anfang – woraus sie die Hoffnung zog, dass er zu vermeiden sei: »Führen wir ja doch Kriege, weil wir schon Krieg in uns selber sind: im eigenen Wesen angesiedelt auf zweierlei Ebenen, wie man sie sich entgegengesetzter, sich den

Raum streitig machender kaum vorstellen kann (...).«[357]
Hier zeigt sich wiederum ihre psychologische Denkweise,
die sich während und nach dem Ersten Weltkrieg immer
stärker herausbildete, wie sie in ihren Lebenserinnerungen bekannte: »Während der Kriegs- und Nachkriegszeit
nahm mehr und mehr meine Betätigung innerhalb der
Freudschen Tiefenpsychologie die volle Breite meines
persönlichen Lebens ein, sowohl als Forschung wie als
Heilmethodik.«[358]

Auch die nationale Frage trieb sie um. Sie fragte Rilke,
warum er gegenüber seiner österreichischen Nation so
feindlich eingestellt sei, Heimat vor allem die Verbunden-
heit mit der Natur, die Tröstung für die Seele sei: »(...) die
innere Heimatlosigkeit war nicht mehr aufzuheben. Jetzt,
Rainer, wo wir deutschen Menschen auf die Frage unserer Bodenständigkeit politisch so gestoßen werden, frage
ich mich manchmal, wie schadenbringend es in Deinem
Schicksal gewesen sein mag, daß Du gegen Dein Österrei-
chertum eine so starke Antipathie hegtest. Man könnte
sich vorstellen, daß primär geliebte Heimat, Hingehörig-
keit des Blutes, Dich eher vor den Verzweiflungen unpro-
duktiver Zeiten geschützt hätten, deren furchtbare Gefahr
ja Dein Dich-selber-Verwerfen war. Am Heimatboden mit
seinen Steinen, Bäumen, Tieren bleibt etwas sakrosankt
bis ins eigene Menschliche hinein.«[359]

Ein großes Thema, das Lou Andreas-Salomé seit dem
Jugendalter beschäftigte, war Religion. Ihr erster Religi-
onslehrer war Hendrik Gillot gewesen, danach folgte ein
Studium der Religionswissenschaft in Zürich. Um die
Jahrhundertwende zählte Lou Andreas-Salomé zu den
wichtigsten Protagonistinnen des religionstheoretischen
und weltanschaulichen Diskurses. In ihren Schriften, den

Essays, Aufsätzen, Erzählungen und Gedichten, setzte sie sich mit den damals drängenden Fragestellungen auseinander. Wichtig war ihr die wissenschaftliche und weltanschauliche Beschäftigung mit Religion, wobei sie »Gott als eine verlorene und neu zu definierende Größe« verstand.[360] Auch der religionspsychologische und religionshistorische Zugang lagen ihr nahe, wie die Essays *Gottesschöpfung* von 1892 und *Religion und Kultur. Religionspsychologische Studie* von 1898 beispielhaft zeigen. In beiden setzte sie sich mit menschlichen Gottesvorstellungen auseinander.[361]

Als Kind hatte Lou ein starker Glaube an Gott erfüllt, dem sie sich in Monologen anvertraute. Mit zunehmendem Alter und entsprechenden Lebenserfahrungen aber distanzierte sie sich davon; sie glaubte nicht mehr an Gott. Aus der Kirche auszutreten kam für sie dennoch nicht infrage. Zum einen hätte dieser Schritt ihre Eltern getroffen und einen Skandal hervorgerufen, zum anderen lehnte sie das »exaltierende Gebaren« ab.[362]

In der Auseinandersetzung mit religionstheoretischen Fragen spielte Spinoza für Lou eine große Rolle. Erste Kenntnisse hatte sie schon früh bei dem Spinoza-Anhänger Hendrik Gillot erhalten. Als 17-Jährige fand sie bei dem Philosophen Antworten auf ihre Fragen und entwickelte ihre intellektuelle Autonomie, nach der denken nicht heißt, ein System anzunehmen, sondern selbst zu denken.[363] Spinoza war auch Gegenstand ihrer Briefe an Rilke. Beide setzten sich intensiv mit dem bedeutenden Philosophen des 17. Jahrhunderts auseinander.[364]

Nach ihrem ersten schriftstellerischen Werk, dem schon erwähnten Roman *Im Kampf um Gott* aus dem Jahr 1885, folgte eine Vielzahl an Veröffentlichungen: Lou Andreas-

Salomé verfasste mehr als 100 Texte, in denen sie sich mit literatur- und religionswissenschaftlichen, philosophischen, psychologischen und ab 1911 mit psychoanalytischen Fragen beschäftigte. Dabei nutzte sie, wie George Sand ein halbes Jahrhundert früher, die sich in jener Zeit rasant entwickelnde Publizistik, indem sie Kontakte zu den Redaktionen von Zeitschriften unterschiedlichster Themenbereiche aufbaute. So schrieb sie Theaterkritiken in der *Freien Bühne*, *Schaubühne* oder der *Vossischen Zeitung*. Texte über Politik erschienen in politischen Zeitschriften wie *Die Zukunft* oder *Die Tat*, kulturnahe Themen veröffentlichte sie in der *Neuen Deutschen Rundschau* oder im *Neuen Merkur*.[365]

Die Analytikerin

In Lou Andreas-Salomés letzten Lebensjahrzehnten wurde die Psychoanalyse zum Thema, das sie am stärksten beschäftigte. Katalysator für dieses Interesse war die Begegnung mit Sigmund Freud. In ihrem Lebensrückblick erklärte sie, welche Motivation sie zu Freud führte: »Zwei einander sehr entgegengesetzte Lebenseindrücke sind es gewesen, die mich für die Begegnung mit Freuds Tiefenpsychologie besonders empfänglich machten: das Miterleben der Außerordentlichkeit und Seltenheit des Seelenschicksals des Einzelnen – und das Aufwachsen unter einer Volksart von ohne weiteres sich gebender Innerlichkeit (Rußland).«[366]

Erstmals waren sie sich auf dem Weimarer Psychoanalytischen Kongress im Herbst 1911 begegnet, wohin Lou gemeinsam mit dem schwedischen Psychiater Poul Bjerre gereist war, den sie während eines Sommeraufenthalts bei ihrer Freundin Ellen Key im schwedischen Alvastra kennengelernt hatte. Ein Jahr später, im September 1912, schrieb Lou an Freud, dass sie seine Schülerin werden und seine Psychoanalyse lernen wolle. Freud stimmte zu, ihm war sie von Karl Abraham, dem Psychiater und späteren Wegbereiter der Psychoanalyse in Deutschland, empfohlen worden.[367] Noch gab es keine Lehrinstitute, wie sie später in Berlin und Wien gegründet wurden.[368] Von Oktober 1912 bis April 1913 ging Lou für erste Studien der Psychoanalyse nach Wien und nahm dort an den Mittwochsitzungen der Wiener Psychoanalytischen Vereinigung teil. Sie besuchte Freud regelmäßig und ließ sich in seiner Methodik unterrichten. Im Wintersemester saß sie in Freuds Vorlesung an der Psychiatrischen Klinik.[369]

Aber es waren nicht nur die intensiven Studien der Psychoanalyse, sondern auch die Diskussionen mit Gleichgesinnten, die ihr die Zeit bei Freud in besonderem Licht erscheinen ließen. In dem damals noch kleinen Kreis um den Psychoanalytiker in Wien fand sie sich aufgenommen in eine Gemeinschaft, die ein Ziel verband und die für sie zur Familie wurde: »Für mich lag darin manches, was ähnlich wohltuend wirkte wie unser Kreis um Paul Rée: ja sogar die Wiederkehr jener Selbstverständlichkeit, womit ich zwischen meinen Brüdern stand – trotz unserer Verschiedenartigkeit doch von gleichen Eltern stammend. Man hatte sich, und sei's aus fernsten Weltteilen, fremdesten Ländern, gleichgesinnt gefunden.«[370]

In dieser Zeit beschäftigte sich Lou Andreas-Salomé jedoch auch mit anderen Schulen oder von Freud abweichenden Theorien wie jenen von Alfred Adler oder Hermann Swoboda, deren Kollegien sie ebenfalls besuchte.

Adler bot ihr an, Artikel in den *Monatsheften für Pädagogik und vergleichende Psychologie* zu veröffentlichen.[371] Zentral blieb aber Freud für sie. Von Rilke ließ sie sich Schriften von Freud zuschicken. Kurz vor ihrer Abreise zurück nach Göttingen schrieb sie ihm, dass ihr die Analyse sehr wichtig geworden sei, aber auch über die Vorfreude auf die Rückkehr in die Natur rund um Göttingen: »Ich fahre morgen früh endlich nach Hause zurück, mein Mann kam nämlich hierher, und außerdem band mich hier nämlich eine 3stündige Analyse, der ich prachtvolle Einsichten verdanke. Jetzt kann ich mir schon kaum vorstellen, daß ich ohne, wenigsten eine, laufende Analyse wäre. Ellen ist gestern nach Leipzig zurückgefahren. Und ich freue mich unsäglich auf meine Stuben und Wälder; auf Wanderungen und auf Wandlungen, die man so tief in sich selbst unternimmt, während Bäume, Tierchen, Wolken, Berge, in stummem Miterleben zuschauen.«[372]

Zehn Jahre später lud Sigmund Freud die Schriftstellerin wiederum in die Berggasse 9 nach Wien ein. Er schwärmte von Lous Persönlichkeit: »Die Lou ist doch einzig. So wie die Lou ist doch niemand.«[373] Doch auch ihren scharfen Verstand und ihre Intelligenz hatte Freud sofort erkannt.[374] Ihre gegenseitige Hochachtung ging bald in einen warmen, persönlicheren Umgang über. Oft führten sie noch spätnachts Gespräche, auch nach einem langen Arbeitstag.

In dieser Zeit entwickelte sich auch zwischen Anna, Freuds Tochter, und Lou eine intensive Freundschaft, die sich in einer Korrespondenz von über 400 Briefen widerspiegelt.[375] Anna Freud unterrichtete zwischen 1917 und 1920 am Wiener Billroth-Gymnasium, war aber schon länger an der Psychoanalyse ihres Vaters interessiert und eröffnete 1923 in der Berggasse 9 eine eigene Praxis neben der ihres Vaters. Sie war zudem Freuds Assistentin und organisierte seine Vortragsreisen, vertrat ihn später auch auf Kongressen. Bevor sie bei ihrem Vater ihr Studium der Lehranalyse absolvierte, reiste sie im April 1922 für einige Monate nach Göttingen, um bei Lou Andreas-Salomé Unterricht zu nehmen. Die dreißig Jahre ältere Lou war für Anna Mutter und Freundin, Vorbild und Lehrerin zugleich. Die beiden Frauen zählten neben Marie Bonaparte und Helene Deutsch und anderen zu den ersten Analytikerinnen aus der Schule Freuds.[376] Das letzte persönliche Wiedersehen mit Sigmund Freud fand 1928 statt.[377]

Ein Thema, für das sich Lou Andreas-Salomé schon länger interessierte und das sie in Wien vertiefte, war Narzissmus. Der 1914 von Sigmund Freud veröffentlichte Aufsatz *Zur Einführung des Narzissmus* stieß bei Lou auf großes Interesse; Narzissmus wurde zu einem ihrer Lebensthemen.[378] Sie hatte sich schon so tief in das Thema eingearbeitet, dass sich nach einem Brief von Lou an Freud unmittelbar nach Erscheinen von dessen Narzissmus-Aufsatz eine briefliche Narzissmus-Debatte zwischen ihnen entwickelte, in der sie ihn auf begriffliche und konzeptionelle Unschärfen hinwies. 1913 erarbeitete sie dann gemeinsam mit Victor Tausk einen Vortrag mit dem Titel »Die psychologische und pathologische Bedeutung des Narzissmus«, den Tausk auf dem 4. IPV-Kongress in München vortrug.[379]

Lou Andreas Salomé lebte zusammen mit ihrem Mann bis zuletzt in Göttingen. Nach seinem Tod in 1930 litt Lou in den letzten Jahren an einer Krebserkrankung und starb am 5. Februar 1937.

ELSE JAFFÉ-VON RICHTHOFEN

Sie war eine der ersten Studentinnen an der Universität Heidelberg, die erste Doktorandin von Max Weber und zählte damit, ebenso wie Lou Andreas-Salomé oder Ricarda Huch, zu den ersten Frauen in Deutschland, die eine Universität besuchten: Else Jaffé-von Richthofen.

Als Elisabeth Frieda Amélie Sophie Freiin von Richthofen am 8. Oktober 1874 in Château-Salins geboren,[380] stammte sie aus der weitverzweigten Adelsfamilie von Richthofen: Ihre Schwester Frieda von Richthofen war die Frau des britischen Schriftstellers D. H. Lawrence. Bekannt ist der »Rote Baron«, Manfred Albrecht Freiherr von Richthofen, Jagdflieger im Ersten Weltkrieg. Der wohl berühmteste Richthofen war Oswald, Kolonialdirektor und ab 1900 Staatssekretär im Auswärtigen Amt. Else war die älteste von drei Töchtern von Friedrich Ernst Emil Ludwig Freiherr Praetorius von Richthofen, der der Heinsdorfer Linie entstammte. Friedrich von Richthofen arbeitete in der Verwaltung in Metz, damals deutsche Garnisonsstadt in Lothringen. Vor dem Deutsch-Französischen Krieg war Metz französisch, somit gehörte er der deutschen Besatzungsarmee in den vom Deutschen Reich eroberten französischen Gebieten an. Aufgrund einer Verletzung wurde er aus dem Militärdienst entlassen und als

Ingenieur in der Verwaltung der Gebiete um Metz beschäftigt, wo er die Kanäle der Gegend instand setzen ließ.[381] Die Schwestern liebten ihren Vater, erkannten aber auch seine Widersprüchlichkeiten. Baron von Richthofen war preußischer Offizier. Beim Spiel verlor er hohe Summen, sodass er sogar ihr Haus verkaufen musste.

Die Mutter, Baronin Anna von Richthofen, war eine geborene Marquier und entstammte einer wohlhabenden bürgerlichen Familie aus Donaueschingen. Sie galt als naturverbunden, widmete viel Zeit dem Lesen und liebte das ländliche aristokratische Leben. Für die Baronin vom Land in D. H. Lawrences Roman *Liebende Frauen* stand sie Patin. Else und ihre Schwestern wuchsen in einer Atmosphäre auf, die stark von ihrer aristokratischen Herkunft geprägt war. Alle sechs Jahre wurde ein Familientag abgehalten, vor allem um die männlichen Mitglieder des weitverzweigten Clans zusammenzuführen, »um ihnen einen nostalgischen Geschmack von der Ära zu vermitteln, in der sich die Junker ihre Zeit mit der Hirsch- und Wildschweinjagd in den Karpaten und mit der Lachsfischerei an der Oder vertrieben«.[382]

Gemäß der üblichen Schulbildung für adlige Mädchen wurde Else zunächst von französischen Nonnen in Metz unterrichtet und besuchte ab September 1889 dann ein Mädchenpensionat in Freiburg im Breisgau. Da die Familie wenig begütert war, ließ sie sich 1890 als Lehrerin in Trier ausbilden und arbeitete nach dem Examen 1891 einige Jahre in diesem Beruf.[383]

Die erste Studentin von Max Weber

Als Lehrerin kam Else von Richthofen 1895/96 an die Universität von Freiburg, wo sie Seminare auditierte. Bei dem Onkel ihrer Freundin Frieda Schloffer, dem Philosophen Alois Riehl, begegnete sie erstmals Max und Marianne Weber. Weber war im Wintersemester 1894/95 im Alter von 30 Jahren zum Professor für Nationalökonomie nach Freiburg berufen worden. Als Max Weber 1897 den Ruf an die Heidelberger Universität erhielt, folgte Else von Richthofen ihm und besuchte seine Lehrveranstaltungen. Sie war eine der ersten vier Studentinnen an der Universität Heidelberg. Nach zwei Semestern als Gasthörerin bei Max Weber nahm sie auch an den Veranstaltungen von Georg Jellinek und Paul Hensel teil. Max Weber betreute sie beim Studium der Schriften von Adam Smith, David Ricardo und Karl Marx, und im Wintersemester 1897/98 verfasste Else von Richthofen eine 200-seitige Nachschrift von Webers Vorlesung zur Agrarpolitik.[384]

In Heidelberg, damals eine Universität mit den Schwerpunkten Philosophie, Geschichte und Sozialwissenschaften, lehrten um 1900 neben Max Weber bedeutende Professoren wie die Philosophen und Neukantianer Wilhelm Windelband und Heinrich Rickert, der Theologe Ernst Troeltsch, der Psychiater und Philosoph Karl Jaspers oder der Literaturwissenschaftler Friedrich Gundolf. Else von Richthofen nahm an den sonntäglichen »Jours« bei den Webers teil, wo sie rasch Zutritt zu den Kreisen der Intellektuellen und Gelehrten Heidelbergs bekam. Im Hause Weber verkehrten Georg Simmel, Friedrich Gundolf, Georg Lukacz, Ernst Bloch und die Pianistin Mina Tobler. Auch Marie Baum traf sie hier, die Sozialwissenschaftlerin und spätere Sozialpolitikerin in der Weimarer Republik.[385]

In Heidelberg tauchte Else nicht nur in die Welt der Wissenschaft ein, sondern wurde von Max und Marianne Weber auch mit der geistigen Elite der Jahrhundertwende bekannt gemacht. Durch Max Weber kam sie schließlich nach Berlin.

Obwohl in Berlin erst 1908 Frauen zum Studium zugelassen wurden, konnte Else von Richthofen schon 1898 für drei Semester dort studieren. Professoren waren befugt, Ausnahmen zu gewähren, und Weber hatte ein Empfehlungsschreiben an Gustav Schmoller verfasst, der Else per Sondergenehmigung erlaubte, seine Seminare zu besuchen. Weber hatte die Intelligenz und Begabung seiner Schülerin gelobt: »Sie ist von recht klarer, nüchterner Auffassungsgabe, nicht ungewöhnlich, aber gut, begabt ohne den häufigen persönlichen Ehrgeiz studierender Damen, von großem rein sachlichen Eifer, im Übrigen wird glaube ich die Persönlichkeit für sich selbst sprechen.«[386] Die Berliner Universität war zu jener Zeit eine der angesehensten der Welt und Gustav Schmoller einer der wichtigsten Vertreter der Nationalökonomie, neben anderen Professoren wie Adolph Wagner, der Staatssozialismus lehrte, oder dem Nationalökonomen und Landwirtschaftsexperten Max Sering.[387]

Else wohnte bei ihrem Onkel Oswald von Richthofen in einer großräumigen, repräsentablen Wohnung in der Beletage eines Mietshauses in der Friedrich-Wilhelm-Straße 17 (heute Klingelhöferstraße) südlich des Tiergarten-Parks. Mit mehr als zehn Zimmern und Personal führte sie als Studentin in Berlin ein aristokratisches Leben. Sie besuchte Galavorstellungen, Opernaufführungen und Bälle. Aber das Leben in der besten Gesellschaft Berlins lag ihr nicht, sie verabscheute geradezu die stundenlangen Diners, bei denen sie sich mit »dummen Gardelieutenants« unterhalten musste. Sie langweilte vor allem das niedrige geistige Niveau und amüsierte sich über die »Mädchen, die wie Hühner auf der Stange sitzen und nur auf der Suche nach einem Gatten sind«. Was sie viel mehr inspirierte, waren die »Sonntagabende« im Hause Weber, wo sie die beeindruckende Mutter von Max, Helene, und auch Alfred erstmals traf.[388] Mit einem ihrer Vorträge, die sie während eines Abendessens bei ihrem Onkel Oswald von Richthofen hielt, erregte sie sogar die Aufmerksamkeit Wilhelms II., dem zu Ehren eingeladen worden war.

Else von Richthofen hatte bereits begonnen, eigenständig zu arbeiten, wie an ihren Studien abzulesen war. Zu der 1899 veröffentlichten vierbändigen Untersuchung von Alfred Weber *Formen von Hausindustrie und Heimarbeit*, die Schmoller und Sering in ihren Seminaren behandelten, verfasste sie einen kurzen Artikel, für den sie eine Recherchereise in einige lothringische Dörfer unternommen und die Hausarbeit von Stickerinnen für die Luxusindustrie begutachtet hatte. Auch Edgar Jaffé, ihr Kommilitone und späterer Ehemann, beschäftigte sich in einem Artikel mit diesem Thema, allerdings auf die Zigarrenproduktion konzentriert: »Hausindustrie und Fabrikbetrieb in der deutschen Cigarrenindustrie«.

In ihrem Artikel distanzierte sich Else von Webers Thesen, da sie zu ganz anderen empirischen Befunden gekommen war; während er schlechte Arbeitsbedingungen und mangelhafte rechtliche Regelungen beklagt hatte, schienen ihr die jungen Frauen mit der Hausarbeit sehr zufrieden zu sein. Später erinnerte sie sich: »Ich unterbreitete diese wenige Seiten langen Elaborate erst dem Dr. (Alfred) Weber, etwas zweifelnd, denn ich musste aussprechen, dass mir das Los dieser Arbeiterinnen – junge Mädchen, die gern einen Nebenverdienst mitnahmen – nicht so finster schien, wie er es, theoretisch, sozusagen für erforderlich hielt. Damals hätte man sich nicht vorzustellen gewagt, dass man in eine nähere persönliche Beziehung zu diesem scheinbar ganz ins Sachliche versunkenen Mann treten könne.«[389] Zu der Zeit ahnte sie noch nicht, dass Alfred Weber einige Jahre später eine wichtige Stellung in ihrem Leben einnehmen sollte.

Ende Juli 1900 ging Else wieder zurück nach Heidelberg, um sich von Max Weber promovieren zu lassen. Grundlage war ihre 73-seitige Dissertation mit dem Titel »Über die historischen Wandlungen in der Stellung der autoritären Parteien zur Arbeitsschutzgesetzgebung und die Motive dieser Wandlungen«.[390] Den Doktortitel erlangte sie nach der Verteidigung ihrer Dissertation am 7. Januar 1902.[391]

Als Fabrikinspektorin in Stellung

Parallel zur Dissertation arbeitete Else ab Sommer 1900 als Fabrikinspektorin in Karlsruhe. Vermittelt hatte dies Friedrich Woerishoffer. Er war der erste Fabrikinspektor in Baden und Autor eines Buches über die soziale Lage der Fabrikarbeiter in Mannheim. Auf der Suche nach einer Frau für die Fabrikinspektion hatte er sich an Max Weber gewandt. Hilfreich war auch der familiäre Kontakt von Elses Onkel Oswald von Richthofen zur Großherzogin Luise von Baden, die sich in der Wohlfahrt engagierte.

Vorausgegangen war Elses Interesse an sozialen Fragen, und auf Vermittlung von Max Sering konnte sie bereits in Berlin Fabriken besuchen. Weiterhin widmete sie sich neben der praktischen Arbeit auch ihren Studien, an Marianne Weber berichtet sie begeistert: »Ich habe mich ordentlich wieder vollgesogen mit Nationalökonomie in diesen Tagen, ich habe auch früher, seit dem ich Gott sei Dank wieder Ich bin, mehreres gelesen und so allmählich dämmert mir, bis jetzt habe ich ja überhaupt nichts gewusst. Wenn ich an alle diese Dinge denke, die man noch lesen und lernen und thun kann, bin ich ganz glücklich, daß ich noch nicht 50 bin – und daß ich nicht heiraten muß!«[392]

Vor der Gesellschaft für soziale Reform in Dresden referierte sie im Dezember 1900 über ihre Eindrücke vom Leben der Arbeiterinnen, worüber die Presse berichtete, wie ein Artikel in der *Mannheimer Volksstimme* am 12. Januar 1901 zeigt, der sie zudem als erste deutsche Staatsbeamtin benennt.[393] Im Rahmen ihrer Aufgaben, in die sie ihr Mentor Woerishoffer einwies, führte sie Gespräche mit Arbeiterfunktionären und Fabrikanten und nahm die Einhaltung der Arbeitsschutzbestimmungen in allen badischen Fabriken der Zigarren-, Schmuck und Textilindustrie mit etwa 60 000 Arbeiterinnen unter die Lupe.[394] Ihre Erfahrungen mit den Arbeiterinnen flossen auch in ihren Vortrag über die Arbeitsbedingungen von Frauen bei einer Konferenz 1910 ein. Darin kritisierte sie, dass die soziale Frage zehn bis 15 Jahre zuvor stärker im Fokus des Interesses gestanden habe.[395]

Um 1902 hatte sie ihre Tätigkeit als Fabrikinspektorin beendet. Nach zwei Jahren in dieser Funktion war sie müde und unzufrieden mit dem Leben fernab des gesell-

schaftlichen Lebens, das sie in Heidelberg und Berlin geführt hatte. Marianne Weber gegenüber gestand sie im
Januar 1902, dass ihre Situation sie in die Nähe eines Ner-
venzusammenbruchs gebracht habe.[396]

Edgar Jaffé

In Berlin also traten die beiden Männer in ihr Leben, die
dauerhaft für sie von Bedeutung sein würden: Edgar Jaffé
und Alfred Weber. Während Alfred Weber noch der distanzierte Professor war, kamen sich Edgar Jaffé und Else
als Kommilitonen bald näher. Jaffé hatte sich bereits bei
ihrer ersten Begegnung an der Universität in sie verliebt.[397] Er machte ihr kurz darauf einen Heiratsantrag,
den sie zunächst ablehnte. Sie änderte ihre Meinung
dann aber doch, im Juni 1902 verlobten sie sich, und am
19. November desselben Jahres folgte die Hochzeit in
Karlsruhe.[398]

Ihre Verbindung wurde oft als Vernunft- oder Versor-
gungsehe zwischen der 26-jährigen Adligen und dem acht
Jahre älteren Millionär beschrieben, tatsächlich war es
aber viel mehr. Beide verband ein großes intellektuelles
Interesse und gegenseitige Zuneigung, die selbst als sie
sich um 1910 mehr Freiheiten einräumten und jeweils
andere Partner hatten, von Freundschaft geprägt war.[399]
An Marianne Weber schrieb Else am 11. Juni 1902, nach
der Verlobung: »(...) jetzt ist es mir, als ob mein ganzes
Leben nur einen Sinn gehabt hätte bis jetzt, mich mit diesem Mann zusammen zu führen.« Sie könne nicht sagen,
dass sie glücklich sei, aber sie sei für jedes Wort dankbar
und sicher, dass es das Richtige sei.[400] Es ging in ihrer Ver-

bindung somit weniger um Leidenschaft als vielmehr um eine tiefes Zusammengehörigkeitsgefühl mit gegenseitigem Verständnis, Toleranz und Nähe, vor allem auch auf geistiger Ebene.

Edgar Jaffé war in vielerlei Hinsicht ein ungewöhnlicher Student. 1865 in eine jüdische Hamburger Kaufmannsfamilie mit 14 Geschwistern geboren, war er 1900 bereits ein wohlhabender Mann. Seine Familie betrieb ein Unternehmen, das mit Baumwolle und Leinen handelte, und Edgar war nach Abschluss der Mittleren Reife in den Betrieb eingestiegen. Die Firma war auch im Ausland aktiv, und so führte ihn seine Arbeit Ende der 1880er-Jahre nach Spanien und schließlich nach Manchester, wo er ein ansehnliches Vermögen erwirtschaftete. Das Jaffé-Unternehmen wurde wegen seines vorbildlichen Umgangs mit dem Personal ausgezeichnet. Die Angestellten erhielten beispielsweise Freikarten für Konzerte und Theateraufführungen. Nach dem Tod seines Vaters kehrte Edgar 1898 zurück nach Deutschland und beschloss zu studieren. Das Leben als Unternehmer füllte ihn nicht aus.[401]

Finanziell war er durch das familiäre Vermögen und durch den gewinnbringenden Verkauf von Filetgrundstücken am Kurfürstendamm abgesichert.[402] Seine Familie engagierte sich im jüdischen Gemeindeleben und unterstützte die Gemeinde auch finanziell. Edgars Vater, Isaac Joseph, gründete das Paulinenstift, ein Waisenhaus für jüdische Mädchen, das nach seiner Frau benannt wurde. Edgars Onkel Daniel Joseph Jaffé baute ein ansehnliches Leinenunternehmen in Belfast auf, wo er sich zudem für die jüdische Gemeinde stark einsetzte. Unter seinem Sohn Otto Moses entwickelte sich das Geschäft zum führenden Leinenexporteur Nordirlands nach Europa. Er unterstützte jüdische Immigranten aus Russland und ließ 1904 eine Synagoge in Belfast erbauen. In 1900 erhielt er den Ritterschlag.[403]

In Berlin studierte Edgar Jaffé Nationalökonomie und Philosophie. Seine praktischen Erfahrungen in der Textilindustrie waren seinen Lehrern Gustav Schmoller und Max Sering willkommen. Er ließ sie in wissenschaftliche Publikationen einfließen, wie in den Artikel »Die englische Baumwollindustrie und die Organisation des Exporthandels«, den er in einem von Schmoller herausgegebenen Journal veröffentlichte.[404] 1913 schrieb er einen Essay mit dem Thema »Die Arbeiterfrage in England«. Im Fokus seines Interesses stand eine Art Wohlfahrtsstaat-Sozialismus.

Jaffé wurde 1904 mit einer Arbeit über das englische Bankwesen habilitiert. Dank der soliden finanziellen Basis konnte er im selben Jahr die Fachzeitschrift *Archiv für Sozialwissenschaft und Sozialpolitik* von Heinrich Braun erwerben. Neben Max Weber und Werner Sombart wurde er einer der Herausgeber des *Archivs,* wobei Weber der wichtigste Kopf im Herausgeberteam war.[405]

Edgar Jaffé zählt zur jüngsten Generation der Nationalökonomen und gilt bis heute als einer der wichtigsten Vertreter des »Staatssozialismus«, einer Wirtschaftsordnung, die etatistisch, wenn nicht gar planwirtschaftlich ausgerichtet ist. Dabei bewegte sich Jaffé zwischen konservativem und sozialistischem Antikapitalismus.[406] Seine theoretischen Vorstellungen sollte er später als Finanzminister der Räterepublik umzusetzen versuchen, wenn auch nur für eine kurze Zeit.

Jaffé sah die Errungenschaften des Kapitalismus in einer Vermehrung von wirtschaftlichem Reichtum – insbesondere auch bei seiner eigenen Familie –, hatte aber auch ein kritisches Auge für dessen soziale und politische Konsequenzen. Die aus dem Individualismus resultierende ungerechte Vermögensverteilung widerlaufe nach Jaffé dem Allgemeininteresse und stärke die ohnehin schon Mächtigen, während die Schwachen an Widerstandsfähigkeit verlören und sie in größere Abhängigkeit führe. Mit dem Streben nach Gewinn und Profit sei die Qualität ersetzt worden durch Quantität.[407]

Edgar Jaffé wird als zurückhaltender, ja schüchterner Mann beschrieben, der aber, wenn er über wissenschaftliche Themen sprach, gerne auch lange Monologe führte. Mit Else verband ihn besonders ein bohèmehafter wie bürgerlicher Lebensstil.[408] Edgar zeigte sich als liberaler Ehemann, der seine Frau zum wissenschaftlichen Arbeiten anregte. Er schlug vor, dass sie ihre Dissertation zu einem Buch ausweiten oder Artikel von dem 1902 verstorbenen Woerishoffer herausgeben könnte. Auch regte er an, Else an der redaktionellen Arbeit seiner Fachzeitschrift *Archiv für Sozialwissenschaft und Sozialpolitik* zu beteiligen.[409]

Dank seines Vermögens konnte Edgar Jaffé eine repräsentative Villa erbauen lassen. In der vom Architekten Edwald Becher 1901/03 errichteten Villa in der Berliner Wallotstraße 10 ist heute das Wissenschaftskolleg beherbergt. Auch in Heidelberg wohnten Else und Edgar in einer Villa mit Bediensteten. Die Jaffé-Villa, in bester Lage Heidelbergs, wurde zum Zentrum der intellektuellen Kreise, wo sich Gelehrte wie Ernst Troeltsch, der Nationalökonom, Kultur- und Wirtschaftshistoriker Eberhard Gothein, der österreichische Staatsrechtler Georg Jellinek, der Romanist Karl Vossler, der Philosoph Emil Lask und der Jurist Gustav Radbruch trafen. Damit knüpfte das Ehepaar Jaffé an die Tradition der Webers an. Darüber hinaus pflegte Else Freundschaften zu zahlreichen anderen Intellektuellen, Wissenschaftlern und Künstlern. Zu ihren engeren Freunden zählten neben den Webers und dem Ehepaar Gothein der Dichter Friedrich Gundolf, der Philosoph Otfried Eberz sowie der Anglist Johannes Hoops. Freundinnen jener Zeit waren Marie Baum und die Politikerin Gertrud Bäumer.[410]

Kurz nach der Heirat ließen Kinder nicht lange auf sich warten. Am 28. September 1903 wurde ihr Sohn Friedrich Bernhard, genannt Friedel, geboren, und zwei Jahre später, am 21. August 1905, kam die Tochter Marianne Elisabeth Gertraud zur Welt. In der Ehe gewährte sich das Paar gewisse Freiheiten. Else unterhielt ab 1904 eine Affäre mit dem Mediziner Friedrich Voelcker und mit Otto Gross, dem exzentrischen österreichischen Psychiater und Anarchisten, mit dem sie einen gemeinsamen Sohn, Peter, hatte. Er wurde 1907 geboren und starb 1915. 1909 bekam sie einen dritten Sohn, Hans, von ihrem Ehemann Edgar.

Danach folgten die Münchner Jahre, da Edgar Jaffé 1910 einen Ruf an die dortige Handelshochschule erhielt und Heidelberg verließ. Else und die Kinder zogen Ende März 1911 nach Wolfratshausen, südlich von München, wo sie in verschiedenen Häusern lebten. Edgar ließ in Irschenhausen ein alpenländisches Haus bauen, das Schweizerhäuschen, und Else kaufte später in Wolfratshausen eine Villa. Zu dieser Zeit war ihre Ehe bereits von Distanz geprägt und bekam immer stärker den Charakter einer Freundschaft. Else setzte allerdings durch, dass sie verheiratet blieben und Edgar sie finanziell großzügig versorgte.

Er selbst lebte überwiegend in einer Schwabinger Mansardenwohnung in der Konradstraße 16, hatte ebenfalls Affären, unter anderem mit der Schriftstellerin Fanny zu Reventlow. Im September 1916 gingen Else und die Kinder auf die Ludwigshöhe nach Solln, wo sie eine Etage in einer Villa bezogen. Else hatte die Natur und Ruhe in Wolfratshausen genossen, bevorzugte aber die größere Nähe zur Stadt.[411]

Politischer Umbruch und Frauenbewegung

Am 7. April 1919 wurde die Münchner Räterepublik ausgerufen. Für nur vier Wochen sollte der fünf Monate zuvor gegründete Freistaat Bayern in eine sozialistische Räterepublik überführt werden. Der bayerische Freistaat war im Zuge der Novemberrevolution ausgerufen worden, die ab Anfang November 1918 mit dem Ende des Ersten Weltkriegs einhergegangen war und das ganze Deutsche Reich erfasst hatte. Mit der Kriegsniederlage und dem Waffenstillstand am 11. November 1918 waren alle Monarchen und herrschenden Fürsten der deutschen Teilstaaten geflohen oder gestürzt worden. Nahezu überall in Deutschland, so auch in Bayern, hatten sich revolutionäre Arbeiter- und Soldatenräte gebildet.
Am 8. November 1918 hatte Kurt Eisner (USPD) den »Freien Volksstaat Bayern« ausgerufen. Dieser geriet nach dem tödlichen Attentat auf Eisner, dem ersten Ministerpräsidenten der bayerischen Republik, am 21. Februar 1919 in München in eine Krise. Der Landtag wählte schließlich eine SPD-geführte Minderheitsregierung unter der Ministerpräsidentschaft von Johannes Hoffmann (MSPD).

Am 7. April 1919 wurde dann vom Zentralrat der bayerischen Republik unter Ernst Niekisch und dem Revolutionären Arbeiterrat in München die Bayerische Räterepublik ausgerufen, die von pazifistischen und anarchistischen Intellektuellen wie Ernst Toller, Erich Mühsam und Gustav Landauer maßgeblich geprägt wurde. Nach dem sogenannten Palmsonntagsputsch dominierten ab 13./14. April führende KPD-Mitglieder wie Eugen Leviné, Max Levien und Rudolf Egelhofer die Räteregierung. Am 2./3. Mai nahmen Reichswehr und Freikorps München ein und beendeten gewaltsam die Räterepublik.

Edgar Jaffé galt unter den Nationalökonomen als Vertreter des Kriegssozialismus.[412] Er entwarf Visionen einer korporativen Gesellschaft und gemeinwirtschaftlichen Ordnung und beeinflusste damit auch die Debatte über die Übergangswirtschaft. Dies machte ihn schließlich als Ministerkandidat für die Regierung Kurt Eisners interessant, in der er am 7. November 1918 zum Finanzminister ernannt wurde.[413] Seit 1917 Mitglied der USPD war er ein Kritiker des sozialen Systems des Kaiserreichs und galt als »Staatssozialist reinsten Wassers«. Er forderte eine Ausdehnung des Staatseinflusses, wobei sich der Staat auf regulierende und beaufsichtigende Funktionen beschränken sollte.[414] Bereits im Herbst 1917 sah Jaffé die finanzielle Katastrophe im Falle einer Niederlage im Krieg voraus: die Hyperinflation. Konventionelle Steuermethoden würden hier nicht mehr greifen, nach Jaffés Ansicht müssten die Produktivkräfte gestärkt werden. Bei einer Kriegsniederlage würden vor allem die Arbeiter und die Mittelschicht die Leidtragenden sein. Seine Pläne sahen Vermögensabgaben, eine Reichserbschaftssteuer und Kriegsgewinnsteuern vor. Die Arbeiterschaft sollte mehr Mitspracherechte erhalten, und er plädierte für staatlich festgelegte Mindestlöhne.[415]

Anfang November zog Jaffé mit Eisner durch die Stadt und hielt Reden vor Massenversammlungen, unmittelbar vor den Wahlen hielt er eine Rede im überfüllten *Löwenbräukeller*, in der er marxistischen Auffassungen sehr nahekam. In einer Rede vor dem Landesarbeiterrat sprach er sich für die parlamentarische Demokratie und damit für die Nationalversammlung aus. Aber auch wirtschaftliche Gleichberechtigung und wirksamer Föderalismus waren ihm wichtig.[416] In dieser Umbruchzeit nach dem Ersten Weltkrieg lebten Else und Edgar Jaffé getrennt. Sie unterstützte ihn aber in seinem politischen Engagement. Nach der Ermordung von Kurt Eisner litt Edgar Jaffé unter einer schweren Depression und musste in einer psychiatrischen Klinik behandelt werden. Er starb am 29. April 1921 in München.

Die intensive Verflechtung Else Jaffés mit der Weber-Familie zeigte sich besonders in ihrer langjährigen Freundschaft mit Marianne Weber. Als Marianne Weber 1954 84-jährig starb, saß Else an ihrem Bett. Marianne war zwar nur vier Jahre älter als Else, hatte aber dennoch einen starken Einfluss auf sie, vor allem in den ersten Jahren ihrer Freundschaft. Die Frauenrechtlerin ermutigte die Jüngere, sich politisch und intellektuell zu engagieren.[417]

Sie war selbst aktiv in der Frauenbewegung und versuchte, Frauen zum Kampf um ihre Rechte zu bewegen. In ihren Erinnerungen schreibt sie, dass sie gerade die jungen Frauen des Bürgertums ermutigen wollte, sich für ihre Sache zu engagieren: »Die junge Frauenbewegung drängte zur Ausbreitung und brauchte dringend Zuwachs, im Besonderen auch die Zierde junger, glücklich verheirateter Frauen, damit sie von ihrer erdrückend großen Gegnerschaft nicht zum Anliegen der zu kurz gekommenen, unverheirateten Frau gestempelt werden konnte.«[418]

Max Weber unterstützte seine Frau bei ihrer Arbeit für die Frauenbewegung, nahm Anteil und leistete ihr Beistand, wann immer es Schwierigkeiten gab. Daher war ihm auch die Anerkennung der Frau als eine vollwertige geistige Partnerin ein wichtiges Anliegen.[419] Marianne Weber sah in der politischen Situation jener Zeit eine große Chance auch für Frauen, denn plötzlich gewannen mehr Menschen politisch an Einfluss, darunter die Frauen, auch wenn sie noch kein Wahlrecht besaßen: »Der Umbruch von links warf ihnen in den Schoß, was sie zwar gefordert, aber noch lange nicht erwartet hatten: politische Mündigkeit und Mitverantwortung. Aber die Führerinnen der Bewegung waren noch Offiziere ohne Heer. (...) Es war Ehrensache, auch die Frauen an die Wahlurne zu bringen.«[420] Marianne Weber betrachtete öffentliche Reden als ein wichtiges Instrument, nicht nur um Frauen für politische Fragen zu sensibilisieren, sondern auch, um überparteiliche Aufklärung zu betreiben.[421]

Auch Else Jaffé hielt zahlreiche Reden und Vorträge, in denen sie beispielsweise über das Elend und die Not der Arbeiterinnen sprach. Allerdings war sie keine kritiklose Anhängerin der Bewegung an sich. Clara Zetkin, die der proletarischen Frauenbewegung vorstand und zunächst Mitglied der USPD, dann der KPD war, war in Elses Augen eine »keifende Megäre«. Zwischen dem bürgerlichen und dem sozialdemokratischen Programm der Frauenbewegung gab es deutliche Unterschiede. Else Jaffé wollte das Bildungsniveau der Arbeiterinnen heben und sie zu anspruchsvoller Lektüre anregen; daher war sie vor allem in der bürgerlichen Frauenbewegung aktiv. Einige ihrer Mitstreiterinnen lernte sie an der Universität im Seminar von Gustav Schmoller kennen: neben Helene Simon auch Marie Loeper-Housselle, die Mitbegründerin des Allgemeinen deutschen Lehrerinnenvereins, oder Alice Bensheimer, eine städtische Armenpflegerin in Mannheim und Gründerin des Jüdischen Frauenbundes Caritas. Manche Vorträge von Else Jaffé wurden von der Presse gewürdigt, wie beispielsweise ihre Rede beim Verein für Soziale Reform in Dresden und Leipzig im November 1901, wo sie internationale Unterschiede in der Fabrikinspektion vorstellte. Bei ihren Vorträgen in Leipzig und Dresden befanden sich unter den Zuhörern zudem wichtige Vertreterinnen der Frauenbewegung, die sie wiederum zu weiteren Vorträgen einluden.[422]

Marianne Weber leitete die Heidelberger Sektion des 1895 gegründeten Vereins »Frauenbildung – Frauenstudium«, der dafür eintrat, dass Frauen gleichberechtigt studieren konnten. Auch Else schloss sich dem Verein an. In Berlin gingen beide zu Veranstaltungen der Frauenbewegung, und im Mai 1898 reisten sie gemeinsam zur Bundestagung des Vereins nach Frankfurt. Bei diesen Veranstaltungen begegnete Else bekannten Frauenrechtlerinnen wie Helene Lange und Alice Salomon.[423] Alice Salomon war zu der Zeit Vorsitzende der von den Frauenrechtlerinnen wie Minna Cauer und Jeannette Schwerin 1893 in Berlin gegründeten »Mädchen- und Frauengruppe für soziale Hilfsarbeit«. Nach einem Vortrag von Salomon in Mannheim tauschten sich beide brieflich über ihre Erkenntnisse aus.

Im Verein »Frauenbildung – Frauenstudium« referierte

Else regelmäßig über Heimarbeiterinnen und Fabrik-
inspektioninnen. Marianne Weber ernannte sie 1903 zur
Schriftführerin des Vorstands. Im Mai 1906 reisten sie
gemeinsam zur Generalversammlung des Vereins nach
Freiburg. Sie wurde Mitglied der Kommission für Arbei-
terinnenschutz des Bundes Deutscher Frauenvereine und
erhielt den Auftrag für juristische Recherchen zu einer
Enquete über uneheliche Mütter.[424] Else engagierte sich
besonders in der sozialen Arbeit innerhalb der Frauenbewegung beispielsweise bei der »Mädchen- und Frauengruppe für soziale Hilfsarbeit«, die bürgerliche Frauen für
ehrenamtliche Tätigkeiten in sozialen Einrichtungen zu
gewinnen versuchte.[425]

Im Ersten Weltkrieg unterstützte Else Jaffé dann Hilfs-
projekte im Rahmen der Frauenbewegung. Der Bund
Deutscher Frauenvereine verschickte im Juli 1914 an seine
Mitglieder Richtlinien für die Organisation eines Frauen-
dienstes im Kriegsfall. Am 1. August 1914 unterbreiteten
die Frauenrechtlerinnen Hedwig Heyl und Gertrud Bäumer dem preußischen Innenministerium ihr Vorhaben,
einen Nationalen Frauendienst zu begründen. Dieser
sollte sich um vielfältige Angelegenheiten wie Arbeitsver-
mittlung, Lebensmittelversorgung, Sach- und Geldspen-
den kümmern. Else schloss sich in München dem Haupt-
wohlfahrtsausschuss an, bei dem sie die Frauenberatung
übernahm. Außerdem arbeitete sie zwei Tage in der Woche in einem Münchner Büro für Sozialarbeit und kümmerte sich um Lebensmittel-, Kohle- und Kleiderlieferun-
gen an Hilfsbedürftige.[426]

Vom Lehrer zum Liebhaber

Max Weber war für Else Jaffé-von Richthofen in vielerlei Hinsicht von Bedeutung. Er förderte sie als Univer-
sitätslehrer, promovierte sie, ermutigte sie zum Studium
in Berlin, war wie seine Frau Marianne von Anfang an
freundschaftlich mit ihr verbunden und führte sie in die
Intellektuellenkreise sowohl in Berlin als auch in Heidelberg ein. Weber übernahm sogar die Patenschaft ihres
unehelichen Sohnes Peter. Doch dem großen Gelehrten
wurde bald bewusst, dass er mehr als Freundschaft und
Vatergefühle für Else hegte. Während einer gemeinsamen
Reise nach Venedig 1909 offenbarte Max Weber Else seine
Gefühle. Diese erwiderte sie, wollte aber Marianne nicht
hintergehen.[427] Marianne Weber realisierte allerdings,
dass Max Else liebte, zeigte aber große Toleranz.[428] Auch
bahnte sich zu dieser Zeit zwischen Else und Alfred Weber
eine Liebesbeziehung an. Max Weber ging auf Distanz zu
Else, vermutlich aus Eifersucht gegenüber seinem Bruder
Alfred, und erst nach verschiedenen Vortragsreisen nach
München ab 1916 näherten sie sich einander wieder an.
Ein Grund dafür lag im Tod von Peter Jaffé 1915.

Vier Jahre später folgte Weber dem Ruf an die Universität München, und ab November 1918 etwa ließen sich
Max Weber und Else auf eine intime Beziehung ein. Die
große gegenseitige Anziehung, die freundschaftliche Verbindung, die seit Ende der 1890er-Jahre bestanden hatte,
bekam nun auch eine erotische Komponente. Zeugnis
davon geben über 70 Briefe Max Webers an Else Jaffé
aus den Jahren 1918 bis 1920, wovon einer die besondere
Emotionalität und Webers Faszination von Elses doppel-
gesichtigem Wesen zeigt: »Du süße Else, Du Plage meiner

Nächte, Du Freude meiner Tage, Du wildes und gütiges, zorniges und holdes, naturalistisches und feines, realistisches und von unendlicher Poesie umwobenes, todernstes und göttlich leichtes, starkes und zartes Geschöpf.«[429]

Die räumliche Nähe nahm Max Weber zur Gelegenheit, Else häufiger auf der Ludwigshöhe zu besuchen. Auch Else »kommt in der Woche 1–2 Mal vorbeigeschlüpft«.[430] Marianne Weber war 1919 ins Badische Parlament gewählt worden, nachdem Frauen das Stimmrecht erhalten hatten. Daher konnte sie ihren Mann nicht nach München begleiten. Ihr blieb nicht verborgen, was sich zwischen Max und Else entwickelte, aber sie hielt ihre Eifersucht zurück.[431] Seit 1897/98 hatte sich eine enge freundschaftliche Beziehung zwischen Else und Marianne entwickelt. Else bewunderte Mariannes Klugheit und Erfahrung und unterzeichnet ihre Briefe häufig mit »Dein getreuer Spatz, Zögling und Verehrer«.[432]

Im Juni 1920 erkrankte Max Weber an einer Lungenentzündung und starb. Else und Marianne trauerten gleichermaßen um ihn. Else hatte bis zum Schluss über ihre Beziehung zu Max geschwiegen, nur ihrer Schwester Frieda hatte sie sich anvertraut.[433] Else war für Marianne eine der engsten Freundinnen. Mit ihr sprach sie viel über ihren Mann: »Wir sprechen von ihm, Tage, Wochen, Monate, wiederholen uns seine Redeweise, seine Gebärden, wir zwingen ihn herbei. Wenn wir von ihm sprechen, so ist er ›mitten unter uns‹, wenn wir schweigen, so entschwindet er.«[434] An Alfred Weber schrieb Else über ihr Mitgefühl mit der Witwe: »Marianne liegt mir auf der Seele – ach, sie ist doch *so* allein. Niemand eignen – keine Mutter, keine Schwester. Weisst Du, man realisiert ja noch so gar nicht, dass Max tot ist! Weil jeder Tag irgend etwas bringt, was ihn angeht. Aber als der kleine Student, der die hiesige Trauerfeier mit Max besprach (...) das war (...) wirklich zum ersten Mal ein Augenblick, wo ich realisierte: den Max Weber giebt es nicht mehr (...).«[435]

Nach Webers Tod reiste Marianne jedes Jahr nach München, um seiner zu gedenken: »Ich ging in München an Elses Seite die alten Wege; jene langsame Verwandlung durch den vernichtenden Schmerz erschien mir nun als ein Erleben, das ich niemals verlieren möchte.«[436]

Der Lebensgefährte

Kennengelernt hatten sich Else und Alfred Weber 1899 in Berlin, an der Universität und im Hause Weber. 1909, als ihr die Ehe mit Edgar Jaffé mehr Freiraum gestattete, kamen sich Alfred und Else näher. Er besuchte sie immer häufiger in Wolfratshausen und dann in München. Gemeinsam unternahmen sie Reisen nach Italien, Biarritz oder in die Vogesen. Das neue Lebenskonzept bestand darin, dass Edgar finanziell für Else und die Kinder sorgte und Else mit Alfred eine Beziehung aufbaute, die schließlich dauerhaft sein sollte.

1868 geboren war Alfred der jüngere Bruder von Max und ebenfalls Nationalökonom und Soziologe. Nach einem Studium der Archäologie und Kunstgeschichte schloss er die Rechtswissenschaften an und wurde in Berlin von Gustav Schmoller zum Thema »Hausindustrie« promoviert. Danach folgten 1900 seine Habilitation über dasselbe Thema und eine Lehrtätigkeit an der Universität Berlin. 1904 nahm er einen Ruf an die deutsche Karl-

Ferdinands-Universität in Prag an, wo er bis 1907 Natio-nalökonomie lehrte. Darauf folgte dann der Ruf nach Heidelberg.

Auch mit Alfred arbeitete Else eng zusammen. Sie las Bücher für ihn und berichtete ihm darüber, sie übersetzte für ihn wissenschaftliche Texte aus dem Englischen und Französischen.[437] Sie war für ihn in vielfältiger Weise un-terstützend: saß in seinen Vorlesungen und beriet ihn hinsichtlich seines pädagogischen Ansatzes, korrigierte seinen Stil und seine Ausdrucksweise, sie diskutierten, auch brieflich, über seine Artikel und Bücher, die gerade am Entstehen waren, oder über philosophische Fragen zu Ethik sowie Demokratiekonzepten oder Bergson, der eine wichtige Rolle in der Kultursoziologie Alfred Webers spielt.[438] Gegenstand ihrer Briefe ist immer auch Max Weber. Doch auch Alfred Webers Liebe und Sehnsucht nach Else sprechen aus ihnen: »Oh, Du *bist* ja da – Du wirst ja diesen Glauben auch behalten, und in der unge-brochenen Gestalt unserer Liebe wird alles da sein, was ich an *gelungener* Gestaltung brauche, um selbst noch an mich zu glauben. Aber Du sollst nur wissen, Du *Liebe*, Du *Geliebte*, was aber dies alles jetzt für mich ist – und warum ich so nach deiner Hand greife, immer – immerzu – da-nach greifen muß – ich kann nicht anders.«[439]

Alfred Weber ließ Else an seinem Leben intensiv teil-haben und berichtete ihr immer auch von Zusammen-künften mit zentralen Persönlichkeiten der Zeit wie bei-spielsweise einem Abend mit Walther Rathenau und dem Soziologen Werner Sombart, als sie über den »produk-tiven Menschen« sprachen.[440] Besonders in den politisch unruhigen Jahren der Weimarer Rebuplik und nach dem Ersten Weltkrieg war der Briefwechsel zwischen Else und

Alfred von politisch-philosophischen Fragen geprägt. So ging es beispielsweise um den Begriff Nation, die, wie Weber meinte, das einzige »Gehäuse der Gemeinschaft« sei. Daran halte er fest, auch nach dem Krieg. Den Bolschewismus definierte er lediglich als eine neue Nationalbewegung der Russen.[441]

Kurz vor dem Hitlerputsch im November 1923 schrieb Alfred an Else am 4. des Monats über die aktuellen Ereignisse. Wie er von Lujo Brentano und aus der Zeitung erfahren habe, stehe alles auf Spitz und Knopf, Bayern habe mobilisiert, 200 000 Mann stünden an der thüringischen Grenze, ein Ultimatum der vaterländischen Verbände würde vom bayerischen Gesandten an die Reichsregierung überbracht, damit diese zurücktreten und einer außerverfassungsmäßigen Rechtsdiktatur Platz machen solle. »Bayern zusammen mit den ostelbischen Junkern zerstört dadurch jetzt thatsächlich das *Reich – soweit* es beinander bleibt.«[442]

Neben den politischen Ereignissen waren es immer wieder zeitgenössische Intellektuelle, über die Alfred und Else diskutieren. Er beklagte sich bei ihr, dass er jetzt Heidegger lesen müsse, der im ganzen Südwesten nach und nach Jaspers Platz eingenommen habe. »In Verbindung mit den zahllosen nazisten-freundlichen Revenants, die aus allen Ecken wieder auftauchen, ein gefährlicher Vorgang. Dem gegenüber sind mir die Siegerlinge, die dilettantisch, aber doch ›menschenfreundlich‹ sind, lieber.«[443] Einig waren sich beide auch hinsichtlich Stefan Georges Selbstüberschätzung, der für sie weder Dichter noch Prophet war, mit seiner einfachen Ausdrucksweise, die mit der intellektuellen wissenschaftlichen Maschinerie nichts gemein habe. Georges Herrschaftsinstinkt würde alles andere an ihm übertönen. Von einem unerhört feinen und sicheren Instinkt sei er hingegen, was als intellektuelles Pathos des Andersseins auf junge Menschen wirke.[444]

Am 4. Juli 1925 zog Else mit den Kindern wieder nach Heidelberg, um in Alfred Webers Nähe zu sein. Sie wohnte zunächst in einer Wohnung in der Bismarckstraße.[445] Bis zu Webers Tod im Mai 1958 lebten sie unverheiratet in Heidelberg zusammen. 1933 schied Alfred Weber freiwillig aus dem Lehramt aus und kam somit der Entlassung durch die Nazis zuvor. 1943/44 stand er über seine Schüler Carlo Mierendorff und Theodor Haubach in Verbindung mit dem Kreisauer Kreis. Nach dem Zweiten Weltkrieg unterstützte er die Heidelberger Universität beim Wiederaufbau. Auf seinen Wunsch wurde 1947 Erich Preiser zu seinem Nachfolger berufen. Nach der Neueröffnung der Universität im Jahr 1945/46 nahm Alfred Weber als Emeritus seine 1933 eingestellten Lehrveranstaltungen wieder auf und führte sie bis kurz vor seinem Tod 1958 fort. Nach dem Krieg pflegten Alfred und Else auch wieder die Gesellschaft von Gelehrten wie Golo Mann, Dolf Sternberger, Karl Jaspers, Gräfin Leonore Lichnowsky.[446]

Elses Kinder emigrierten während der Nazi-Herrschaft in die USA. Sie reiste nach dem Krieg immer wieder zu Besuchen über den Atlantik wie zum Beispiel im Frühjahr 1951 für vier Wochen, in denen sie auch ihre Schwester Frieda in Taos aufsuchte. Ihr Sohn Hans lebte in Cleveland und Friedel in Greenwich.[447] Alfred Weber freute sich über Elses Briefe aus Übersee, in denen sie von ihren Stationen in Princeton, New Jersey und Greenwich sowie von der amerikanischen Landschaft in ihrer fremdartigen Schönheit ausführlich und plastisch berichtete.[448]

Elses Biograf Martin Green, der die betagte Frau 1971 in Heidelberg besuchte, beschrieb ihre noch immer wache und geistesgegenwärtige Persönlichkeit: »Frau Jaffé kehrte gerne zum Anfang ihres Satzes zurück, um dem Gesprächspartner ihren Gedanken sozusagen seziert darzulegen. (...) Sie zeichnete sich nicht durch die überwältigende Selbst- und Lebensbejahung Friedas aus, sondern durch ihre herausfordernde Ironie und ihre Einfühlungsgabe, durch ihre Bereitschaft, eine treffende Antwort meinerseits zu würdigen, die der Bereitschaft entsprach, unzulängliche Reaktionen sogleich zu missbilligen, verbunden mit der Herausforderung, auch ich möge sie nach Möglichkeit missbilligen.« Er beschrieb ihre »wirklich schöne Erscheinung, schlank und elegant, mit stolz gesenktem Kopf und traurig gesenkten Lidern«. Es schimmere so viel Verwundung, Kummer und Verzicht durch ihr sardonisches Funkensprühen und durch die reizende Beherrschtheit ihrer Haltung.[449]

Else Jaffé-von Richthofen wird einerseits als rebellische Frau geschildert, die offen gesellschaftspolitische Kritik übte, andererseits aber auch als kluge Frau, die Männer inspirierte und diese unterstützte, die voller Liebreiz und schön war. Marianne Weber sah sie stets als Mittelpunkt ihres Kreises, ein Geschöpf im Grenzbereich zwischen Kunst und Gelehrsamkeit.[450]

Die Selbstbestimmtheit zeigte sich bei Else Jaffé-von Richthofen vor allem in der Lebensführung. Ihr gelang es, trotz der heiklen Verwicklungen mit der Weber-Familie, verursacht durch die Liebe zu den beiden Brüdern Max und Alfred, ein Zerwürfnis zu verhindern und eine lebenslange Freundschaft zu Marianne sowie die Lebenspartnerschaft mit Alfred aufrechtzuerhalten. Sie führte eine offene, von Verständnis und Toleranz geprägte Ehe mit Edgar Jaffé, setzte ihre Ziele durch und bewahrte gleichzeitig die Verbindung zu den Menschen, die ihr wichtig waren.

GOLDA MEIR

»The only man in the cabinet«, so nannte David Ben
Gurion Golda Meir, die erste Ministerpräsidentin des
jungen Staates Israel. Golda Meir zählte mit Ben Gurion
zu den Gründern Israels, die als glühende Zionisten mit
den ersten Einwanderungsbewegungen nach Palästina
gekommen waren, um hier eine Heimstätte für Juden aufzubauen, die einer zunehmenden Verfolgungen zunächst
in Osteuropa und später in ganz Europa ausgesetzt waren.

Am 3. Mai 1898 als Golda Mabovich in Kiew geboren,
wurde Golda Meir schon in ihrer Kindheit mit der Angst
vor Pogromen konfrontiert. Die jüdische Gemeinde Kiews
zählte mit 14 000 Mitgliedern zu den größeren Gemeinden
Osteuropas und stellte immerhin 11 Prozent der Einwohner der Stadt.[451] Dennoch war sie vor Antisemitismus und
massiver Verfolgung nicht geschützt, und als Golda vier
Jahre alt war, beschloss ihr Vater, in die USA auszuwandern. Die Mutter zog mit Golda und ihrer Schwester
Sheyna nach Pinsk, die Kleinstadt, in der sie aufgewachsen war, ein typisches Schtetl mit einem Bevölkerungs-
anteil von 75 Prozent Juden.[452] 1906 reisten sie dem Vater
in die USA nach, nachdem er Arbeit gefunden hatte. Am
16. Mai 1906 bestieg Golda mit Mutter und Schwester im
Hafen von Antwerpen die *MS Montreal*. Nach zwölf Tagen

Schiffsreise erreichten sie Quebec und fuhren weiter nach Milwaukee. Hier sollte Golda ihre Kindheit und Jugend verleben. Milwaukee war stark von deutschen Immigranten geprägt, die bereits 1848 während der Revolution aus Europa hergekommen waren.[453]

Golda besuchte zunächst die Forth Street School in Milwaukee und wechselte 1916 auf die Highschool in Denver, wo sie bei ihrer Schwester Sheyna wohnen konnte. Sie war ein ernstes Mädchen, das viel las, aber auch zahlreiche Freunde in der Schule hatte. Nach der Highschool begann sie eine Ausbildung zur Lehrerin.[454] Immer wichtiger wurde jedoch für sie politisches Engagement, das für Golda Meir bedeutete, sich voll und ganz für die zionistische Bewegung einzusetzen. In den USA kam sie mit der dortigen aktiven zionistischen Bewegung in Kontakt, die nach Ausbruch des Ersten Weltkriegs starken Zulauf verzeichnete. Als größte Organisation verzehnfachte die Zionist Organisation of America zwischen 1914 und 1918 ihre Mitgliederzahl von 12 000 auf 120 000. Auch die internationale Bewegung von Poale Zion (Arbeiter Zions), einer der kleineren zionistischen Gruppierungen, wuchs während dieser vier Jahre von 2000 auf über 5000 Mitglieder an. Zudem vertrat das 1906 in New York gegründete American Jewish Committee die Interessen der Juden Amerikas und weltweit.[455]

Über ihre Schwester Sheyna und deren Mann Shamai, die der sozialistisch-zionistischen Bewegung nahestanden, gewann Golda Zugang zum Zionismus. Interessiert verfolgte sie die politischen Diskussionen in deren Haus und ließ sich davon immer mehr vereinnahmen.[456] Sheyna und Shamai fühlten sich insbesondere der in Russland gegründeten Poale Zion verbunden, die sich für den Aufbau

des Jischuw, der jüdischen Ansiedlung in Palästina, engagierte. Als eine sozialistische Arbeiterbewegung stand
Poale Zion für soziale Gerechtigkeit und trat für die Belange der Arbeiterklasse ein. Zulauf fand sie insbesondere
durch die osteuropäischen jüdischen Immigranten. Die
amerikanische Sektion wurde 1906 in Milwaukee gegründet. Sie veranstaltete literarische Vorträge, die Golda
regelmäßig besuchte, unterstützte Wahlkampagnen der
Sozialisten, entwickelte Bildungsprogramme und hielt
öffentliche Debatten, aber auch Bälle und Picknicks ab.
Für Golda und andere junge Juden wurde Poale Zion zur
geistigen Heimat und zum Zentrum ihrer sozialen Aktivitäten.

Es dauerte nicht lange, bis Golda voll und ganz in ihrem
Engagement aufging. 1915 begann sie in der Milwaukee
Folk School der zionistischen Arbeiterbewegung zu unterrichten. Noch bevor sie 18 Jahre alt war, wurde sie Mitglied
bei Poale Zion und sollte der Bewegung ihr Leben lang
treu bleiben. Ein paar Jahre arbeitete sie als Lehrerin,
wechselte dann aber für eine Teilzeitstelle in eine Bibliothek, um Zeit für ihre Arbeit in der Organisation zu haben.
Sie nahm an zahlreichen Besprechungen teil, hielt Vorträge und konnte bald erste Erfolge mit Fundraising verzeichnen. Die Arbeit ließ bei ihr den Wunsch, nach Palästina auszuwandern, immer stärker werden; was sie noch
hielt, war Morris, ihr Freund und späterer Ehemann.[457]

Sie waren sich in Sheynas Haus zum ersten Mal begegnet. Der fünf Jahre ältere Morris Meyerson war ruhig und
sanftmütig. Golda schätzte sein Interesse an Musik, Lyrik
und Theater, vor allem aber auch seine Höflichkeit und
Intelligenz. Sie verbrachten immer mehr Zeit miteinander, besuchten Konzerte oder philosophische und histori-

sche Vorträge, unternahmen lange Spaziergänge. Morris schickte ihr umfangreiche Bücherlisten zur Lektüre. Während Golda von seiner Gelehrsamkeit beeindruckt war, fühlte er sich von ihrer Vitalität und Energie angezogen.

Zu ersten Unstimmigkeiten kam es zwischen ihnen, als Golda als eifrige Anhängerin von Poale Zion das politische Engagement über alles andere stellte. Morris wollte Golda heiraten und sie in seiner Nähe haben. Golda aber ging ungern Kompromisse ein. Schließlich setzte er sich durch, und sie heirateten am 24. Dezember 1917. Nach der Eheschließung wohnten sie in einem Apartment in der Neunten Straße in Denver. Doch gemeinsame romantische Stunden waren in den ersten Monaten ihrer Ehe rar, da Golda einige Reisen für Poale Zion unternahm, bei denen sie Reden hielt, um Sponsoren zu gewinnen.[458]

Ein Schlüsseldatum für ihren Wunsch auszuwandern war der 2. November 1917, als die Briten mit der Balfour-Deklaration den Juden zusicherten, eine » nationale Heimstätte « in Palästina, damals britisches Mandatsgebiet, zu errichten. Die in Briefform verfasste Erklärung, versandt vom Britischen Außenminister Arthur Balfour, war an den Zionisten Lionel Walter Rothschild adressiert. Dieses Versprechen löste weltweit eine Welle der Begeisterung bei den Juden aus, insbesondere in den USA, Kanada, Großbritannien und Europa. Überall versammelten sie sich zu Paraden und Dankesdemonstrationen vor den amerikanischen und britischen Konsulaten.

Auch Golda Meir nahm an den Veranstaltungen und Feiern teil, allerdings mit einer gewissen Skepsis. An Baruch Zuckerman, einen führenden, in Litauen geborenen amerikanischen Zionisten, wandte sie sich fragend, inwieweit sie sicher sein könnten, dass die Briten sie nicht täuschten und sich nicht wieder von den Juden abwenden würden, wenn dies von Nutzen für sie wäre? In dieser Skepsis zeigte sich bereits der scharfe Verstand, den Golda Meir später auch bei politischen und diplomatischen Fragen immer wieder demonstrierte. Ihr Leben lang stand sie Regierungsmächten außerhalb Israels kritisch gegenüber und lehnte es ab, das jüdische Schicksal einem anderen Land oder einer anderen Regierung anzuvertrauen.[459] Später, 1961, zeigte sie mit ihrer Einschätzung zur Balfour-Deklaration, dass sie die Ambivalenz der Erklärung, ein klares Versprechen an einen jüdischen Staat bei gleichzeitiger Berücksichtigung der Rechte der dort lebenden Araber, erkannt hatte: »Allein schon die Bezeichnung ›jüdische nationale Heimstätte‹ beinhaltet die Anerkennung seitens des Völkerbundes, daß die Juden dort nationale Rechte besitzen. Natürlich war man sich klar darüber, daß in Palästina auch ein arabischer Bevölkerungsteil lebte, und wir akzeptierten die Bedingung, daß bei der Wiedererrichtung der jüdischen nationalen Heimstätte nichts geschehen sollte, was die bürgerlichen und die religiösen Rechte der nichtjüdischen Bevölkerung verletzen würde.«[460]

Als am 28. Mai 1919 in Milwaukee eine große Parade abgehalten wurde, bei der mehrere Tausend Menschen ihre Solidarität mit den verfolgten polnischen Juden bekundeten, wuchs Goldas Entschlossenheit, nach Palästina auszuwandern. Protestaktionen reichten ihr nicht, sie wollte selbst aktiv die jüdische Zukunft mitgestalten. Ihr war bewusst, dass sie in Palästina kein idyllisches Leben erwartete, sondern harte Pionierarbeit. Sie wusste, dass die Juden nicht in ein menschenleeres Land kamen, dass es bereits Auseinandersetzungen mit der arabischen

Bevölkerung gab. Sie war aber voller Hoffnung, dass die Araber einsehen würden, dass auch sie letztlich von der Einwanderung und dem Aufbau durch die Juden profitieren könnten.

Gemeinsam mit ihren Freunden Yossel und Regina machten sich Golda und Morris im Herbst 1920 auf den Weg nach Palästina, mit einem längeren Zwischenstopp in New York. Dort bezogen sie ein Apartment im Riverside Drive unweit der Columbia University. Golda arbeitete als Bibliothekarin und Regina als Sekretärin für das *Menorah Journal*. Im Frühjahr 1921 hatten sie schließlich genug Geld für die Tickets gespart und schifften sich am 22. Mai auf der *SS Pocahontas* in Richtung Palästina ein. Sheyna und ihre Tochter Judith schlossen sich den Emigranten an.[461]

Als Pionierin in Palästina

Ihr neues Zuhause Tel Aviv war schon damals ein blühender Ort mit einem reichen kulturellen und sich schnell entwickelnden städtischen Leben. Golda und Morris, Regina und Yossel, Sheyna und ihre Tochter fanden zunächst eine Zweizimmerwohnung im alten Viertel Neve Tzedek (Oase der Gerechtigkeit), dem ersten jüdischen Viertel, das neben Jaffa im Süden entstand. Noch waren die Wege eng, die Häuser niedrig, die meisten Straßen ungeteert. Die gemeinsame Wohnung lag in der Nähe des Eden Kinos, damals das erste Kino der Stadt, das gleichzeitig als Kulturzentrum fungierte. Arbeit fand sich schnell, Golda lehnte sogar eine Anstellung als Englischlehrerin an der Herzliya High School ab, um sich nicht zu fest zu binden, gab aber privat Englischstunden. Morris fand eine Anstellung in einem britischen Handelsunternehmen in Lydda, dem heutigen Lod, eine halbe Stunde Busfahrt von Tel Aviv entfernt.

Doch es zog sie in einen Kibbuz. Sie fand in Merhavia in der Jesreelebene im Norden des Landes eine Kvutza, eine Vorgängereinrichtung eines Kibbuz, die aber bald auch als Kibbuz bekannt war.[462] Das Bewerbungsprozedere war schwierig, erst nach drei Anläufen wurde die Familie Meyerson in Merhavia aufgenommen. Das Anwesen bestand aus vier Steinhäusern für die Bewohner, die um einen Hof gruppiert waren, umgeben von einem festen Zaun. Außerdem gab es eine Gemeinschaftsdusche, Bäckerei, Küche und einen Speisesaal sowie Hühnerstall, Garage, Scheune, Getreidespeicher und einen Stall. Der Tierbestand umfasste stattliche 40 Kühe, 15 Pferde, Hühner und Enten.

Golda übernahm alle Arbeiten, die anfielen, sei es auf dem Feld oder in der Küche; sie lernte, Brot zu backen, betreute den Geflügelhof, erntete Mandeln oder grub tiefe Löcher in den steinigen Boden, um Bäume zu pflanzen. Aber auch an den regelmäßigen Besprechungen in der Kvutza nahm sie teil.[463] Es war für sie selbstverständlich, jede Arbeit im Kibbuz auszuführen, auch wenn sie teilweise sehr anstrengend war, wie sie berichtete: »Die Frauen machten im Monatsturnus Küchendienst. Die Arbeit war unter den gegebenen Verhältnissen so anstrengend, daß diejenige, die als nächste an der Reihe war, meist schon zwei Wochen vorher Depressionen hatte. Aus schlichtem gesundem Menschenverstand beschloß ich, die Dinge so zu nehmen, wie sie kamen, auch den Küchendienst. Ich habe Küchenarbeit nie für erniedrigend gehalten.«[464] Morris fühlte sich im Kibbuz nicht wohl. Er fand wenig Gefallen an dem gemeinschaftlichen Leben und Essen, auch die harte Feldarbeit lag ihm nicht. Nach Unruhen im September 1923, bei denen die ländlichen Siedlungen von Arabern angegriffen worden waren, verließen Golda und Morris Mehravia. Morris erkrankte zudem an Malaria, sodass sie wieder nach Tel Aviv zogen.[465]

In den ersten Jahren in Palästina fand Golda Freunde, die ihre zionistische Begeisterung teilten und sie in ihrer Entscheidung, ausgewandert zu sein, bestärkten, wie den späteren israelischen Staatspräsidenten Salman Schasar, dem Golda 1924 zum ersten Mal begegnete. Schasar war in Russland in einem chassidischen Umfeld aufgewachsen und hatte den Talmud und jüdische Geschichte studiert. Später wandte er sich der Philosophie zu, die er an deutschen Universitäten studierte. Er war 1911 zum ersten Mal nach Palästina gekommen. Mit Salman, einem begeisterten Zionisten und Intellektuellen, verband Golda eine lebenslange Freundschaft.[466]

Ein weiterer wichtiger Freund jener Jahre war David Remez, die Liebe ihres Lebens. Ihn hatte sie 1923 bei einer Versammlung der Histadrut, dem israelischen Gewerkschaftsbund, kennengelernt. Remez leitete damals das Public Works Office, eine Art Bauamt für öffentliche Projekte unter dem Dach der Histadrut, und bot Golda eine Anstellung dort an. Remez war in Russland geboren und hatte Rechtswissenschaften in Konstantinopel studiert, wo er auch Ben Gurion und Ben Zwi kennenlernte. Gemeinsam waren sie in der zweiten Alija, der Einwanderungswelle der Jahre 1904 bis 1914, mit 35000 bis 40000 anderen nach Palästina gekommen, wo Remez die erste Zeit in Orangenhainen und Weinbergen arbeitete. Der

Intellektuelle hatte eine poetische Ader und ein ausgeprägtes Sprachgefühl. Er prägte einige hebräische Namen
für die neue Industrie, wie El Al, Zim oder Mashbir. In den
1930ern hatten Remez und Golda benachbarte Büros
im Histadrut-Gebäude in der Allenby Straße 115. Remez,
einer der mächtigsten Männer in der Histadrut, gleich
nach Ben Gurion, half ihr, die politische Karriereleiter
emporzuklettern. Anfangs noch ihr Mentor, waren sie
bald gleichgestellte Partner, nicht nur privat, sondern
auch innerhalb der zionistischen Bewegung. Im Gegensatz zu ihrer Ehe mit Morris empfand Golda die Beziehung zu Remez als äußerst befriedigend.[467]

Trotz unterschiedlicher Auffassungen und Vorstellungen von einem gemeinsamen Leben gründeten Golda und
Morris eine Familie. Nach der Geburt des Sohnes Menahem am 23. November 1924 zogen sie nach Jerusalem.
Menahem studierte Musik und war als Cellist 1943 das
jüngste Mitglied im Palestine Symphony Orchestra. Später ging er zur Jewish Settlement Police, die 1936 unter
der britischen Mandatsmacht zum Schutz der jüdischen
landwirtschaftlichen Siedlungen vor arabischen Attacken
eingesetzt wurde.[468] Ihre Tochter Sarah, am 17. Mai 1926
geboren, verließ mit 17 Jahren ohne Abschluss die Highschool und bereitete sich in der Jugendgruppe der zionistischen Arbeiterbewegung auf das Kibbuzleben vor, was
Golda mit Stolz erfüllte.[469]

Die unterschiedlichen Gewichtungen im Leben der
Eheleute Golda und Morris führten schließlich zur Tren-
nung im Jahr 1928. Golda zog nach der Scheidung mit den
Kindern zurück nach Tel Aviv, Morris blieb in Jerusalem.
Sie fand eine Dreizimmerwohnung in der HaYarkon-
Straße 254, und es fügte sich, dass ihr Freund Yossel im

selben Haus wohnte und damit regelmäßig nach den Kindern sehen konnte, wenn Golda auf Reisen war oder arbeitete. Für die Mutter begann dennoch eine schwierige Zeit, da sie sich nicht mehr so intensiv um ihre Kinder kümmern konnte und sie das Gefühl quälte, diese zu vernachlässigen. Als die Kinder jung waren, beklagten sie sich, dass ihre Mutter sie oft für längere Zeit allein gelassen hatte; als sie älter waren, verteidigten sie deren Unabhängigkeit.[470]

Die politischen Aufgaben nahmen einen immer größeren Teil ihres Lebens ein. Eine der wichtigsten Organisationen im sozialistisch-zionistischen Aufbauprojekt war die 1920 gegründete Histadrut mit ihren insgesamt 6000 Mitgliedern.[471] Golda hielt ihren Beitrag für äußerst wichtig: »Die Grundsätze gegenseitiger Hilfe und die Hilfe für die Bedürftigen wurden in den allerersten Anfängen der Arbeiterbewegung in Israel niedergelegt. Sie wurden zum Grundstein, auf dem die Histadrut aufgebaut wurde. Während der langen Jahre der Mandatsregierung, die die grundlegenden Bedürfnisse des Jischuw nicht beachtete, baute die Histadrut ein umfassendes Netzwerk von Institutionen auf, um Krankheits-, Invalidäts- und Arbeitslosenunterstützung, gegenseitige Hilfe, Pensionen und eine Witwenkasse zu ermöglichen.«[472]

Im Februar 1923 fand im Eden Kino in Tel Aviv die Histadrut Convention statt, eine Großveranstaltung mit 120 Mitgliedern. Hier kamen Zionisten aus der ganzen Welt zusammen, darunter Albert Einstein, der eigens dafür nach Tel Aviv gereist war. Golda Meir hielt als eine der 70 Sprecher und Sprecherinnen eine Rede auf Jiddisch, ihr Hebräisch war noch nicht gut genug. Sie sprach über die Errungenschaften der Histadrut und die Leistungen ihrer Führungspersönlichkeiten. Ein zentrales Thema ihrer Rede war die Rolle der Frau bei der Kindererziehung in den Kibbuzim und Siedlungen. Hier sah sie ganz klar die Histadrut in der Pflicht.[473] Zusammen mit Ada Maimon wurde Golda auf die zwei für die Frauenarbeiterbewegung innerhalb der Histadrut vorgesehenen Plätze gewählt: Ada für HaPoel HaZair (Der junge Arbeiter), Golda für Ahdut HaAvoda (Einheit der Arbeit).

Goldas Einsatz für den Aufbau des Jischuw war geprägt von vielen Reisen nach Europa und in die USA. Ein Jahr vor dem Börsencrash reiste sie im Dezember 1928 nach New York, um für das Projekt der zionistischen Arbeiterbewegung zu werben. Sie hielt im Rahmen einer Gewerkschaftskampagne zum ersten Mal eine Rede vor 500 Zuhörern. Von New York aus fuhr sie weiter in die Schweiz, zum 16. Zionistenkongress in Zürich, ihrem ersten internationalen Zionistenkongress. Bei dieser Reise nahm sie zudem an einer Konferenz der WIZO (Women's International Zionist Organisation) teil. In den USA hatte sie großen Erfolg mit Fundraising, wo sie zusammen mit anderen Pionierinnen 36 500 US-Dollar gesammelt hatte. Später sollte es ihr gelingen, in den USA eine Summe von 50 Millionen Dollar für Israel einzuwerben.[474]

Neben ihrem Engagement für die zionistische Arbeiterbewegung setzte sich Golda Meir auch für die Ziele der Frauenbewegung ein. Im September 1922 nahm sie an einer Konferenz von jüdischen Frauenrechtlerinnen in Haifa teil, bei der namhafte Mitstreiterinnen wie Manja Shochat, Ada Maimon-Fishman, Rachel Yannait Ben-Zvi oder Hanna Chizick anwesend waren. Sie sahen ihre Aufgabe vor allem darin, sich für eine Verbesserung der Lebens- und Arbeitsbedingungen von Frauen in den

Städten und landwirtschaftlichen Siedlungen in Palästina einzusetzen. Frauen bekamen beim Aufbau des Landes schnell die typisch weiblichen Rollen zugedacht wie Haushalt und Kindererziehung; dagegen wehrte sich die zionistische Frauenbewegung vehement. Eine der wichtigsten Organisationen war der 1921 gegründete Women Workers Council (Motzet HaPoalot).[475]

Politische Arbeit

Aus den beiden Organisationen Ahdut HaAvoda und HaPoel HaZair wurde am 6. Januar 1930 die erste bedeutende politische Partei im Jischuw gegründet: Mapai (Mifleget Poale Eretz Jisrael, Arbeiterpartei des Landes Israel). Golda Meir zählte zu den Gründungsmitgliedern und übernahm verschiedene Posten innerhalb der Partei. Im Rahmen einer Kampagne der Mapai reiste sie nach London, wo sie bei einer Konferenz eine eindrucksvolle Rede hielt, wie Ben Gurion am 23. Juni an seine Frau Paula schrieb.[476]

In den 1930er-Jahren verschärften sich die politischen Auseinandersetzungen auf mehreren Ebenen. Zum einen traten Unterschiede zwischen den jüdischen Parteien stärker hervor, insbesondere zwischen der zionistischen Arbeiterbewegung und den rechtsgerichteten Revisionisten unter Führung von Wladimir Zeev Jabotinsky, wie im Sommer 1931 während des 17. Zionistenkongresses in Basel deutlich wurde. Aber auch der Konflikt zwischen Juden und Arabern verschärfte sich. Die Shaw Commission kritisierte beide Seiten, Araber und Juden. Vor dem Hintergrund der letzten Ausschreitungen im Oktober 1931 wurde von Lord Passfield ein Weißbuch erlassen, das die jüdische Einwanderung und den Landkauf im Jischuw einschränkte. Daraufhin trat Chaim Weizmann als Präsident der Zionistischen Weltorganisation (WZO) zurück. Golda Meir scheute sich nicht, ihre Kritik an den Revisionisten und insbesondere an Jabotinsky offen zu äußern, und stand bald auf den Schwarzen Listen der Revisionisten, die eine Rede von ihr in New York sabotierten.[477]

Mit der fünften Alija von 1931–1939 kamen insgesamt 250 000 Menschen aus Europa nach Palästina, womit ein Höchststand an Immigranten bis zu dieser Zeit erreicht wurde. Unterdessen kletterte Golda die politische Karriereleiter weiter nach oben. Ben Gurion schlug ihr vor, in der Geschäftsleitung von Mapai zu arbeiten. Remez, damals Generalsekretär der Histadrut, wollte sie allerdings weiterhin in der Histadrut halten. Golda zog sich erst einmal in den Kibbuz Ein Harod zurück, um klarer zu sehen und die richtige Entscheidung zu treffen. Sie blieb schließlich beiden treu, wurde Mitglied im Vaʼad HaPoel, einer Gruppierung innerhalb der Histadrut, und übernahm den angebotenen Posten in der Mapai. Damit zählte sie zu den wichtigsten politischen Entscheidungsträgern im Jischuw.[478]

In den 1930er-Jahren folgten wiederum zahlreiche Reisen nach Europa und in die USA. Ihr Terminkalender von Mitte 1935 bis Mitte 1939 demonstriert beispielhaft den engen Zeitplan und das straffe Programm, das sie absolvierte: Im September 1935 reiste sie zum 19. Zionistenkongress nach Luzern, am 27. November folgte New York, im Mai 1936 flog sie nach Kanada, am 23. Juli traf sie Ben Gurion in Paris. Im August 1936 ging es wieder zurück nach Palästina zum Bericht an die Histadrut. Dann folgte im Februar 1937 London, USA im März, danach ging es zum 20. Zionistenkongress nach Zürich, zurück nach Palästina, im Oktober wiederum nach New York. Am 16. Juli 1938 nahm sie an der Konferenz von Evian teil und berichtete über die enttäuschenden Ergebnisse fünf Tage darauf in Tel Aviv. Keiner der teilnehmenden Staaten war bereit, die vor Hitler fliehenden Juden aufzunehmen. Es folgten weitere Reisen von Ende November 1938 bis Mitte Februar 1939 nach London, Warschau und Paris. Im August 1939 besuchte sie den 21. Zionistenkongress in Genf, der letzte Kongress vor Kriegsausbruch.[479]

Während dieser intensiven Reisezeit ereignete sich 1936 die arabische Rebellion als Auftakt des Arabischen Aufstands; nach sieben relativ ruhigen Jahren seit der letzten Rebellion im Jahr 1929 kam es wieder zu heftigen Ausschreitungen. Damit nicht die Juden von den Briten für die Kampfhandlungen verantwortlich gemacht werden konnten, initiierte Ben Gurion eine Politik der Zurückhaltung (Havlagah). Die Juden sollten sich zwar verteidigten, aber die Araber nicht angreifen. Dagegen positionierten sich wiederum die Revisionisten.

Der Peel-Report von 1937 schlug zur Befriedung des Konflikts die Teilung Palästinas in einen jüdischen und einen arabischen Part vor, mit einem Viertel des westlichen Palästinas, Galiläa, dem Jesreeltal und der Küste bis hinunter nach Ashdod für die Juden und den übrigen rund 70 Prozent des Landes mit den Bergen, dem Negev und Gaza für die Araber. Doch damit lag er weit unter den Erwartungen der zionistischen Zielsetzung und führte zu einer Spaltung unter den Zionisten: Weizman und Ben Gurion waren dafür, für Ben Gurion war dieser jüdische Teilstaat nicht das Ende, sondern der Beginn und die ersehnte Unabhängigkeit von den Briten; Golda Meir dagegen befürchtete, dass der kleine Teilstaat in Zukunft zu klein sein würde, um alle jüdischen Immigranten aufzunehmen. Sie plädierte vielmehr dafür, den Arabern volle bürgerliche Rechte zuzugestehen, denn sie hatte begriffen, dass ein Leben von Juden in Palästina nur mit den Arabern zusammen funktionieren würde. Aber sie war auch zutiefst davon überzeugt, dass das Land, das die jüdischen Pioniere erworben hatten, den Juden gehörte und Eretz Israel jüdisches Land war.[480]

Nach der Konferenz von Evian, vom 6. bis 15. Juli 1938, bei der Vertreter von 32 Staaten und 24 Hilfsorganisationen über die rapide ansteigenden Flüchtlingszahlen von Juden aus Deutschland und Österreich sprachen und sich alle Teilnehmerstaaten mit Ausnahme der Dominikanischen Republik weigerten, weitere jüdische Flüchtlinge aufzunehmen, war für Goda Meir klar, dass die Juden keine Hilfe von anderen erwarten konnten. Ihr wurde deutlich, wie wichtig die Unabhängigkeit von anderen Staaten war: »Wir dürfen nicht von anderen abhängig sein.«[481]

Es kam noch schlimmer. Das Weißbuch vom 17. Mai 1939 sah eine Begrenzung der Immigration nach Palästina auf 75 000 Juden in den folgenden fünf Jahren vor, die Einwilligung der Araber zu jeder weiteren Immigration und ein Verbot für Juden, arabisches Land zu kaufen. In den kommenden zehn Jahren sollte ein palästinensischer Staat aufgebaut werden, in dem die Juden als Minderheit leben würden. Das Weißbuch wurde von den Juden als das schwärzeste Dokument in der modernen Geschichte angesehen. Sie fühlten sich um ihre Belange betrogen und von den Briten an die Araber ausgeliefert.[482] Golda Meir empfand es als Verrat der Britischen Regierung, die die

Juden an die Araber verkauft habe, wie die Tschechen die Juden an die Deutschen verkauft hätten. Diese Analogie verwendete sie immer wieder. Angesichts der Verfolgung der Juden durch das Hitler-Regime wuchs bei den Zionisten der Widerstand gegen das Weißbuch und die Briten. Golda beteiligte sich an den zahlreichen zionistischen Aktionen wie Protestmärschen, Streiks und Petitionen und nahm gelegentlich eine führende Rolle ein.

Mit ihrer Unterstützung der Einwanderung entgegen der britischen Position stand Golda Meir auf der Seite von Ben Gurion, Berl Katznelson, dem Haganah-Chef Elijahu Golomb und anderen Aktivisten. Für sie stand die Rettung der jüdischen Flüchtlinge vor den Nazis im Vordergrund, der Zionismus habe keine andere Bestimmung: »There is no other Zionism now except for the rescue of Jews.«[483]

In dieser Zeit verschärften sich die Fronten zwischen zionistischer Arbeiterbewegung und Revisionisten. Die Revisionisten trennten sich von der Jewish Agency, um einen eigenen, härteren Weg zu gehen. Von der Haganah spaltete sich der rechte Flügel Irgun Zwai Leumi (Nationale Militärorganisation) ab, der den arabischen Terror mit eigenen Terrorattacken bekämpfte. Golda stand diesem jüdischen Terrorismus äußert kritisch gegenüber und unterzeichnete 1939 eine entsprechende Erklärung.[484]

Unterdessen stieg sie innerhalb der Partei und der Histadrut weiter auf, bis sie im September 1944 schließlich in die Asefat Hanivharim eintrat, die höchste gewählte Vertretung des Jischuw. Diese Wahl verlieh ihr erstmals eine nationale Position außerhalb der Histadrut, rückte sie näher an Ben Gurion heran und ließ sie innerhalb der Parteihierarchie aufsteigen. Golda wurde insbesondere dafür geschätzt, dass sie zu ihren Werten stand.[485]

Das Kriegsende im Mai 1945 bedeutete einerseits Erleichterung, da die Nazi-Diktatur ein Ende fand, andererseits die Realisierung eines erschreckenden Zustands angesichts der sechs Millionen ermordeten Juden. Von Freude und Triumph konnte für Golda Meir keine Rede sein.[486] Nach der Verhaftung Mosche Scharets durch die britische Mandatsverwaltung übernahm sie 1946 die Leitung der politischen Abteilung des Jewish Committee, eine Position, die mit der einer Außenministerin vergleichbar war. Als sie sich im selben Jahr mit Hungerstreikenden auf einem der zahlreichen Flüchtlingsboote, die Juden aus Europa und den *Displaced person's*-Lagern in Deutschland nach Palästina brachten und das von den Briten behindert wurde, solidarisierte, indem sie drohte, selbst in den Hungerstreik zu treten, wurde die Weiterfahrt gewährt. Am 16. April, nach insgesamt 101 Stunden Hungerstreik, durfte das Boot Palästina anlaufen.[487]

Golda Meir war eine gesellige und gastfreundliche Politikerin. In ihrem Apartment in Jerusalem empfing sie immer gerne viele Gäste, darunter Besucher aus den USA, Freunde aus den Kibbuzim oder Parteikollegen. Sie liebte es, mit ihnen in der Küche zu diskutieren. Ihre Küche galt als Symbol der politischen Macht, ein Zentrum für »politisches Kochen auf höchstem Niveau«.[488] So traf sie sich auch häufig mit anderen Politikern in deren privatem Umfeld, beispielsweise bei Chaim Weizmann zu Hause in Rehovot. Weizmann war als Präsident der Zionistischen Organisation und Vorsitzender der Jewish Agency einer der wichtigsten Männer im Jischuw. Er forderte das Ende des jüdischen Widerstands und der Gewalt gegen die Briten und beauftragte Golda damit, seine »order« zu implementieren.[489]

1946 kam es zu einem weiteren Teilungsplan, der den Konflikt zwischen Juden und Arabern lösen sollte. Der Morrison-Grady-Plan vom 31. Juli 1946 sah eine Aufteilung in vier Areale vor: für die Juden, die Araber und zwei britisch kontrollierte Distrikte in Jerusalem und dem Negev. Der jüdische Anteil würde nur 17 Prozent des Mandatsgebiets umfassen und wäre der kleinste Landesteil. Die Briten würden ihre Hauptmacht innerhalb Verteidigung, Außenministerium und Finanzen behalten, die Juden und Araber hätten nur lokale Souveränität in Bereichen wie Bildung und Landwirtschaft. Für Golda Meir war der Vorschlag inakzeptabel, denn er sähe nur eine Provinz in Palästina vor, was keine Basis für Verhandlungen sein könnte. Aber die Juden seien bereit zu verhandeln, wenn der Vorschlag einen jüdischen Staat in Palästina beinhalte. Sie distanzierte sich allmählich von früheren Vorstellungen eines größeren Staates.[490]

Auf dem 22. Zionistenkongress am 9. Dezember 1946 in Basel, sieben Jahre waren seit dem letzten Kongress in Genf 1939 vergangen, machte Golda Meir deutlich, wie wichtig die Arbeit der Zionisten war: »Während der Kriegsjahre wurde uns klar, daß keine ausländische Regierung Juden nach Palästina bringen würde, daß keine Regierung die Qual so empfinden würde wie wir, daß keine Regierung so entschlossen wäre wie wir, das Leben von Juden zu retten.«[491] Und sie sparte nicht mit Kritik an der Haltung der Briten: »Die gegenwärtige Labour-Regierung (1946) von Großbritannien weigert sich, Resolutionen zu folgen und Versprechen zu erfüllen, die auf Kongressen der Labour-Party im Laufe der letzten dreißig Jahre verabschiedet bzw. gegeben wurden. Diese britischen Politiker halten es nicht für nötig, Verpflichtungen nachzukommen, die sie nicht nur uns, die wir unter ihrem Mandat leben, sondern auch Millionen von britischen Arbeitern und Soldaten sowie dem britischen Volk gegenüber eingegangen sind. (...) Wir sehen mit an, wie Juden an der Küste, an der Grenze Palästinas, von britischen Soldaten getötet werden (...).«[492] Sie erntete für ihre Reden beim Kongress viel Zustimmung und freute sich über zahlreiche positive Presseberichte, erhielt sogar auch Billigung von den Revisionisten. Gelobt wurden vor allem ihre Weisheit, Klarheit und Grazie, wie es hieß. Die Zeitschrift *The Pioneer Woman* feierte sie als »The Woman of the hour«.[493]

Auf der UNSCOP-Konferenz (United Nations Special Committee on Palestine) Anfang 1947 wurde das Ende der Mandatsmacht der Briten und die Teilung Palästinas in einen jüdischen und einen arabischen Teil verabredet. Die Zionisten feierten den Beschluss, doch Golda Meir sorgte sich erneut, dass ein weiter geteiltes und noch kleineres Palästina den Juden der Welt nicht genug Platz böte. Jerusalem sollte ihrer Ansicht nach bei den Juden bleiben, ebenso wie Westgaliläa wegen der klimatischen Bedeutung und militärischen Verteidigung.[494] Was ihr aber am wichtigsten war und was sie in ihren Reden immer wieder hervorhob, war eine friedliche Lösung: »Wir kämpfen jetzt in Palästina darum, diese Resolution der Vereinten Nationen in die Wirklichkeit umzusetzen, aber nicht etwa, weil wir kämpfen wollen. Wenn wir die Wahl gehabt hätten, wir hätten den Frieden gewählt, um friedlich aufzubauen.«[495]

Angesichts des Rückzugs der Briten aus dem Mandatsgebiet und des Vorschlags zur Teilung des Landes drohte immer mehr die Gefahr eines Krieges durch die Angriffe der arabischen Nachbarstaaten zur Unterstützung der in

Palästina lebenden Araber. Golda Meir resümierte später die bedrohliche Lage: »Doch die arabischen Staaten forderten die palästinensischen Araber auf, die UNO-Resolution nicht anzunehmen; stachelten sie auf, sich gegen die Juden im Land zu erheben; schickten irreguläre Streitkräfte zu Hilfe und versicherten, sie würden unmittelbar nach dem Abzug der Briten mit ihren regulären Armeen einmarschieren, um den jüdischen Staat zu vernichten. In der Zeit zwischen der Annahme der UNO-Resolution vom November 1947 und dem Ende des britischen Mandats im Mai 1948 begannen die Araber Palästinas, durch die arabischen Staaten ermutigt und militärisch unterstützt, jüdische Städte und Dörfer massiv anzugreifen.«[496]

Ben Gurion bereitete die Haganah auf einen Krieg vor, da auch er befürchtete, dass die palästinensischen Araber und die arabischen Nachbarstaaten den neuen jüdischen Staat attackierten, wenn sich die Briten zurückzögen. Besonders in dieser Zeit standen sie sich nahe, und Ben Gurion suchte häufig Rat bei Golda Meir. Er erlebte wahre Angstzustände angesichts des drohenden Krieges und weil er die Haganah zu einer richtigen Armee aufbauen musste, ohne aber militärische Erfahrungen zu haben.[497] Golda stand zu dieser Zeit neben Moshe Scharet und Ben Gurion an der Spitze der politischen Abteilung der Jewish Agency. In dieser Position ging sie auf König Abdullah von Jordanien zu, um mit ihm zu verhandeln. Im Herbst 1947 vereinbarte sie ein Treffen mit Abdullah, um ihn davon zu überzeugen, dass Jordanien nicht in einen Krieg eintreten solle, wenn die UN für eine Teilung Palästinas stimmten. Für Golda Meir war es die erste Erfahrung in einer Verhandlung mit einer arabischen politischen Führungspersönlichkeit.[498]

Gegen Ende des Jahres 1947 schließlich wurde der Teilungsplan konkret: Am 29. November 1947 stimmten 33 Nationen in der UN-Resolution für die Teilung Palästinas. Diese Entscheidung löste bei den Juden in Palästina überwältigende Freudenreaktionen aus.[499] Golda Meir empfand dies als einen Teil eines Wunders, von dem Generationen von Juden vor ihr geträumt hatten und für das viele ihr Leben gelassen hätten. Der Teilungsplan war allerdings für sie nur ein Kompromiss für beide Seiten, er entsprach weder den Vorstellungen der Araber noch der Juden. Doch die Perspektive für die Zukunft war ihr wichtiger: »Aber lasst uns jetzt in Freundschaft und Frieden miteinander leben«, sagte sie.[500] Ihre Befürchtungen bestätigten sich allerdings rasch: Einen Tag nach der Resolution begann die arabische Rebellion am 30. November 1947.

Der Unabhängigkeitskrieg hatte damit seinen Anfang genommen. Im Rahmen der Operation *Nachschon* wurde das Militär von Ben Gurion massiv ausgebaut, mit dem Ziel, Jerusalem von der arabischen Bevölkerung zu befreien. Mit *Nachschon* erfolgte einer der großen Wendepunkte im Unabhängigkeitskrieg. Es wurden Essenslieferungen nach Jerusalem organisiert, die Haganah gewann die Kontrolle über Dörfer, die laut Teilungsplan zu Israel zählten, wie Tiberias, Safed oder Haifa. Sobald die Haganah sich den Dörfern näherte, verließen die Araber ihre Häuser und flüchteten. Später löste dies eine große Debatte aus, ob die Haganah die Araber vertrieben habe. Am 9. April 1948 richteten Angehörige der rechtsextremen militärischen Einheiten Irgun und Lechi ein Massaker in Deir Yassin an, einem arabischen Dorf nahe Jerusalems, dem über 100 Araber zum Opfer fielen. In den sechs

Monaten vor dem Abzug der Briten waren 300 000 bis 400 000 Araber emigriert, geflohen oder aber vertrieben worden.[501]

Golda Meir war persönlich stark berührt von den arabischen Flüchtlingen; sie sah eine Parallele zu den jüdischen Flüchtlingen aus Europa und plädierte dafür, ihnen die Rückkehr nach Haifa nicht zu verwehren. Sie wollte eine umfassende und ernsthafte Diskussion über die arabischen Flüchtlinge im Zentralkomitee. Im Rahmen der Staatsbildung durfte ihrer Ansicht nach die Frage, wie mit den Arabern im Staat umgegangen werden solle, nicht ausgespart werden.[502] Allerdings lag die Verantwortung für das Flüchtlingsproblem in ihren Augen bei den arabischen Staaten: »Am 15. Mai zogen die Briten ab, arabische Armeen fielen in das Land ein. Schon zu dieser Zeit hatten Hunderttausende von palästinensischen Arabern ihre Heimat verlassen; sie waren zu Flüchtlingen durch die Kämpfe geworden, die wegen der arabischen Attacken gegen die jüdische Bevölkerung stattgefunden hatten. (...) Eine große Zahl der Flüchtlinge verließ das Land auf die Aufforderung der arabischen Führung hin, die ihnen zu gehen bedeutete, damit die arabischen Armeen einrücken konnten.«[503] Zum Massaker von Deir Yassin gestand sie die Schuld der jüdischen Extremisten ein, von denen sich die Haganah distanzierte: »Die offizielle jüdische Führung distanzierte sich sofort von diesem Akt und verurteilte ihn. Zweifellos sündigten die Leute, die diese Morde begingen, schwer gegen die Regel der Selbstverteidigung, die sich die jüdische Bevölkerung gegeben hatte. Doch es ist historisch falsch, zu behaupten, dieser tragische Zwischenfall habe den Auszug der arabischen Flüchtlinge verursacht.«[504]

In den letzten Wochen vor Ende des Britischen Mandats wuchs die Sorge um die Zukunft. Es war klar, sobald die Briten Palästina verlassen würden, drohte die Invasion der arabischen Staaten. Golda dachte an ihr Gespräch mit König Abdullah, der ihr im Novemeber 1947 sein Wort gegeben hatte, Israel nicht anzugreifen, doch er stand letztlich auf der anderen Seite. Sein Vorschlag, einen jüdischen Staat innerhalb eines Transjordanien unter seiner Führung zu schaffen, war für die Zionisten inakzeptabel. Ben Gurion ließ die Haganah gegen den drohenden Angriff der Araber mobilisieren.[505]

Als Ministerin

Die Idee eines unabhängigen Staats war allmählich immer konkreter geworden, die Zionisten wollten mehr als nur eine nationale Heimstätte für Juden. Die Idee eines Staates wurde erstmals offiziell angesichts der Vernichtungspolitik der Nazis und der Restriktion der jüdischen Einwanderung durch das Weißbuch in 1939 artikuliert. Amerikanische Zionisten hatten im Mai 1942 bei einer Konferenz im Biltmore Hotel in New York erklärt, dass das Nachkriegsziel ein unabhängiger jüdischer »Commonwealth« in Palästina sei.

Der entscheidende Stichtag war der Abzug der Briten um Mitternacht zum 14. Mai 1948. Am Nachmittag des 14. Mai rief David Ben Gurion den Staat Israel aus. Unmittelbar danach wurde die Unabhängigkeitserklärung unterschrieben, wobei Golda Meir vor Rührung die Tränen kamen. Für sie wurde dieses Datum zum wichtigsten Tag in ihrem Leben, wie sie später immer wieder betonte: »Freitagnachmittag, als der Staat ausgerufen wurde.«[506]

Die Britische Mandatszeit endete am 14. Mai 1948 um 18 Uhr, elf Minuten später erkannte der amerikanische Präsident Harry Truman den israelischen Staat an, als erste Nation, drei Tage später folgte die Sowjetunion. Wie erwartet begann bereits am Tag darauf die arabische Invasion. Nacheinander griffen die Staaten Ägypten, Syrien, Libanon und Irak Israel an. Die Arabische Legion, die Armee Transjodaniens unter Abdullah attackierte Jerusalem. Im März 1949 endete der Krieg mit verschiedenen schrittweisen Waffenstillstandsvereinbarungen. Israel hatte sein im UN-Teilungsplan vorgesehenes Staatsgebiet um 40 Prozent vergrößert; hinzu kamen Galiläa und der gesamte Negev im Süden, ohne den Gazastreifen. Mit Kriegsende begann erneut ein massiver Zustrom von jüdischen Einwanderern nach Israel. Der Staat war gegründet, aber es war ungewiss, wie er sich entwickeln würde.[507]

Golda Meir ging zunächst als Botschafterin Israels in die Sowjetunion. Moshe Scharet, der erste Außenminister Israels, hatte sie für den Posten vorgeschlagen, den sie allerdings mit wenig Begeisterung annahm. Im Gegenzug kam Pavlov I. Yershow als russischer Botschafter nach Israel.[508] Als Mapai-Vertreterin war sie zudem Teil des 37-köpfigen Provisorischen Staatsrats, der bis zur ersten Knessetwahl die Regierungsgeschäfte führte. Bei der ersten Wahl zur Knesset im Januar 1949 gewann die Mapai mit deutlichem Vorsprung. Damit zog Golda Meir erstmals in das israelische Parlament ein, dem sie ohne Unterbrechung bis 1974 angehören sollte.

Am 29. August 1948 reiste sie von Tel Aviv über Rom und Prag nach Moskau, um ihr neues Amt als Botschafterin anzutreten. Ihr war bewusst, in welche Gesellschaft sie geraten würde. Gegen Fremde herrschte generell Misstrauen, den sowjetischen Bürgern war der Kontakt zu Ausländern verboten, jeder ihrer Schritte wurde vom russischen Geheimdienst registriert, sie wurde abgehört. Doch Moskau war für sie nur eine Durchgangsstation, sie wollte so schnell wie möglich den Botschafterposten loswerden; sie langweilte sich, denn es gab für sie nichts zu tun, als bei diplomatischen Empfängen zu erscheinen.[509]

Im Januar 1949 fanden die ersten Wahlen in Israel statt. Mapai erhielt 46 von 120 Sitzen in der Knesset, und David Ben Gurion wurde zum ersten Ministerpräsidenten gewählt. Golda Meir zählte zu den sieben der 14 weiblichen Kandidaten der Mapai, die schließlich gewählt wurden. Sie hatte sich besonders dafür eingesetzt, dass möglichst auch Frauen kandidierten und in die Regierung gewählt wurden. Remez wurde Verkehrsminister, ein Posten, den er bereits in der provisorischen Regierung innegehabt hatte. Ben Gurion wollte Golda unbedingt in seinem Kabinett haben, und nach langen Verhandlungen wurde sie schließlich zur Ministerin für Arbeit und soziale Sicherheit bestimmt. Am 20. April 1949 trat sie ihre neue Stelle an.[510]

Für Golda Meir begann eine Zeit, die sie als äußerst positiv empfand, sie bezeichnete ihre Jahre als Arbeitsministerin als »sieben gute Jahre«. Zu ihren ersten politischen Aufgaben zählte die Präsentation der ersten staatlichen Arbeitsrechtgesetze in der Knesset im August 1950. Ihr Ziel war es, dass arabische Frauen ebenso wie die jüdischen von den neuen Sozialgesetzen profitierten. Zu den Treffen lud sie Delegationen von arabischen Frauen ein und bestärkte diese, für ihre Rechte in ihren Kommunen zu kämpfen. Sie versicherte ihnen, dass das Arbeitsminis-terium arabische Frauen nicht anders als jüdische Frauen behandeln würde.[511]

Ein weiteres zentrales Aufgabengebiet war für sie die uneingeschränkte Einwanderung von Juden nach Israel. Das war ihr Hauptanliegen. Nach den Erfahrungen mit den Briten hielt sie an ihrem Prinzip fest: Jeder Jude, der nach Israel einwandern wolle, sei willkommen. Am 5. Juli 1950 wurde das Rückkehrgesetz in der Knesset verab-schiedet, das jedem Juden, der sich in Israel ansiedeln wollte, die israelische Staatsbürgerschaft zusprach.[512]

Unnachgiebig zeigte sich die Arbeitsministerin auch in ihrer Haltung zu Deutschland. Wiedergutmachungsver-handlungen lehnte sie zunächst ab. Es war für sie undenk-bar, dass israelische Politiker gemeinsam mit deutschen Politikern an einem Tisch sitzen und verhandeln könnten. Sie schlug dagegen vor, dass Israel seine Forderungen an die vier Besatzungsmächte stellen sollte; erst viel später gab sie nach und willigte in Wiedergutmachungsverhand-lungen ein.

Nach dem Ausscheiden Moshe Scharets aus der Regie-rung 1956 trat Golda Meir dessen Nachfolge als Außenmi-nisterin an. Der Wechsel löste internationale Pressereak-tion aus; die *New York Times* nannte Golda »Motherly Diplomat«. Für Golda Meir war es ein wichtiger Schritt in ihrer politischen Karriere. Während im Arbeitsministe-rium viele den gleichen Hintergrund wie sie hatten, näm-lich Erfahrungen aus dem Leben im Kibbuz oder den Organisationen der Arbeiterbewegung, waren die meisten neuen Kollegen und Kolleginnen im Außenministerium gebildeter, hatten britische Eliteuniversitäten besucht oder beherrschten mehrere Sprachen. Die neue Position hatte noch eine weitere Folge: Ben Gurion empfahl ihr, ihren Familiennamen Meyerson in den hebräischen Namen Meir zu ändern, was so viel wie »erleuchtet« heißt.[513]

Ihre erste große Herausforderung als Außenministerin war die Suezkrise im Oktober 1956, eine Auseinandersetzung mit Ägypten aufgrund der Verstaatlichung des Suezkanals durch die neue Nasser-Regierung.[514] Ben Gurion fürchtete die Schließung des Suezkanals für israelische Schiffe und die Blockade der Straßen von Tiran durch Ägypten. Im Sinai-Feldzug gelang es der israelischen Armee, unterstützt von französischen und britischen Truppen, die gesamte Halbinsel einschließlich des Gazastreifens zu erobern und die Straße von Tiran wieder für die Schifffahrt zu öffnen. Während Ben Gurion den Sieg als die größte militärische Operation in der Geschichte Israels und als eine der größten der Geschichte weltweit feierte, freute sich Golda Meir zwar über den militärischen Erfolg, bedauerte aber die Opfer auf beiden Seiten: mehr als 1000 ägyptische Soldaten gegenüber 172 israelischen Soldaten.[515] Nach dem Angriff der drei Staaten intervenierten die USA und die Sowjetunion und erzwangen über die UNO auf diplomatischem Weg den Rückzug der französischen, britischen und israelischen Truppen aus ägyptischem Gebiet. In ihrer Rede vor der UN-Generalversammlung am 5. Dezember 1956 erklärte Golda Meir die Gründe für den Feldzug aus israelischer Sicht. Seit acht Jahren, seit der Gründung in 1948, sei Israel nun der Gewalt von Angriffen ausgesetzt und der Absicht, den jungen Staat zu zerstören: »Israel ist umringt von feindlichen Staaten, die sich auf die Bedingungen des Waffenstillstands von 1949 berufen, wenn es ihnen gerade paßt,

und die sich über diese Abmachungen höhnisch hinweg-
setzen, wenn sie ihre Pläne stören. Sie weigern sich, Frie-
densverträge zu unterzeichnen, und klammern sich ver-
zweifelt an die fragwürdige Theorie eines ›kriegsähnlichen
Zustands‹ mit Israel, während sie zur gleichen Zeit schein-
heilig den Schutz des Friedens für sich selbst verlan-
gen.«[516] Wirtschaftlich werde das Land durch Blockaden
und Boykott geplagt. Als sie zu ihrem Platz zurückging,
vernahm sie den Applaus nur eines Delegierten aus den
Niederlanden, einer der wenigen Nationen, die Israel un-
terstützten. In diesem Moment erkannte sie wieder, wie
isoliert Israel innerhalb des internationalen Staatensys-
tems war.[517] Die UN-Resolution vom 2. Februar 1957 sah
zur Beilegung der Suezkrise den Abzug der israelischen
Truppen aus dem Gebiet um Sharm El Sheikh und dem
Gazastreifen vor. Im Zuge des Verlesens der Zustimmung
zu dieser Resolution drückte Golda Meir ihren Wunsch
nach Frieden und sozialer Arbeit aus: »Können wir (...)
alle nun ein neues Blatt aufschlagen, und, anstatt des
Kampfs gegeneinander, vereint gegen Armut, Krankheit
und Analphabetismus kämpfen?«[518] Im Oktober 1957
appellierte sie vor der UNO-Versammlung an die Araber,
Israel entgegenzukommen, und betonte erneut die Bedeutung eines Friedens für beide Seiten: »Israel wird wei-
terexistieren und vorwärtsschreiten auch ohne Frieden,
doch sicherlich wäre eine friedliche Zukunft sowohl für
Israel wie für seine Nachbarn besser. Die arabische Welt
mit ihren zehn souveränen Staaten und siebeneinhalb
Millionen Quadratkilometern Territorium kann es sich
wohl leisten, einer friedlichen Zusammenarbeit mit Israel
entgegenzukommen. (...) Wir hegen nicht den geringsten
Zweifel daran, daß es eines Tages Frieden und Zusam-

menarbeit zwischen uns geben wird. Das ist eine histori-
sche Notwendigkeit für beide Völker. Wir sind dazu bereit;
und wir brennen darauf, es schon jetzt Wirklichkeit werden zu lassen.«[519]

Als einzige Frau in der Position einer Ministerin musste
Golda Meir sich immer wieder auch gegen männliche
Konkurrenz behaupten. Einer ihrer größten Widersacher
war Schimon Peres. Golda Meir betrachtete ihn als über-
ambitioniert und egoistisch, gegenüber einem Journalisten bezeichnete sie Peres sogar als gefährlich. Er überging
sie häufig und suchte in Fragen der Außenpolitik den
direkten Kontakt zu Ben Gurion, oder er drang in viele
ihrer Verantwortungsbereiche ein und ließ sie über die
meisten seiner Deals im Dunkeln.[520]

Als im Mai 1960 Adolf Eichmann gefasst wurde, sprach
sich Golda Meir dafür aus, ihm in Israel den Prozess zu
machen. In den 15 Jahren seit dem Kriegsende habe allein
Israel die Suche nach dem Naziverbrecher betrieben.
Hinzu komme, dass die internationalen Staaten während
des Krieges indifferent gegenüber der Verfolgung der
Juden gestanden hätten. Daher obliege es auch allein den
Juden, Eichmann zu verurteilen.

Eine berühmte Prozessberichterstatterin war Hannah
Arendt. Während ihres Aufenthaltes in Israel kam es zu
einem Zusammentreffen zwischen Arendt und Meir. Die
beiden Frauen begegneten sich eines Abends im Haus der
Historikerin und Holocaustforscherin Leni Yahil und
deren Mann, Haim Yahil, dem Generaldirektor des israelischen Außenministeriums. Hannah Arendt war es, die die
Politikerin kennenlernen wollte. Sie sprachen aber weniger über den Prozess gegen Eichmann als über ihre Erfahrungen und allgemeine Themen. Die Unterschiede zwi-

schen beiden konnten nicht größer sein: Golda Meir, die geerdete Politikerin ohne große Universitätsbildung, die ihr Leben dem Zionismus und Israel verschrieb. Auf der anderen Seite die Philosophin Hannah Arendt, die urbane Diaspora-Intellektuelle, die Nationalismus in jeglicher Form ablehnte. Zwei Jahre später, als Arendts berühmtes Buch *Eichmann in Jerusalem* erschienen war, schrieb sie an Gershom Scholem von ihrer Bestürzung darüber, dass Golda Meir nicht an Gott glaube, sondern nur an das jüdische Volk. Hannah Arendt empfand es als Götzenglaube, dass ein Volk, dessen Größe gerade im Glauben an Gott lag, nur noch an sich selbst glauben könne.

Bei der Frage der Höhe der Haftstrafe für Eichmann nahm Golda Meir eine der härteren Positionen ein: Sie war klar für die Todesstrafe. Andere Politiker wie Levi Eschkol und Josef Burg plädierten für lebenslange Haft. Am 31. Mai 1962 wurde Eichmann schließlich gehängt, sein Leichnam verbrannt und seine Asche außerhalb Israels Grenzen im Mittelmeer verstreut.[521]

In den 1960er-Jahren litt Golda Meir immer stärker unter gesundheitlichen Problemen. Neben Nierensteinen, Gallenkoliken, Migräne und einer Herzschwäche plagte sie auch eine generelle Erschöpfung, die sie lange heruntergespielt hatte. Levi Eschkol war mittlerweile zum dritten Ministerpräsenten Israels gewählt worden, gleichzeitig bekleidete er auch das Amt des Verteidigungsministers. Als Eschkol einen Herzinfarkt erlitt und für längere Zeit in einer Klinik behandelt wurde, wurde am 12. Januar 1966 die Regierung neu aufgestellt. Golda Meir nahm dies zum Anlass, von ihrem Amt als Außenministerin zurückzutreten. Wiederum berichtete die internationale Presse ausführlich darüber. *The New York Herald Tribune* feierte sie als »Israel's First Lady«. Ganz zur Ruhe setzte sie sich allerdings nicht, sondern übernahm im Februar 1966 den Posten der Generalsekretärin der Mapai, ein Amt, das ihr noch mehr Stärke und Macht verlieh. Die Mapai war zu der Zeit die größte und einflussreichste Partei Israels. Am 8. Juli 1968 kündigte sie ihren Rücktritt auch von diesem Posten an.[522]

Regierungschefin

Doch der Teilrückzug aus der Politik währte nicht lange, noch vor Ablauf eines Jahres übernahm sie das höchste Amt im Staat: Am 17. März 1969 wurde Golda Meir als Nachfolgerin des verstorbenen Levi Eschkol zur Ministerpräsidentin Israels gewählt. Die Führungsspitze hatte sie am 2. März als Kandidatin vorgeschlagen. Für sie selbst kam diese Wendung unerwartet, aber sie akzeptierte die Nominierung. Sie wurde schließlich mit 287 Stimmen gewählt, bei 45 Stimmen Enthaltung, alle von Rafi; niemand stimmte gegen sie.[523]

Die größte Diskussion im Kabinett und in der Knesset war die Frage, was mit den im Sechstagekrieg hinzugewonnenen Gebieten geschehen sollte. Am 4. Juni 1967 hatte das israelische Kabinett nach der vorangegangenen Bedrohung vonseiten Ägyptens, Jordaniens und Syriens für eine militärische Abwehr gestimmt, die Folge war der Sechstagekrieg vom 5. bis 10. Juni 1967, bei dem Israel die Gebiete des Sinai im Süden und die Golanhöhen im Norden eroberten. Der erste Impuls der Regierung war, die Gebiete wieder zurückzugeben und dafür Friedenszusicherungen von den arabischen Staaten zu erhalten. Am

19. Juni 1969 stimmte die Regierung für die Rückgabe des Sinai an Ägypten und der Golanhöhen an Syrien, wenn diese Staaten vollen Frieden zusichern würden.[524] Golda Meir war hier anderer Ansicht und nahm eine unversöhnlichere Haltung ein, sie war im Prinzip gegen eine Rückkehr zu den alten Grenzen vor dem 5. Juni 1967, da es für sie keine sicheren Grenzen waren, wie die Bedrohung durch die Nachbarstaaten vor Ausbruch des Krieges zeigte. Für sie ging es nach wie vor ums Überleben des jungen Staates und um den Frieden, wie sie immer wieder betonte: »Wieder haben wir einen Krieg gewonnen, den dritten in der sehr kurzen Geschichte unserer Unabhängigkeit. Was die Israelis am allerwenigsten wollen, ist Kriege gewinnen. Wir wollen keine Kriege. Wir wünschen den Frieden mehr als alles andere.«[525] Aufgrund der Erfahrungen der russischen Progrome in ihrer Kindheit und des Holocaust sah sie Israels Bestehen bedroht, trotz der militärischen Stärke, die der Staat mittlerweile besaß. Kritikern wie Amos Oz oder A. B. Yehoshua antwortete sie harsch: »Für mich besteht die größte Moral darin, dass das jüdische Volk ein Recht hat zu existieren. Ohne dies gibt es keine Moralität in der Welt.« Damit verprellte sie diese Intellektuellen, hatte aber die breite Öffentlichkeit auf ihrer Seite.[526]

Mit den israelischen Schriftstellern entfachte sich insbesondere eine Diskussion um die christlich-arabischen Dörfer in Galiläa, Ikrit und Biram. Während des Unabhängigkeitskrieges hatten die Einwohner ihre Dörfer verlassen, weil sie dem Versprechen glaubten, wieder zurückkehren zu können. Das war aber nicht geschehen, trotz ihrer Bittgesuche an die Regierung. Die Intellektuellen stellten sich auf die Seite der Dorfbewohner.[527]

Golda Meir verfolgte letztlich einen Mittelkurs zwischen friedensbereiten Tauben, der Linken und der Arbeitspartei, und Falken, also Hardlinern der extremen Rechten mit der Gahal-Fraktion und Menahem Begin. Für sie stand Israel unter einem massiven Druck von verschieden Seiten, der Krieg mit Ägypten, die Zurückhaltung Amerikas, die palästinensischen Terroristen, und die Schwierigkeit, die nationale Regierungseinheit zusammenzuhalten, wie sie bei einer Ansprache in der Knesset die politische Situation in Israel umschrieb.[528]

Bei ihrer Rede vor der UNO-Versammlung 1961 machte sie auch deutlich, dass die Araber aus ihrer Sicht volle Bürgerrechte in Israel besaßen: »Ich möchte jetzt lediglich feststellen, daß die Araber in Israel in vollem Maße die Rechte jedes Bürgers des Landes besitzen. Sie beteiligen sich zusammen mit allen anderen Bürgern an den Wahlen; sie sind in der Knesset vertreten; sie haben an allen Funktionen des gesellschaftlichen Lebens teil – sie sind Richter und Bürgermeister, Ärzte und Rechtsanwälte, Lehrer und Sozialarbeiter. Sie genießen hinsichtlich Gesundheit, sozialer Sicherheit und Bildung einen Lebensstandard, der in keinem arabischen Staat erreicht wird. Wir sind stolz auf ihren wichtigen Beitrag zur Entwicklung des Landes.«[529]

Diese Sicht deckte sich allerdings nicht mit der Sicht der Araber. Mit Gründung der Palästinensischen Befreiungsorganisation (PLO) unter der Führung von Yassir Arafat 1969 kam es vermehrt zu Terrorangriffe vonseiten der PLO. Kaum hatte sie ihren Posten als Ministerpräsidentin angetreten, als eine Bombe der PLO in einer Cafeteria der Hebrew University einschlug und noch in derselben Woche in einem Jerusalemer Supermarkt. In den folgenden Wochen und Monaten kam es immer wieder zu Anschlägen auf Kibbuzim im Jordantal. Unnachgiebig zeigte sich Golda Meir den palästinensisch-nationalen Zielen gegenüber. Sie lehnte die Legitimität eines palästinensischen Staates ab, es habe weder ein unabhängiges palästinensisches Volk noch eine palästinensische Nation in der Region gegeben, und erteilte Plänen, einen solchen zwischen israelischem und jordanischem Gebiet aufzubauen, eine Absage. Für sie war Jordanien der Staat, in dem die palästinensischen Araber leben konnten.[530]

Politisch stand sie letztlich zwischen den einzelnen Blöcken. In einem Interview mit Louis Heren von der *Times* in London sagte sie, dass sie über alles verhandeln würde, auch über die Grenzen der West Bank, wenn es dem Frieden diene und die Grenzen Israels sichern würde. Sie erwog auch einen Rückzug von der entmilitarisierten Sinaihalbinsel. Jerusalem und die Golanhöhen waren ihr allerdings »heilig«. Mit dieser Position polarisierte sie: International wurde kritisiert, dass sie nicht von einem totalen Rückzug hinter die ursprünglichen Grenzen sprach; im Land selbst warfen ihr rechte wie religiöse Parteien vor, überhaupt einen Rückzug in die alten Grenzen zu erwägen. Die israelische Linke dagegen nahm sie für ihre vernünftigen Vorschläge in das Lager der Tauben auf. Nostalgische Argumentationen wie das »Land der Väter« in biblischen Zeiten lehnte Meir ab, ihre Argumentation beruhte allein auf politischen Fragen und vor allem Sicherheitserwägungen.[531]

Eine positive Wende zeichnete sich ab, als Anwar as-Sadat 1970 das Ruder in Ägypten übernahm und Nasser als Staatspräsidenten ablöste. Mit Sadat war Ägypten für Friedensverhandlungen mit Israel bereit, auch Israels Souveränität zu akzeptieren. Sadat war der erste arabische Politiker, der überhaupt ein Friedenskonzept mit Israel in Erwägung zog. Die Bedingung war allerdings, dass sich Israel aus dem Sinai und überall hinter die Grenzen vor dem 5. Juni 1967 zurückzog.[532] Allerdings kam es zwischen Israel und Ägypten abermals zu einem kurzen Krieg, dem Jom-Kippur-Krieg. Am 6. Oktober 1973 erfolgte der Angriff von Syrien und Ägypten auf Israel, auf den niemand vorbereitet gewesen war, am höchsten israelischen Feiertag Jom Kippur, ausnutzend, dass der Verkehr an diesem Tag quasi stillsteht. Golda Meir hatte die Gefahr unterschätzt und den Israelischen Verteidigungsstreitkräften verboten, präventiv zu agieren, was sie schließlich als Fehler beurteilte.[533]

Ein halbes Jahr später, am 11. April 1974, kündigte Golda Meir ihren Rücktritt vom Posten der Ministerpräsidentin an. Sie führte die Amtsgeschäfte noch weiter, bis Jitzchak Rabin sie am 3. Juni 1974 ablöste. Mit ihr verließ die letzte charismatische Persönlichkeit der Gründergeneration die politische Bühne der Arbeiterparteien.[534] Damit endete Meirs politische Karriere nach 50 Jahren. Sie verließ die Knesset mit einem großen Gefühl der Erleichterung, aber auch mit tiefer Traurigkeit.[535]

Familienleben und Feminismus

Auch wenn Golda Meir ganz und gar in der Politik aufging, lagen ihre Kinder ihr sehr am Herzen. Auch zu den Familien, die Menahem und Sarah gründeten, hatte sie ein inniges Verhältnis. Ihre Tochter Sarah heiratete im Sommer 1948 Zecharia, einen jemenitischen Juden, mit dem sie im Kibbuz Revivim lebte. Zu der Zeit war es noch unüblich, dass eine Ashkenazim einen Mizrahim heiratete.[536] Goldas Sohn Menahem heiratete am 3. Juni 1950 Chana Lutsky in Passaic, New Jersey.[537] Am 3. Januar 1956 gebar Chana ein Mädchen namens Meira, das das Downsyndrom hatte. Sechs Monate nach der Geburt ließen sich Menahem und Chana scheiden; das Kind blieb bei Chana und ihrem neuen Mann. Golda hatte keinen Kontakt zu Meira und vermied in der Öffentlichkeit Äußerungen über sie. Geistige und körperliche Beeinträchtigungen waren damals noch ein Tabu; in Interviews sprach sie immer von ihren fünf Enkelkindern, Meira, das sechste, erwähnte sie nie.[538]

1951 verlor Golda Meir zwei Männer, die wichtig in ihrem Leben waren: Morris starb am 25. Mai 1951, im selben Monat dann auch Remez an den Folgen eines Herzinfarkts.[539] Einige Zeit später bezog sie in Jerusalem eine Wohnung, die sie liebte; sie befand sich im Dachgeschoss einer alten romantischen Villa im Talbieh-Viertel, und von einem großen Fenster aus hatte sie eine umwerfende Sicht über ganz Jerusalem. Die Villa, 1926 von dem christlich-arabischen Geschäftsmann Hanna Ibrahim Bisharat gebaut, war in den 1930er- und 40er-Jahren im Besitz der Briten gewesen und hatte Offiziere der Royal Air Force beherbergt. Danach ging sie an die Haganah.[540]

Golda Meir arbeitete zwar eine Zeit lang für die zionistische Frauenbewegung und sympathisierte auch mit deren Zielen, stand aber extremen feministischen Positionen immer kritisch gegenüber, wie sie in einem Artikel für die sozialistisch-zionistische Zeitschrift *Der Jiddische Kämpfer* formulierte. Ihrer Meinung nach hätten diese Frauen den Glauben in ihre intellektuellen und praktischen Fähigkeiten verloren. Auch Frauen, die geradezu einen Kampf gegen Männer führten und diese als Feinde betrachteten, waren ihr fremd, besonders wenn sie Männer von ihren Projekten ausschlossen. Sie lehnte es ab, als Frau eine Sonderbehandlung zu erhalten, und war der Ansicht, dass jede Frau ihre Ziele verfolgen und Erfolg haben könne, auch wenn sie nicht bei der Frauenbewegung mitmache. Golda Meir wollte nicht über ihr Geschlecht definiert werden, zur Enttäuschung späterer Feministinnen. Ihr Selbstverständnis beruhte allein auf ihrer Arbeit, der Loyalität zu ihrer Partei und ihrer Hingabe an Israel und das jüdische Volk. Sie verfolgte vor allem ihre politische Karriere. In der männerdominierten Welt der zionistischen Arbeiterbewegung galt Feminismus wenig.[541]

Religion hatte für Golda Meir eine nachgeordnete Bedeutung. Das Judentum war zwar eine Säule ihrer Identität, allerdings eher im kulturellen als im religiösen Sinn. In ihrem Elternhaus wurden die religiösen Regeln eingehalten, sie selbst befolgte sie später allerdings nicht mehr.[542] Arrangements mit religiösen Gruppierungen akzeptierte sie als eine politische Notwendigkeit, sie machte aber aus ihrer säkularen Haltung keinen Hehl. Die Synagoge besuchte sie nur zu offiziellen Anlässen und lehnte die Autorität der Rabbiner ab.[543]

Golda Meir war nicht nur eine zionistische Pionierin, sondern auch in ihrer Rolle als Politikerin eine Vorreiterin, denn sie war weltweit die zweite Außenministerin und die dritte Premierministerin.[544] Beide Positionen hatte sie sich hart erarbeitet mit ihrem scharfen Verstand, ihrer außergewöhnlichen Energie und raschen Auffassungsgabe.[545]

Golda Meirs letzte Jahre waren durch eine Verschärfung ihrer gesundheitlichen Probleme belastet. Sie litt unter Problemen mit der Gallenblase, Migräne und war Kettenraucherin. Ab den 1950er-Jahren musste sie orthopädische Schuhe tragen; sie gingen später als Golda-Schuhe in die Geschichte ein.[546] Anfang 1957 erlitt sie während einer US-Reise einen Schwächeanfall. Sie war in einem New Yorker Hotel zusammengebrochen und wurde ins Krankenhaus gebracht. Grund war kein Herzinfarkt, sondern Erschöpfung als Folge völliger Überarbeitung.[547] Zudem erkrankte sie an Lymphdrüsenkrebs, der schließlich ihre Beine angriff, worunter sie sehr litt. Ende Oktober 1978 wurde sie ins Jerusalemer Hadassah-Krankenhaus eingeliefert; es sollte ihr letzter Krankenhausaufenthalt sein. In ihren noch verbleibenden Wochen verfolgte sie die Nachrichten im Fernsehen und empfing ihre Familie, wenige Freunde und Politiker. Am 8. Dezember 1978 verstarb Golda Meir an Leberversagen als Folge ihrer Krebserkrankung.[548]

COCO CHANEL

Coco Chanel war eine Einzelkämpferin. Als alleinstehende, unabhängige Frau gründete sie ein Modeimperium, das immer noch weltweit zu den bedeutendsten Häusern der Modebranche zählt. In den ersten Jahrzehnten des 20. Jahrhunderts, als Frauen sich allmählich beruflich behaupteten, machte sie aus einem kleinen Pariser Hutladen ein Weltunternehmen, das bis heute ihren Namen trägt.

Wie ein roter Faden zog sich das Alleinsein durch ihr Leben: »Schon mit sechs Jahren war ich allein. Meine Mutter war gestorben, und mein Vater entledigte sich meiner wie einer Last, gab mich bei meinen Tanten ab und war auch schon wieder auf und davon nach Amerika, von wo er nie mehr zurückkehren sollte.« Noch Jahrzehnte später, auf dem Höhepunkt ihres Erfolgs, berichtete sie lakonisch: »Ein halbes Jahrhundert ist vergangen, doch auch wenn rings um mich die letzten Glücksritter einer verelendeten Welt nach Luxus und Freuden haschen, stehe ich allein da, nach wie vor. Da bin ich erst recht allein, mehr denn je.«[549]

Das Alleinsein prägte ihr Leben – und war Teil ihres Erfolgs. Sie hatte aber stets auch eine zwiespältige Haltung dazu, denn einerseits wollte sie geliebt werden, zog sich andererseits aber auch nur allzu gern von den Menschen zurück, die sie mitunter als erbarmungslos empfand.[550] Das Alleinsein resultierte auch aus ihrem Drang nach Unabhängigkeit, worin sie den Weg zu ihrem Erfolg begründet sah. Stolz erkläre ihr störrisches Naturell, ihr Bedürfnis nach Unabhängigkeit und Ungeselligkeit. »Er ist aber auch das Geheimnis meiner Kraft und meines Erfolgs – er ist der Ariadnefaden, mit dessen Hilfe ich doch immer wieder meinen Weg finde.«[551] Ein Charakterzug Coco Chanels war zudem das Rebellische, das sie schon im Kindesalter auszeichnete, wie sie selbst meinte, und das sich auch in der Liebe und schließlich im Beruf zeigte.

Ihr Vater Henri-Albert Chanel arbeitete als Handelsreisender und war selten zu Hause in Saumur. Ihre Mutter, Eugénie Jeanne Devolle, genannt Jeanne, war die Schwester von Alberts Vermieter und Wäscherin. Coco, am 19. August 1883 geboren und auf den Namen Gabrielle getauft, hatte vier Geschwister.[552] Nach einer sechsten Schwangerschaft starb ihre Mutter, Gabrielle war zwölf Jahre alt. Sie hatte das Gefühl, alles würde ihr genommen. Sie fühlte sich wie tot. Der Vater gab Gabrielle und ihre beiden Schwestern in ein von Nonnen geführtes Waisenhaus in Aubazine in der Nähe von Brive-la-Gaillarde im Périgord.[553] Die beiden Brüder, Lucien und Alphonse, neun und fünf Jahre alt, brachte er auf einen Bauernhof, wo sie als Arbeitskräfte ausgebeutet wurden. Der Vater hatte nach dem Tod seiner Frau eiskalt die Familie zerschlagen. Gabrielle sah ihn nie wieder und fühlte sich von ihm alleingelassen.[554] Das Mädchen litt unter der Trennung vom Vater und schämte sich dafür, dass er sie verlassen hatte. In Aubazine hingegen verbreitete sie Geschichten über ihn als erfolgreichen Geschäftsmann, der hart arbeitete und Geschäftsreisen in ferne Länder unternehmen müsse, wie nach Amerika. Er sei sehr besorgt um sie und ihre Schwestern, könne sich aber nicht um sie kümmern.[555] Die beiden Schwestern waren das Einzige, was ihr von der Familie blieb. Antoinette, die jüngere, war ihre Lieblingsschwester. Julia hatte nie geheiratet, bekam aber einen unehelichen Sohn, André, den Coco Chanel später, nach Julias Tod, adoptierte.[556]

Bereits in Aubazine entwickelte Gabrielle einen starken Individualismus und isolierte sich innerhalb des Internats. Die strengen Regeln widerstrebten ihr, und ihr ausgeprägter Stolz machte sie nicht gerade beliebt bei den anderen Mädchen. Was sie im Waisenhaus aber beeindruckte und auch ihren späteren Stil prägen sollte, war die Reinlichkeit, die Stapel frischer und sauberer Leinenwäsche in den Schränken und der Geruch von Seife. Aubazine war eine kleine Insel der Ruhe und des Friedens. Nach den Jahren in Aubazine lebte Gabrielle eine Zeit lang bei ihren Tanten in Moulins in der Auvergne und besuchte die katholische Schule Notre-Dame de Moulins. Von nun an nannte Gabrielle sich Coco. Der Name ging auf zwei Lieder zurück, die sie im *Varieté Rotonde* gesungen hatte. Die Jahre bei den Tanten erlebte sie als ambivalent. Im Milieu der Provinzbourgoisie am Mont Dore entwickelte das junge Mädchen einen Lebenshunger und begehrte nicht selten gegen die bodenständigen Frauen auf. Sie wurde dort nicht schlecht behandelt, empfand es aber so. Vieles störte sie an deren Lebensweise. Ihre eigene Erziehung sei einerseits hart gewesen, aber alles, was sie durchgemacht habe, habe sie letztlich gestärkt und ihr

Rückgrat verliehen, meinte sie später in der Rückschau. Coco rettete sich in eine Fantasiewelt aus Fortsetzungsromanen, die in den lokalen Zeitungen abgedruckt wurden, denn Bücher besaßen die Tanten nur wenige.[557] Ihre überquellende Energie lebte sie auf dem Gestüt der Tanten aus: »Ungestüm wie unsere Fohlen rannte ich mit den Bauernkindern über die Höfe. Ich schwang mich auf den Rücken unserer ungesattelten Tiere (...) oder schnappte mir unsere besten Pferde bei Mähne oder Schweif.«[558]

Schließlich lernte Coco das Nähen und fand ihre erste Anstellung in einem Geschäft in der Rue de l'Horloge, wo auch ihre Schwester arbeitete. Mit ihr teilte sie sich ein Zimmer über dem Laden. An den Wochenenden arbeiteten sie zusätzlich für einen Schneider, bei dem sie unter anderem für Soldaten Uniformen nähten. Infolgedessen wurde der Laden häufig von jungen Soldaten besucht, die die beiden hübschen Mädchen immer wieder einluden, auch in das Vergnügungslokal *La Rotonde*, wo die Schwestern gelegentlich sogar auf der Bühne sangen.[559]

Frühe Förderer

Im Leben unabhängiger, selbstbestimmter Frauen können Männer zuweilen eine unterstützende Rolle spielen, wie der Vater für Angelika Kauffmann oder der Ehemann für Lou Andreas-Salomé. Im Leben von Coco Chanel waren es zwei Männer, die einen maßgeblichen Anteil daran hatten, dass sie die ersten schwierigen Schritte in die Selbstständigkeit und Unabhängigkeit nehmen konnte. Sie führten sie in die Gesellschaft ein und griffen ihr anfangs finanziell unter die Arme: Étienne Balsan und

Boy Capel. »Monsieur B. und Capel hatten Mitleid mit mir gehabt; sie sahen in mir einen armen, ausgesetzten Spatz. In Wirklichkeit war ich eine Wildkatze. Schritt um Schritt erlernte ich das Leben: wie man sich dagegen behauptet. Ich war sehr schlau, weitaus schlauer als heute.«[560]

Étienne Balsan, vermögender Erbe einer Textilindustriellenfamilie, lernte Coco 1906 in Vichy kennen, wo sie im Kurbetrieb arbeitete. Balsan wurde für kurze Zeit ihr Liebhaber, machte ihr zwei Heiratsanträge, die Coco allerdings beide ablehnte. Dennoch blieb er ihr ein lebenslanger Freund. Sie verbrachten längere Zeiten auf seinem Schloss Royallieu in Compiègne, wo er sie zu Pferderennen mitnahm und in die adlige und bourgeoise Gesellschaft einführte. Nach Beendigung seiner Laufbahn als Kavallerieoffizier begann Balsan mit der Pferdezucht und nahm selbst auch an Rennen teil.[561] In Compiègne lernte Coco privilegierte Männer und Frauen kennen, die vermögend waren und größtenteils nicht arbeiten mussten. Zunächst fühlte sie sich noch fremd in dieser Welt, schloss aber bald auch Freundschaft mit einigen von Balsans Freunden wie der Schauspielerin Gabrielle Dorziat. Sie war die erste Frau, die später in einem Chanel-Kostüm öffentlich auftrat und sich in Künstlerkreisen um Jean Cocteau, Jean Giraudoux, Paul Bourget oder Henri Bernstein bewegte.

Das luxuriöse, von Untätigkeit bestimmte Leben in Compiègne langweilte Coco nach kurzer Zeit, sodass sie sich eine Beschäftigung suchte und Hüte für Balsans Freundinnen entwarf.[562] Ihre Kreationen waren sehr beliebt, was sie auf die Idee brachte, es zu professionalisieren. Bei den Pferderennen sah Chanel die Frauen mit ihren ausladenden Hüten in Form riesiger Wagenräder, mit Federn, Früchten und anderem Zierrat bestückt. Sie fand sie abscheulich und kreierte konsequenterweise einen ganz neuen, schlichten Hutstil. Bekannt sind ihre bis zu den Ohren hinuntergezogenen, mützenartigen Hüte.[563] Mit wachsendem Erfolg drängte es sie nach Paris, um dort ein Studio zu eröffnen. Balsan unterstütze sie bei diesem Schritt und bot ihr sein Apartment am Boulevard Malesherbes als Werkstatt und Laden an.[564] 1909 eröffnete Coco Chanel dort ein Hutatelier, den Grundstein für ihr späteres Wirtschaftsimperium.

In der Clique von Balsan begegnete Coco schließlich dem Mann, den sie lieben, aber auf tragische Weise verlieren sollte: Arthur »Boy« Capel. »In Pau traf ich einen Engländer. Wir lernten uns bei einem unserer Ausritte kennen – hier waren ja alle den ganzen Tag im Sattel. (...) Der junge Mann sah gut aus, ein dunkler Typ, sehr attraktiv. Ich fand ihn umwerfend schön, herrlich. Ich bewunderte seine Lässigkeit, seine grünen Augen. Er war ein blendender Reiter, ritt prachtvolle Pferde. Ich verliebte mich in ihn.«[565] Capel galt als Selfmademan und finanziell unabhängig vom Familienvermögen. Er war der Sohn von Arthur Joseph Capel, einem Reeder aus Brighton und der Französin Berthe Andrée Lorin.[566]

Ihre Beziehung wird als auf gegenseitiger Liebe und Respekt basierend beschrieben. Für Coco bedeutete sie aber eine neue Herausforderung, weil die Verbindung nicht standesgemäß war, sie aber sich wünschte, dass er stolz auf sie sei und sich nicht in der Gesellschaft für sie schämen müsste. Obwohl von der ersten Begegnung an unzertrennlich, war die Beziehung durch ihren unterschiedlichen gesellschaftlichen Hintergrund belastet, und Chanel lehnte schließlich auch die Heiratsanträge von Boy Capel ab.[567]

Mit zunehmender Distanz zu Balsan mietete Coco Chanel 1909 in Paris eine Etage in der Rue Cambon, wo noch heute der Flagship-Store von Chanel ansässig ist. Capel unterstützte das Atelier finanziell und stellte eine Mitarbeiterin, Madame Aubert, an, »eine großartige Frau, die in Wirklichkeit Mademoiselle de Saint-Pons hieß. Sie beriet und lenkte mich. Auf den Tribünen begann man über meine befremdlichen, merkwürdigen Hüte zu tuscheln: so phantasielos, so streng – sie waren wie eine Vorankündigung des eisernen Zeitalters, das noch kommen sollte, aber noch nicht zu ahnen war«.[568]

Coco war bewusst, dass sie dies alles Capel zu verdanken hatte, er ebnete ihr den Weg in die Unabhängigkeit: »Boy Capel hatte mir etwas geschenkt, das mir Spaß machen sollte, und es hat mir so viel Spaß gemacht, dass ich die Liebe darüber vergaß.«[569] Aber ihr war nicht klar, dass er ihretwegen bei der Bank einen Kredit aufnahm. Jeder Franc, den sie erwirtschaftete, ging zur Tilgung seiner Schulden an die Bank. Coco war das Gefühl unerträglich, von ihm abhängig zu sein: »Dann hatte ja er alles bezahlt! Ich wurde von ihm ausgehalten! An jenem Abend hing Gewitter in der Luft, aber das Gewittergrollen in mir war weitaus stärker. Ich begann ihn zu hassen, diesen wohlerzogenen Mann, der für mich bezahlte.«[570] Nach einem Jahr bereits war Capels Garantie bei der Bank überflüssig geworden, der Gewinn der Rue Cambon deckte nun alle Kosten. Sie hatte es geschafft. So stand 1913 einer weiteren Geschäftseröffnung im Seebad Deauville nichts entgegen.

Aber trotz des ersten Erfolgs fühlte sich Coco Chanel in der elitären Gesellschaft fremd und hielt sich schüchtern im Hintergrund: »Je mehr man mich sehen wollte, desto mehr versteckte ich mich. Das ist immer so geblieben. Ich zeigte mich nie in den Verkaufssalons. Da hätte ich Konversation machen müssen, was ich schrecklich fand.«[571]

Capel engagierte sich mittlerweile politisch und heiratete, wohl auch aus Enttäuschung über Cocos Absage, die britische Adlige Diana Wyndham, Tochter von Thomas Lister, dem 4. Baron of Ribblesdale, mit der er zwei Töchter hatte. 1919 starb Capel bei einem Autounfall.[572] Damit verlor Coco Chanel nicht nur ihre große Liebe, sondern auch einen engen Freund und Wegbegleiter: »Für mich war dieser Tod ein fürchterlicher Schlag. Mit Capel verlor ich alles. (...) Boy war aufgrund seiner Geisteshaltung, seines Charakters etwas ganz Besonderes, eine seltene Erscheinung, ein junger Mann mit der Erfahrung eines Fünfzigjährigen, mit sanfter und fröhlicher Autorität, mit einer ironischen Strenge, die betören und bezwingen konnte. Er gab sich wie ein Dandy, war aber ein sehr ernsthafter Mensch und weitaus gebildeter als all diese Polospieler oder Geschäftemacher. Er war ein Mensch mit Tiefgang. (...) In mir hinterließ er eine Leere, die auch die Jahre nicht aufzufüllen vermochten. Ich hatte immer den Eindruck, er beschütze mich noch aus dem Jenseits.«[573]

Ihr Leben danach war, wie sie es selbst beschrieb, glücklos. Sie arbeitete hart im Atelier in der Rue Cambon und zog sich abends allein zurück.[574] Die größte Bedeutung Boy Capels lag für Coco Chanel darin, dass er erkannt hatte, welches Potenzial in ihr steckte: »Er war der einzige Mann, den ich geliebt habe. Er ist tot. Ich habe ihn nie vergessen. Er war die große Chance meines Lebens: In ihm hatte ich jemanden getroffen, der mich nicht entmutigte. Er war eine sehr starke, eigenständige Persönlichkeit, feurig von Natur und ganz in sich gefestigt. Er hat etwas aus mir gemacht, hat das, was einmalig war, in mir entwickelt, herausgebildet, alles Übrige war nicht so wichtig. (...) Für mich war er Vater, Bruder, meine ganze Familie.«[575]

Aufstrebende Unternehmerin

Die Trauer über den Verlust von Boy Capel kompensierte die Designerin mit unermüdlicher Arbeit und hatte bald großen Erfolg mit ihren Entwürfen. Das Geschäft in Paris wurde zu klein, 1918 erwarb sie das gesamte Gebäude. Neun Jahre später hatte sie in der Rue Cambon insgesamt fünf Häuser hinzugekauft. Aus dem kleinen Hutgeschäft hatten sich in kurzer Zeit ein Modeatelier und eine Parfümerie entwickelt. Die Rue Cambon wurde bald zum begehrten Ort für Damen der Gesellschaft, aber auch für Künstlerinnen oder Bohèmiennes, die die neuesten Kreationen von Mademoiselle Chanel kauften. Coco war viel mehr als eine Schneiderin, es dauerte nicht lange und sie inspirierte auch andere Modedesigner ihrer Zeit.[576]

Dabei profitierte sie immer noch von den gesellschaftlichen Kreisen um Balsan und Capel, dank derer sie schnell an Popularität gewann. Ihre Hüte wurden in nationalen und internationalen Modemagazinen gefeiert, in denen auch Coco selbst als Model auftrat. Aber wegweisend für ihren rasanten Erfolg waren ihre Kreativität und Innovationsfreude. In Deauville inspirierte sie die aufkommende Badefreude der Gäste. Von den Hüten ging sie allmählich auf Badeaccessoires über, und schließlich entwarf sie die erste Bade- und Sportmode der Zeit.[577] Wie kreativ sie auch bei der Materialbeschaffung war, zeigen ihre Jerseykleider: »Viele elegante Frauen waren bereits in Deauville. Die brauchten nicht nur Hüte, sondern, in Ermangelung von Schneidern, bald auch Kleider. Es gab keine Stoffe, also machte ich aus Stallburschensweatern und Jockeytrikots ›Jerseykleider‹, wie ich sie selbst trug. Am Ende dieses ersten Kriegssommers hatte ich zweihunderttausend Goldfranken verdient – der Stall hatte die Tribünen erobert!«[578]

Intuitiv spürte sie, dass die Zeit nach einer anderen Mode verlangte: »Die unteren Tribünen vor 1914! Ich ahnte doch nicht, dass ich bei den Pferderennen dem Untergang des Luxus, der Agonie des 19. Jahrhunderts, dem Ende einer Epoche beiwohnte. Einer Epoche, großartig, doch dekadent, letzter Abklatsch eines barocken Stils, bei dem das Ornament die klare Linie überdeckte, der überladene Schmuck die Architektur erdrückte und der Körper keine Luft mehr bekam, ähnlich dem vom Parasiten befallenen Baum der Tropenwälder.«[579] Sie führte andere Farben ein, dunkle Töne, unverfälscht der Natur entlehnt, und die Schnitte wurden geradlinig, ja geradezu »mönchskuttenähnlich«, wie Chanel es selbst beschrieb. Das Ergebnis war »ein Puritanismus, für den die eleganten Damen plötzlich schwärmten«. Sie sah sich als eine Quäkerin, die Paris eroberte, »wie einhundertfünfzig Jahre früher die Kutte aus Genf oder Amerika Versailles erobert hatte«. Sie habe die Ehrlichkeit wieder hoffähig und die Mode wieder ehrlich gemacht.[580] Einen ganz neuen Trend setzte sie schließlich selbst mit ihrem kurzen Haarschnitt. Erst reagierten viele bestürzt auf den Garçonneschnitt, bald aber wurde er, nicht nur in Paris, sondern auch in Berlin und anderswo, zum klassischen Haarschnitt der 1920er-Jahre.[581]

Nach Paris und Deauville folgte Biarritz als dritter Standort für ihr aufstrebendes Geschäft. Das Städtchen am südfranzösischen Atlantik hatte sich seit Mitte des 19. Jahrhunderts, als Napoleon III. dort eine Sommerresidenz bauen ließ, das heutige Hôtel du Palais, zu einem mondänen Seebad entwickelt, in dem sich der russische Adel, aber mehr und mehr auch Künstler wie Strawinsky und Picasso niederließen. Vor dem Ersten Weltkrieg hatte das von Pinienwäldern umgebene Städtchen am Meer 19 500 Einwohner.[582] Im Süden die Pyrenäen, im Westen der offene Atlantik, entwickelte sich das ehemalige Fischerdorf seit Mitte des 19. Jahrhunderts zu einem Zufluchtsort für die Pariser Elite mit Villen, reizvollem altem Hafen, weißen Sandstränden wie der Grande Plage mit weitläufiger Promenade und dem Casino im Hintergrund.

Bald gewann Chanel dort prominente Kundinnen wie die Opernsängerin Martha Davelli und die Gesellschaftsdame Kitty Rothschild.[583] Die Strände in Biarritz füllten sich zwar immer mehr mit Menschen, aber nur wenige gingen schwimmen. Coco Chanel zählte zu den ersten mutigen Frauen, die ein Sonnenbad nahmen. Die Zeitungen berichteten 1923 von einem Skandal, als es eine Frau wagte, sich im Badekostüm am Strand des Alten Hafens von Biarritz zu sonnen.[584]

Sehr schnell wurde Chanel in der Modewelt zur Ikone, deren Entwürfe die Frauen auf den Covern der bedeutendsten Modemagazine wie *Harper's Bazaar* und *Vogue* bewunderten.

Im Jahr 1927 eröffnete sie schließlich ein Geschäft in London, in der Davies Street im feinen Londoner Stadtteil Mayfair. Die Boutique wurde bald zum Treffpunkt der britischen Gesellschaft, zu ihren prominenten Kundinnen zählten Baba d'Erlanger, die Marquise de Cast Maury, Lady Mary Davies und Lady Northcliff.[585]

Coco Chanel arbeitete sehr hart für ihren Erfolg, und es war ihr auch wichtig, dass dies von anderen registriert wurde: »Dass ich wahnsinnig geschuftet habe. Fünfzig Jahre lang habe ich jetzt gearbeitet, genauso viel und mehr als so manch anderer. Nichts kann das Arbeiten ersetzen, weder Wertpapiere noch Dreistigkeit, noch Glück.«[586] Es erfüllte sie mit Stolz, dass sie es geschafft hatte, auf eigenen Füßen zu stehen, und sie sah darin auch eine Errungenschaft gegenüber ihren reichen Kundinnen, die von ihren Männern abhängig waren: »Was für eine Freude, solch jungen Müßiggängern, die sich einen Stall voller Kokotten halten, antworten zu können: ›Ich bin niemandem etwas schuldig!‹«[587] Sie war ihr eigener Herr und unabhängig, was sie vor allem Boy Capel zu verdanken hatte. Mit einem halben Dutzend Näherinnen hatte sie angefangen und zuletzt bis zu 3500 Mitarbeiter und Mitarbeiterinnen beschäftigt. Deren Wohl lag ihr am Herzen. In Mimizan an der französischen Atlantikküste gründete sie eine Art Landheim für ihre Arbeiterinnen, ein Experiment, in das sie Millionen steckte. Sie ließ Unterkünfte für 300 bis 400 Frauen bauen, und ihr Unternehmen übernahm sogar die Fahrtkosten. Anstelle der gesetzlich geregelten 14 Tage gewährte Chanel den Mitarbeiterinnen einen Monat bezahlten Urlaub.[588]

Künstlerkreise

Während Coco Chanel unermüdlich arbeitete und ihr Modeatelier zu immer größerem Erfolg führte, knüpfte sie gleichzeitig Kontakte zur künstlerischen Avantgarde in Paris. Seit den 1910er-Jahren prägten die »Ballets Russes« unter der Leitung von Sergei Diaghilew die Ballettszene auf den Pariser Bühnen. Choreografen wie Michel Fokine und George Balanchine und Tänzer wie Vaslav Nijinsky und Anna Pawlowa waren die wichtigsten Protagonisten der Kompanie, die bald zu großem Ruhm kam.

Chanel begann eine Zusammenarbeit mit Diaghilew und entwarf Kostüme für einige der Inszenierungen. Später unterstützte sie das Unternehmen auch erheblich finanziell, zum Beispiel bei der Wiederaufführung von Igor Strawinskys *Le Sacre du Printemps* am 15. Dezember 1920. Sie wehrte sich gegen Aussagen anderer, sie habe Diaghilew gesponsert: »Ich habe nicht, wie behauptet wurde, Diaghilews Ballett über Wasser gehalten. *Le Sacre du Printemps* hatte ich vor 1914 nie gesehen. Serge schilderte es mir als Skandal und ein großes historisches Ereignis. Ich wollte es sehen und bot ihm an, es zu subventionieren. Die 300 000 Francs, die mich das gekostet hat, bereue ich nicht.«[589] Bald auch verband sie Freundschaften mit den Künstlern der Szene, so mit Picasso, der die Bühnenbilder entwarf, oder der Tänzerin Alicia Markova.[590]

Über Diaghilew kam Coco Chanel mit Igor Strawinsky persönlich in Kontakt. Der russische Komponist lebte während der Russischen Revolution im Pariser Exil. Dort hatte er eine produktive Zeit und war schnell integriert in die Künstlerkreise um die Komponisten des Groupe des Six,[591] Jean Cocteau oder dem aus Polen stammenden Alexandre Tansman, mit dem ihn später im amerikanischen Exil eine enge Freundschaft verband. Die Uraufführung von *Le Sacre du Printemps* im Jahr 1913 hatte zum Skandal geführt. Weitere Ballettaufführungen Strawinskys in dieser Zeit mit Diaghilew waren der *Feuervogel* in der Pariser Oper mit der Uraufführung am 25. Juni 1910, *Le Chant du Rossignol* oder *Pulcinella*.[592]

Kennengelernt hatten sich Chanel und Strawinsky 1919. Nach ihren Aussagen hatte er sich in Coco verliebt und hofierte sie. In einem Interview beschrieb sie Strawinsky als sehr russisch im Habitus und mit der Ausstrahlung eines Beamten aus einer Novelle von Tschechow.[593] Chanel bot ihm und seiner Familie 1920 an, in ihrer Villa Bel Respiro in der Rue Alphonse-de-Neuville in Garches, unweit von Paris, unterzukommen, einer prachtvoll ausgestatteten Villa, umgeben von einem großen Park.[594] Trotz der unmittelbaren Nähe der Frau und der vier Kinder lebten Coco und Strawinsky ihre Affäre aus, insbesondere in den zurückgezogenen Stunden des gemeinsamen Musizierens: »Strawinsky kam wieder. Er kam täglich, gab mir Musikunterricht: Das wenige, was ich weiß, verdanke ich ihm. Er brachte mir Wagner nahe, Beethoven, den er partout nicht leiden konnte, und Russland.«[595] Die Affäre dauerte nur ein paar Monate an. Strawinskys Frau blieb sie nicht verborgen, sie tolerierte sie aber.[596]

Nach den gemeinsamen Monaten in Garches begleitete Coco Strawinsky und seine Familie nach Biarritz.[597] In seinem Haus in Anglet nördlich von Biarritz arbeitete Strawinsky zu der Zeit an drei Sätzen aus *Petrouchka* für Klavier solo im Auftrag von Arthur Rubinstein[598] sowie an dem Ballettstück *Les Noces*, das er mit vier Klavierstimmen und Percussions orchestrierte. Ein weiteres Biarritzer Werk war die Oper *Mavra*.[599] Strawinsky fand bald ein schöneres Haus, Le Chalet des Rochers, in der Nähe der russischen Kirche Saint Alexandre Newsky, in der Rue de la Frégate Nummer 9 im noblen Quatier Saint Charles. Hier fand seine Familie ausreichend Platz, und sie konnten nun auch häufiger Besuch empfangen.[600]

Im Baskenland gab es ein lebhaftes Musikleben mit Konzerten in Biarritz, Bayonne und Saint-Jean-de-Luz. Die Truppe der Ballets Russes unter Diaghilew brachte am Theater von Bayonne drei Ballette aus dem 19. Jahrhundert zur Aufführung: den *Carnaval* von Schumann, die *Sylphides* nach Chopin und *Scheherazade* von Rimsky Korsakow, die von der *Gazette de Biarritz* als außergewöhnliche Musikerlebnisse gefeiert wurden. Am 4. September 1923 wurde Ravels *L'heure espagnole* im Casino von Biarritz aufgeführt, in Anwesenheit des aus Saint-Jean-de-Luz stammenden Komponisten.

Nicht wenige bekannte Persönlichkeiten kauften sich Villen im Viertel östlich des Hôtel du Palais. 1924 baute der Couturier Paul Poiret, ein Konkurrent von Coco Chanel, seine Villa Casablanca im maurischen Stil, in der Nähe des ehemaligen Schlösschens von Napoleon III. Als Musikliebhaber organisierte er Konzerte in seiner Villa, bei denen gefeierte Solisten wie Arthur Rubinstein spielten. In der Nachbarschaft von Strawinsky in der Rue de la Fregate Nummer 5 und 7 stand die Villa Quo vadis-Sigismond, sie wurde 1904 von dem russischen Publizisten Sigismond Mendelssohn gebaut.[601]

Coco fühlte sich am Atlantik sehr wohl, sie hatte Biarritz bereits 1915 mit Boy Capel entdeckt und im November 1918 die Villa Bellairs-Larralde-Emilia für 300 000 Francs erworben. Anfang der 20er-Jahre, als sie mit Strawinsky nach Biarritz kam, konnte sie mit ihrer Boutique vor Ort bereits Erfolge verbuchen. Aber wenige Jahre später, 1923 verkaufte sie das Gebäude an den vermögenden Kaufmann Raymond Elissalt.[602]

Aus der Zusammenarbeit mit Ballets Russes resultierte auch die Freundschaft bzw. Liaison mit einem der berühmtesten Maler der Moderne: Pablo Picasso. Picasso war ein Frauenheld und hatte unzählige Affären, was die unabhängige Coco nicht störte. Aber auch künstlerisch inspirierten sie sich gegenseitig.[603] Coco Chanel beurteilte Affären eher nüchtern und mit einer gewissen Unaufgeregtheit: »Ich betrachte ihn nach wie vor als Freund, und das – glaube ich – beruht auf Gegenseitigkeit. Trotz all der Umstürze haben wir uns nicht verändert. Vor zwanzig Jahren hatte aus mancherlei Gründen alles seinen Reiz, vor allem, weil nicht alles an die große Glocke gehängt wurde, weil die Diebe von Montrouge nicht wussten, wer Picasso war, weil die Politik die Kunst nicht vergiftete.«[604]

Auch mit Jean Cocteau, der die Pariser Avandgarde als Schriftsteller, Filmregisseur und Maler ganz besonders prägte, verband Coco eine enge Verbindung, die auf gegenseitiger Wertschätzung und Bewunderung beruhte. Cocteau stärkte ihr Selbstvertrauen als Künstlerin und Designerin. Auch sie arbeiteten zusammen, unter anderem bei seinem Stück *Le Train Bleu*. Cocteau war stark dem Drogenkonsum verfallen und musste immer wieder längere Zeiten im Krankenhaus verbringen. Manche seiner Klinikaufenthalte, wie der in Saint Cloud, unterstützte die Freundin finanziell.[605] Coco Chanel genoss die Treffen und gemeinsamen Abende mit den Künstlern und lud diese auch häufig in ihr Atelier ein, wie an einem Weihnachtsabend in der Rue Cambon, zu dem Cocteau die Groupe des Six mitgebracht hatte. Die jungen Pariser Komponisten feierten mit ihrer Musik Triumphe im neu gegründeten Kabarett *Le Boeuf sur le Toit.*[606] Mit dabei waren auch Jane Bathori, Ricardo Vines, Strawinsky, Paul Morand und Misia Sert.

Mit Misia Sert sollte Coco eine weitere Freundin hinzugewinnen. Sie war die Tochter des polnischen Bildhauers Cyprian Godebski, stand Modell für Maler wie Bonnard, Vuillard, Redon und Renoir und hatte enge Beziehungen zu Picasso und Strawinsky. Nach zwei Ehen lebte sie lange Zeit mit dem spanischen Maler José Maria Sert zusammen, den sie schließlich heiratete.[607] Misia und Coco trafen sich während eines Empfangs bei der Schauspielerin Cécile Sorel im Jahr 1917. Misia war eine der ersten Frauen, die Cocos Talent, ihre Kraft und künstlerische Persönlichkeit entdeckten. Sie war zudem die einzige langjährige Freundin von Coco, aber ihr Verhältnis war schwierig, zuweilen von einer Art Hassliebe geprägt. Nach 1945 verlor sich der Kontakt, denn während des Kriegs hatten sie ganz unterschiedliche Positionen vertreten: Misia und ihr Mann waren klare Nazi-Gegner, während Coco Chanel Beziehungen zu den Nazis pflegte und aus ihrem Antisemitismus keinen Hehl machte. Ihre Freundschaft war dennoch einzigartig, Coco fühlte sich bei Misia sicher, sie hatten ein starkes Band, das nicht so leicht reißen konnte.[608]

Lachsfischen in Schottland

Im mondänen Biarritz verkehrte in den 1920er-Jahren auch ein Angehöriger des britischen Hochadels: Hugh Richard Arthur Grosvenor, 2. Duke of Westminster, Cousin von George V. und Freund von Churchill. Er wurde für die nächsten zehn Jahre der Mann an Chanels Seite. Zu dieser Zeit hatte sie sich beruflich und gesellschaftlich schon einen Namen gemacht und bewegte sich mit dem vermögenden Aristokraten auf gleicher Augenhöhe. Sie beschrieb den Duke, genannt Bendor, im Kontrast zu seinen elitären Verbindungen und seinem gesellschaftlichen Stand als »die Schlichtheit in Person, der schüchternste Mensch, den ich je gesehen habe. Es ist die Schüchternheit der Könige, der aufgrund ihres Standes und ihres Reichtums isolierten Menschen. Es ist ihm peinlich, zu den bedeutendsten Persönlichkeiten Englands gezählt zu werden (...)«.[609] Westminster war »das letzte verbliebene Produkt einer untergegangenen Zivilisation, eine paläontologische Kuriosität«.[610] Er könne ganz reizend sein, sofern man ihn nicht langweile. Äußerlich zwar ein kräftiger, robuster, großer Kerl, innerlich aber von großer Sensibilität und Intelligenz, man müsse ständig auf seine charmanten Albernheiten gefasst sein.[611]

Das erste Mal waren sie sich bei einer Dinnerparty im Pariser *Ritz* im engeren Freundeskreis begegnet. Der Duke of Westminster hatte sich gerade von seiner Frau getrennt. 1924 lud er Coco auf seine Jacht in Monte Carlo ein und hofierte sie seitdem. Sie ließ sich darauf ein, und es entwickelte sich eine langjährige Liebesbeziehung, bei der beide von der Unabhängigkeit des anderen profitierten, auch finanziell.[612] In ihren Erinnerungen beschrieb Chanel eine glückliche gemeinsame Zeit: »Zehn Jahre meines Lebens verbrachte ich mit Westminster. (...) Er ist ein geschickter Jäger, der nach außen unbeholfen wirkt. (...) Diese zehn Jahre lebten wir sehr zärtlich, sehr freundschaftlich miteinander. Wir sind Freunde geblieben. Ich habe ihn geliebt, oder zu lieben geglaubt, was auf das Gleiche hinausläuft. Er ist der Inbegriff der Courtoisie, die personifizierte Galanterie.«[613]

Über ihn kam sie auch mit Churchill in Kontakt. Der Politiker verbrachte im Oktober 1927 mit den beiden ein paar Tage in der Stack Lodge, einem Sportressort Westminsters, wo Chanel von morgens bis abends Lachs fischte, wie Churchill amüsiert seiner Frau berichtete. Der Politiker war von ihrer Persönlichkeit fasziniert und bezeichnete sie in einem Brief an seine Frau als eine der stärksten Frauen, die er je an der Seite von Westminster gesehen habe.[614]

Der Duke of Westminster besaß zahlreiche Immobilien, vor allem Schlösser. Zu seinem Besitz zählte auch das in Schottland gelegene Herrenhaus Rosehall, das Coco im schottischen Stil einrichtete. Nüchtern beschrieb sie den immensen Reichtum ihres Freundes: »Westminster hat überall Häuser (...) ob in Irland, Dalmatien oder den Karpaten. (...) 17 alte Rolls Royce standen allein in der Garage von Eaton Hall, Hauspersonal in Livree, Motorboote. (...) Eaton Hall liegt vor den Toren eines entzückenden Städtchens (Chester), im Lande Shakespeares. (...) Ringsrum verlaufen Terrassen, Alleen, in denen die Gestüte ihre Pferde trainieren, es ist umgeben von bäuerlichen Musterhöfen, Rhododendronwäldern wie in Disraelis Romanen, und in den Galerien wüten Rubens, Raffael, englische Meister und Thorwaldsen.«[615]

Der Luxus allein reichte ihr aber nicht. Sie hatte ihrer Trägheit nachgegeben und genoss eine Zeit lang das angenehme und sorgenfreie Leben, doch bald wurde ihr klar, dass sie irgendwann gehen würde. Denn »Lachsfang füllt nicht das Leben aus. (...) Die Ferien waren beendet, sie hatten mich ein Vermögen gekostet, ich hatte mein Haus vernachlässigt, die Geschäfte sausen lassen«.[616]

Der Geschäftspartner

Schon bald nahm Coco ihre Geschäfte wieder auf. In den 20er-Jahren begann sie eine Kooperation mit dem Mann, der ihr Unternehmen einmal komplett übernehmen würde: dem jüdischen Geschäftsmann Pierre Wertheimer.[617] Allerdings wurde die geschäftliche Partnerschaft von einem lang andauernden Streit überschattet. Ab 1924 ließ Chanel ihr erfolgreiches Parfum Chanel No. 5 von Pierre Wertheimer vermarkten. Wertheimer war damals Direktor von Bourjois Perfumes, einem der größten Kosmetikunternehmen Frankreichs, das auch in den USA Niederlassungen betrieb. Chanel und Wertheimer hatten sich bei einem Pferderennen kennengelernt. Der Kontakt kam über Théophile Bader zustande, den Mitbegründer der Kaufhauskette Lafayette. Bader hatte die Absicht, Chanel No. 5 in seinen Kaufhäusern anzubieten. Bis dahin wurde das Parfum nur in kleinen Mengen produziert, und der Plan war, es nun im großen Stil herzustellen und zu vermarkten, mithilfe von Wertheimer. Der Kooperationsvertrag fiel allerdings zuungunsten von Coco Chanel aus: Wertheimer erhielt 70 Prozent vom Gewinn, Bader 20 Prozent und Chanel, obwohl sie das Parfum kreiert hatte, nur

10 Prozent. Dieser Anteil war ihr zu gering. Auch war sie besorgt darüber, dass Wertheimer minderwertige Grundstoffe bei der Herstellung verwenden könnte.[618] Sie fühlte sich von ihren Vertragspartnern über den Tisch gezogen und beschwerte sich 25 Jahre lang über den für sie ungünstigen Abschluss. Auch warf sie Wertheimer und seinem Bruder vor, die Zahlen zu fälschen, was deren Buchprüfer dementierten.[619]

Mit Beginn des Zweiten Weltkriegs und der Verfolgung der Juden in Europa emigrierten Pierre Wertheimer und sein Bruder nach New York. Angeblich hatten sie vorher noch einen Abstecher in das Parfumstädtchen Grasse in der Provence gemacht, um die Formel von Chanel No. 5 zu erhalten, damit sie das Parfum eigenständig in den USA herstellen konnten.[620] Als die Nazis Frankreich besetzt hatten und jüdische Unternehmen zu »arisieren« versuchten, bemühte sich Coco Chanel, den Handel mit ihrem Parfum allein zu übernehmen. Doch die Wertheimers ließen sich treuhänderisch von dem französischen Industriellen Félix Amiot vertreten und konnten auf diese Weise den Verkauf verhindern.

Die Geschäftsbeziehung zwischen Coco Chanel und Pierre Wertheimer war äußerst ambivalent. Denn wenige Jahre nach Kriegsende, 1947, traten sie erneut miteinander in Verhandlungen. Chanel richtete ihre Prinzipien immer an ihren aktuellen Interessen aus. Sie war Mitte 60 und wollte sich von den Mühen der Geschäftsführung befreien. Und so bot sie ihr Imperium der Familie Wertheimer zum Kauf an. Im Frühjahr 1954 unterzeichneten sie schließlich den Vertrag, mit dem ihre Modefirma, ihre kommerziellen Immobilien und ihr gesamter Aktienbesitz an die Wertheimers überging. Diese sollten im Gegenzug für alle ihre

Ausgaben aufkommen: Cocos Suite im Ritz, ihre Haus-
angestellten und sämtliche Lebenshaltungskosten. Die
Enkel von Pierre, Alain und Gérard Wertheimer sind noch
heute Inhaber des Chanel-Imperiums. Das Geschäft war
nach dem Erwerb durch die Familie neu belebt worden,
und schon 1954 und 1956 wurde wieder in neue Kollektio-
nen und Modenschauen investiert.[621]

Kritische Allianzen

Nach den inspirierenden zwei Jahrzehnten inmitten der
künstlerischen Avantgarde folgte das dunkle Kapitel im
Leben von Coco Chanel: die Beziehung zu einem hohen
Nazi-Offizier und ihre Spionagetätigkeit für die Deutschen während der Besatzungszeit ab 1940. 1934 hatte
sich Chanel im Hotel Ritz in der Nähe ihres Geschäfts in
der Rue Cambon eine Suite gemietet, in der sie bis zu
ihrem Tod 1971 lebte.[622] Hier begegnete sie wahrscheinlich Baron Hans Günther von Dincklage,[623] einem Nazi-
funktionär, der ab 1933 für die deutsche Botschaft in Paris
und später für Propagandaminister Goebbels arbeitete.
Die Romanze zwischen beiden begann vermutlich im
Laufe des Jahres 1940. Da war Dincklage bereits ein hoch-
rangiger Offizier der deutschen Besatzungstruppen.[624]
Dank der Beziehung zu Dincklage genoss Chanel während
der Besatzungszeit gewisse Freiheiten und konnte in
ihrem Apartment im Hotel Ritz wohnen bleiben, als es
1940 zum militärischen Hauptquartier der Nazis wurde.
An der Seite von Dincklage fuhr sie in Paris durch verbo-
tene Zonen und kam in den Genuss einer größeren Reise-
freiheit als andere Franzosen.[625]

Dincklage war 1935 von Goebbels zum Spion der Abwehr ernannt worden, nach der Besatzung wurde er Sonderattaché der deutschen Botschaft in Paris. Unter dem Schutz seiner diplomatischen Immunität begann Dincklage mit dem Aufbau eines Propaganda- und Spionagenetzwerks in Frankreich. Als deutscher Agent hatte er schon in den 1930er-Jahren an der Côte d'Azur, in Tunis und auf dem Balkan für die Nazis gearbeitet. Seine Regimetreue zeigte sich auch darin, dass er sich nach dem Erlass der »Nürnberger Gesetze« im Jahr 1935 von seiner Frau trennte, mit der er 15 Jahre zusammengelebt hatte, da sie entsprechend der Nazi-Definitionen als »Halbjüdin« galt. Bei Kriegsausbruch 1939 hielt er sich in der neutralen Schweiz auf und versorgte nun die Nazis mit Informationen über die Haltung des Landes zum Krieg.[626]

Am 16. Juni 1940 erfolgte die Besetzung von Paris durch Nazi-Deutschland. Zunächst wollte Coco Chanel wie die meisten Pariser die Stadt so schnell wie möglich verlassen und fuhr ins südfranzösische Corbères zu ihrem Neffen André Palasse. Die Verkündigung der Niederlage Frankreichs nahm Chanel fassungslos und mit Sorge wahr. Sie wusste aber immer, wie sie ihr mittlerweile immenses Netzwerk für sich verwenden konnte. Sogar Pierre Laval, der wichtigste Minister Pétains in der Vichy-Regierung, sollte von Nutzen für sie sein. Lavals Tochter, Josée Laval de Chambrun, war die Frau von René de Chambrun, Chanels Anwalt. Sie und die Ehefrauen einiger anderer Vichy-Minister zählten zu Chanels Kundinnen in Deauville und Paris.[627]

Coco Chanel hatte keine Berührungsängste mit den Nazi-Funktionären, die während der Besatzungszeit im Ritz aus und ein gingen. Sie nutzte diese Beziehungen vielmehr, um sich für ihren Neffen André Palasse einzusetzen. Er leitete die Chanel-Seidenwerke in Lyon und war von den Nazis gefangen genommen worden.[628] Behilflich dabei war ihr der Doppelagent Baron Louis de Vaufreland, mit dem von Dincklage sie bekannt gemacht hatte. Vaufreland erwartete von ihr allerdings eine Gegenleistung. Chanels Ruhm, ihre Reputation und ihr gesellschaftliches Netzwerk könnten den Besatzern nützlich sein. So reiste sie mit de Vaufreland zwei Mal nach Madrid, finanziert mit Nazigeld, unter dem Anschein, dort eine Boutique zu eröffnen. Tatsächlich sollte sie Frauen und Männer zur Spionage für das NS-Regime anwerben.[629] Im Frühjahr 1941 arrangierte Chanel ein Treffen mit Hermann Niebuhr, Offizier der deutschen Abwehr, und Vaufreland in ihrem Büro in der Rue Cambon. Niebuhr versprach Chanel die Freilassung ihres Neffen, wenn sie für die Deutschen in Madrid wichtige Informationen beschaffe.

In den Akten der Berliner Registratur der deutschen Abwehr war Chanel als Agentin F-7124, mit dem Codenamen »Westminster« verzeichnet. In den französischen und britischen Akten wird die Spanienreise von Vaufreland und Chanel als Teil der Anstrengungen des deutschen Militärgeheimdienstes beschrieben, neue Agenten anzuwerben. In Madrid war es auch zu einem Treffen zwischen Coco Chanel und de Vaufreland mit dem britischen Diplomaten Brian Wallace und dessen Frau gekommen. Inhalt des Austauschs war die konkrete Situation der Besatzung.[630] Eine weitere Spanienreise unternahm Chanel schließlich zusammen mit Dincklage und dem Ziel, über den britischen Botschafter Sir Samuel Hoare mit Westminster Kontakt aufzunehmen, um dessen Verbindung zu Churchill zu nutzen, bekannt unter dem Namen »Operation Modellhut«.[631]

Im Zuge der Spionageaktivitäten reiste Chanel mit Dinck-lage außerdem nach Berlin ins Reichssicherheitshaupt-amt zum SS-Nachrichtendienstchef Schellenberg.[632]

Nach Kriegsende musste sich Chanel für ihre Zusam-menarbeit mit den Nationalsozialisten vor den Alliierten verantworten. Sie stand auf der schwarzen Liste der Nazi-Kollaborateure, die 1942 in der Zeitschrift *Life* veröffent-licht wurde.[633] 1946 verhörte sie Richter Roger Serre unter anderem wegen der spanischen Mission mit Vaufreland.[634] Über Chanels Spionagetätigkeit wurden viele Gerüchte verbreitet. Letztlich konnte man ihr nichts nachweisen. Es kam nur zu einer kurzzeitigen Inhaftierung. Vermut-lich dank der Intervention von Churchill wurde sie schließlich entlassen und ging 1944 für einige Jahre ins Schweizer Exil.[635] Dincklage stieß in 1945 zu ihr und lebte dort noch mehrere Jahre mit ihr zusammen.[636]

Freiheitsliebe und Selbstbestimmtheit

Die Beziehung zu Dincklage und die Kooperation mit den Nazis zeigt Chanels Skrupellosigkeit und Unbeirrbarkeit darin, das zu unternehmen, was sie gerade wollte, unge-achtet moralischer oder ethischer Vorstellungen. In ihren Memoiren schrieb sie: »Ich hasse es, mich zu erniedrigen, das Rückgrat zu krümmen, Demut zu bekunden, meine Gedanken zu verschleiern, nicht nach meinem eigenen Gutdünken zu handeln. Heute wie damals flammt mein Stolz auf in allem, was ich tue, (...) in meiner ganzen Person mit dem mir eigenen Absolutheitsanspruch. Ich bin der einzige noch nicht erloschene Vulkankrater der Auvergne.«[637] Sie zeigt hier die Rigorosität einer Frau, die sich nichts vorschreiben lässt, die ihren Willen durchsetzt und ihren Weg geht, auch wenn die Welt um sie herum zusammenstürzt.

Trotz aller Härte und Unnachgiebigkeit, die Coco Chanel sich auch selbst zuschrieb, war sie von großer Sensibilität, besonders bei der Einschätzung von Menschen. Sie spürte intuitiv, ob jemand ihre Loyalität wert war. Sie neigte aber auch zur Eifersucht und war nicht bereit, Freunde mit anderen zu teilen. Ihre Freunde kannten sie jedoch als äußerst freundlich und großzügig. Menschen, die sie liebte, überschwemmte sie geradezu mit ihren Gefühlen.[638]

Chanel hatte einige Affären, zahlreiche Freunde und Bekannte und bewegte sich in einer illustren Gesellschaft. Dennoch bezeichnete sie sich als Einzelkämpferin und alleinstehend. Allerdings hasste sie das Alleinsein, sie würde viel dafür geben, nicht allein sein zu müssen, bekannte sie einmal.[639] Schon als Kind hatte sie sich daher in die Welt der Bücher geflüchtet, die ihr Trost gaben und die für sie ihr Leben lang von Bedeutung waren: »Bücher waren immer meine besten Freunde. Das Radio ist eine Lügenkiste, das Buch eine Schatztruhe. (...) und auch die dümmsten Romane setzen menschlicher Erfahrung ein Denkmal.«[640] Im Laufe der Jahre baute sie sich so eine ansehnliche Bibliothek in ihren Villen auf mit Werken von antiken Autoren über Büchern des 16. bis 18. Jahrhunderts bis hin zur zeitgenössischen Belletristik. So las sie Werke antiker Autoren wie Sophokles oder Vergil, aber natürlich auch französische Literatur von Rabelais, Baudelaire, Verlaine, Proust, Claudel, Appollinaire oder Mallarmé.[641]

Coco Chanels Freiheitsliebe zeigt sich schließlich auch in ihren Modekreationen. Mit ihr gewann Mode eine neue

Bedeutung, sie war nicht mehr nur Schmuck und »Fassade«, sondern diente den Frauen vor allem zur Befreiung von Konventionen und Stereotypen.[642] Chanels Blick auf ihre Produktionen war nüchtern: »Mit Enthusiasmus muss man über Mode sprechen, ohne all diesen Schwachsinn, all diese Poesie oder gar Literatur. Ein Kleid ist weder eine Tragödie noch ein Gemälde: Es ist eine reizvolle und ephemere Kreation, kein unvergängliches Kunstwerk.«[643] Sie habe ein Vierteljahrhundert lang Mode kreiert, weil sie ihre Epoche auszudrücken vermochte, wie sie selbst schrieb. Sie habe Sportkleidung für sich erfunden, nicht weil andere Frauen Sport trieben, sondern weil sie selbst es tat.[644]

Der Schlüssel zur Freiheit lag für Chanel in der finanziellen Unabhängigkeit: »Schon in jungen Jahren hatte ich begriffen, dass man ohne Geld nichts ist, mit Geld aber alles schaffen kann. Die andere Möglichkeit war, zu heiraten und sich in Abhängigkeit zu begeben. Ohne Geld müsste ich wohl oder übel brav sitzen bleiben und warten, bis ein Mann mich holte. (...) Ich wiederholte mir ständig: Geld ist der Schlüssel zur Freiheit. (...) ich war zwölf als es mir bewusst wurde, dass es tatsächlich so ist.«[645] Zugute kamen ihrem Naturell und schließlich ihrem Erfolg eine unermüdliche Arbeitswut und das Gefühl der Befriedigung durch Arbeit. Nichts entspanne sie mehr als zu arbeiten, und nichts lauge sie mehr aus als Müßiggang. Je mehr sie arbeite, desto mehr Spaß mache es ihr. Sie nahm aus gesellschaftlicher Verpflichtung an Diners und Empfängen teil, aber letztlich zog sie sich abends am liebsten in ihre Suite im Ritz zurück.[646]

Coco Chanel schien zwar dazu bestimmt zu sein, für Frauen Mode zu entwerfen, aber ihr Frauenbild war ambivalent: Sie sah, dass Frauen sich emanzipieren wollten, bescheinigte ihnen aber nur wenig Erfolgsaussichten: »Ich beklage sie. Es sind arme Dinger. Sie wurden nicht erzogen für diese Ellbogengesellschaft, in der wir jetzt leben. (...) Sie begnügen sich nicht mehr mit Kummer, Tränen und einem Revolver aus dem Hause Gastine-Renette. Sie wollen Besseres und haben in ihrem Männlichkeitswahn nicht begriffen, dass der Mann das Opferlamm liebt (natürlich nicht das eigene, das der anderen wohlgemerkt).«[647] Sogar gehässig klingt es, wenn sie Frauen als von Neid und Eitelkeit bestimmt schildert. Freundschaft für Frauen – außer zu Misia – empfände sie nicht, denn Frauen seien leichtfertig und unredlich: »Die Männer sind fast alle unredlich, die Frauen sind es in ihrer Gesamtheit.«[648] Frauen brächten Männer durch ihr eitles Geschwätz in Probleme und behinderten deren Karriere.[649] Auch ihr eigenes Frausein sah sie durchaus kritisch: »Die Unbarmherzigkeit des Spiegels wirft mir meine eigene Unbarmherzigkeit zurück: Es ist ein erbitterter Kampf zwischen ihm und mir. Er zeigt, was an Präzision, Effizienz, Optimismus, Begeisterung, Realismus, Kampfgeist, Spottlust und Unabhängigkeit in mir steckt und die Französin ausmacht. (...) Und da sieht man, dass ich eine Frau bin. Ein armes Geschöpf.«[650]

Am 10. Januar 1971 verstarb Coco Chanel in ihrer Suite im Ritz. Drei Tage später wurde sie in der Pfarrkirche La Madeleine bestattet. Unter den Trauergästen waren zahlreiche Prominente aus der Mode- und Kunstwelt wie Salvador Dalí, der Tänzer und Freund Cocteaus Serge Lifar und Yves Saint Laurent.[651] Das Waisenhauskind aus der Provinz hatte es bis ganz nach oben geschafft. Die Pariser Gesellschaft lag ihm zu Füßen.

ANNA MAHLER

Schon bei ihrer Geburt am 15. Juni 1904 zeigte Anna Mahler, dass sie eine gewisse Unabhängigkeit anstrebte, zumindest notierte dies ihre Mutter Alma in ihren Lebenserinnerungen: »Anna Mahler kam an einem schönen Junitag, mittags um zwölf Uhr an. Die Luft war still, die Vögel sangen, ehe Arzt und eine weise Frau da waren, war sie schon da. Höchst independent und vorlaut. Man legte sie auf ein Polster – es war nicht nötig, sich um sie zu kümmern. Der Arzt hatte an mir zu tun, weil die Geburt zu vehement war. Anna winselte leise, und ich liebte sie gleich allzusehr.«[652]

Die Beziehung zwischen Alma Mahler-Werfel und ihrer Tochter blieb ein Leben lang schwierig. Anna war ihrer machtversessenen Mutter stets zu unabhängig und schien dies schon bei ihrer Geburt zu zeigen. Ihre Kindheit und Jugend waren geprägt vom künstlerischen und gesellschaftlichen Umfeld ihrer Eltern und Großeltern. Ihr Großvater mütterlicherseits war der Landschaftsmaler Emil Jakob Schindler, ihr Stiefgroßvater der Mitbegründer der Wiener Secession Carl Moll. Von der mütterlichen Seite der Familie kam also das malerische Talent, durch den Vater, Gustav Mahler, die musikalische Prägung. Beides bestimmte Leben und Arbeit von Anna Mahler.

Mit ihrem Vater fühlte sie sich ihr Leben lang in Liebe und Hochachtung verbunden. Gustav Mahler starb allerdings, als Anna erst sieben Jahre alt war. Daher lebte er vor allem in ihrer Erinnerung weiter, als entspannter, sensibler, humor- und verständnisvoller Mensch.[653] Gustav Mahler war ab 1897 als Hofmusikdirektors an der Wiener Hofoper beschäftigt und hatte da bereits seine ersten Sinfonien komponiert. Auch wenn er beruflich und gesellschaftlich stark eingespannt war, nahm er sich die Zeit und las seiner kleinen Tochter immer wieder das Märchen *Gockel, Hinkel und Gackeleia* von Clemens Brentano vor. Gustav Mahler liebte scharfen Witz und gute Einfälle, lachte häufig, bis ihm die Tränen kamen – war ganz anders als das Bild eines schmerzgeplagten Mannes, das seine Frau Alma gern von ihm verbreitete. Die Tochter erinnerte sich im Alter an sein zartes Lächeln, das immer aber auch von tiefem Ernst umspielt war.[654]

Bald nach Annas Geburt zeigte Gustav Mahler seine väterliche Fürsorge, als er nach Maiernigg fuhr und ein Kinderbett und Thonet-Kindersesselchen mit Tisch für sie besorgte. Vor dem Haus baute er einen Spielplatz für seine beiden Töchter.[655] Auch seine Briefe bezeugen die Sorge des Vaters um seine Tochter, als es Anna, genannt Gucki, in Toblach gesundheitlich schlecht ging: »Gucki ist es dort sehr elend gegangen. – Sie hat sogar größtentheils stark gefiebert und allerlei unklare Darmzustände gehabt, aber in Toblach binnen 8 Tagen sich so erholt, daß sie unberufen vortrefflich aussieht und famos ißt.«[656] Besonders gut erinnerte sich Anna Mahler an die Zeit, als ihr Vater an der Metropolitan Opera in New York unter Vertrag war. Ab Januar 1908 begannen längere Aufenthalte jenseits des Atlantiks. Manchmal durfte die kleine Anna bei seinen Konzerten und Opern dabei sein, wie beispielsweise bei der Aufführung der Oper *Die verkaufte Braut* 1909. Sie wohnten mit Kindermädchen im Hotel Savoy an der 5th Avenue Ecke 59. Straße, dem heutigen Plaza-Hotel, in einer Suite im neunten Stock, von wo aus sie einen herrlichen Blick auf den Central Park hatten.[657]

Die spätere Bildhauerin erinnerte sich besonders an Mahlers Hände und sein Gesicht oder an gemeinsame Spaziergänge. Aber auch seine strenge Disziplin und sein großes Bedürfnis nach absoluter Ruhe und Konzentration waren ihr stets präsent. In einem Interview sprach sie von seiner Wärme und überwältigenden Liebenswürdigkeit und der besonderen Nähe, wenn sie morgens, wenn er Partituren bearbeitete und nicht an Kompositionen saß, zu ihm gehen durfte: »Ich erinnere mich daran in New York. Ich erinnere mich an sein Zimmer und an seinen Schreibtisch. Ich stand links, beobachtete ihn. Ich erinnere mich an seine Hände, ihre Form und die Flachheit seiner Finger vom vielen Spielen. Ich kann die Seite sehen, an der er arbeitete, die Form des Messers, das er gebrauchte, um Noten wegzuschaben.«[658]

Allerdings war Gustav Mahler in den wenigen Jahren, in denen Anna ihn erlebte, auch ein Vater auf Distanz, der sich in den Ferien in Maiernigg am Wörthersee und in Toblach in seine Komponierhäuschen zurückzog. Nach dem tragischen Tod von Annas Schwester Maria Anna infolge einer Diphterie-Erkrankung im Jahr 1907 und der Diagnose seiner Herzkrankheit, an der er später dann auch verstarb, isolierte er sich noch stärker.[659]

Gustav Mahlers Tod am 18. Mai 1911 war ein tiefer Einschnitt in Annas Leben. Alma zog mit ihr in eine Wohnung in der Wiener Pokornygasse 23, unweit ihrer eigenen Mutter und des Stiefvaters Carl Moll. Sie lebten zurückgezogen und musizierten täglich zusammen, die Witwe wollte nichts anderes mehr machen. Anna konnte bereits mit sieben Jahren Noten lesen und vom Blatt singen, 1910 hatte sie begonnen, Klavier zu spielen, und bald erlernte sie weitere Instrumente wie Cello und Geige.[660]

1913 zog es Mutter und Tochter aus Wien heraus in den Semmering. Gustav Mahler hatte dort in der Ortschaft Breitenstein noch ein Grundstück erworben, auf dem Alma nun eine Villa nach Gustavs Plänen bauen ließ. Breitenstein liegt zwei Bahnstunden von Wien entfernt. Im Wohnzimmer hatte Oskar Kokoschka ein Fresko über dem Kamin geschaffen. Einerseits war die Villa auf dem Semmering Zentrum der Wiener Gesellschaft, wie es zu Lebzeiten Mahlers die Wiener Wohnung gewesen war. Auch nach Breitenstein reiste die intellektuelle und künstlerische Avantgarde Wiens, Musiker, Maler, Schriftsteller, Journalisten oder Geschäftsleute, um die berühmte Witwe zu besuchen, wie Ernst Krenek in seinen Erinnerungen schrieb.[661] Andererseits bot die Abgeschiedenheit am Semmering auch Ruhe und Naturnähe, in der sich Anna künstlerisch entwickeln konnte.

Es ist bekannt, dass sich die Witwe nach Gustav Mahlers Tod schnell mit anderen Männern tröstete. Diese Männer prägten dann, häufig in der Rolle eines Stiefvaters, auch das Leben von Anna Mahler. Almas erster Liebhaber war Oskar Kokoschka. Zwischen ihm und Anna entwickelte sich eine vertraute Beziehung, er besuchte Anna sogar bei den Großeltern, wenn Alma auf Reisen war, und erwähnte sie in seinen Briefen immer wieder liebevoll. Auch Anna mochte Kokoschka und schätzte ihn als Künstler. Ab 1915 wurde Kokoschka dann von Walter

Gropius abgelöst, den Alma am 18. August des Jahres heiratete. Sie hatten bereits eine Affäre gehabt, als Mahler noch lebte. Gropius verbrachte allerdings die meiste Zeit als Offizier an der Front während des Ersten Weltkriegs. Am 5. Oktober 1916 kam Manon Gropius zur Welt, ihre gemeinsame Tochter. Zu der Halbschwester baute Anna eine enge Beziehung auf und litt dann sehr, als Manon schon 1935 an Kinderlähmung starb. Alban Berg widmete ihr sein Violinkonzert *Dem Andenken eines Engels*. Ab 1919 trat Franz Werfel an die Stelle des Stiefvaters, zu dem Anna ebenfalls ein vertrauensvolles Verhältnis aufbaute, das bis zu dessen Tod 1945 anhalten sollte.[662]

Eine ambivalente Mutter-Tochter-Beziehung

Die von einem ihrer Biografen als »Witwe im Wahn«[663] charakterisierte Alma Mahler-Werfel war als Mutter eine lebenslange Herausforderung für Anna Mahler. Zu ihr bestand eine äußerst ambivalente Bindung, die einerseits von großer Nähe, andererseits von wiederkehrender Distanzsuche vonseiten der Tochter geprägt war. Bis zum Tod ihrer Mutter versuchte Anna sich aus deren Fängen zu befreien. Die ständigen gesellschaftlichen Auftritte, Almas Narzissmus, die zahlreichen Männer, deren Anerkennung und Liebe sie suchte, all dies blieb nicht ohne Wirkung auf das Kind und die heranwachsende Frau. Bezeichnend ist eine Notiz aus Alma Mahler-Werfels Erinnerungen, die symbolisch für die Welt der Prominenz im Hause Mahlers stand: »Pfitzner saß an dem Bett meines leicht erkrankten Kindes Gucki Mahler und lehrte es Schach spielen. Ich konnte ihm kaum all das sagen, wes mein Herz voll war, denn schon kamen die ersten Gäste, die ich eingeladen hatte, um ihn zu feiern.«[664] Es saß nicht irgendwer an Annas Bett, sondern der Komponist Hans Pfitzner, und die Mutter hatte keine Zeit für die kranke Tochter, denn sie erwartete eine Gästeschar, die den Komponisten feiern sollte.

Die machtbewusste Mutter bemerkte schnell die Unabhängigkeit des Kindes; in ihren Erinnerungen »Mein Leben« beklagte sie, dass die gerade einmal 13-jährige Anna sie nicht mehr brauche.[665] Anna schützte sich bereits früh vor den Übergriffen der Mutter. Sie grenzte sich ab, ließ sich nicht in die Karten schauen, schwieg lieber, als sich mitzuteilen, womit sie angreifbar gewesen wäre. Sie erkannte früh den schwierigen Charakter der Mutter, liebte und hasste sie zugleich und nannte sie häufig »Tigermami«, weil sie »so gut Sklaven machen konnte«.[666]

Die Musik verband Mutter und Tochter zwar – sie saßen beispielsweise den ganzen Tag zusammen am Harmonium und spielten den zweiten Teil der 8. Symphonie von Mahler –, aber auch hier zog Anna ihre Grenzen, indem sie sich aus der Wagner-Manie ihrer Mutter befreite. Später schilderte sie einen Tag, an dem sie stundenlang gemeinsam aus Wagner-Opern gespielt hatten, und sie entdeckte, dass ihr Bach viel mehr lag: »Und dann kam der schreckliche Tag. Mir war übel, ich hatte zu viel Wagner. Jeden Tag mindestens einen Akt oder zwei, jeden Tag. Und da hab' ich Bach entdeckt. Und das war eine Katastrophe. Denn ich bin gar nicht kriegerisch veranlagt, aber ich bin sehr eigensinnig. (...) Also war ich eigensinnig und hab' Bach angefangen zu spielen, und das hat wirklich furchtbare Situationen mit der Mami gegeben, die einfach ins Bett gegangen ist und geheult hat – weil sie das als Verrat empfunden hat. (...) Und ich hab' plötzlich gegen sie revoltiert. Ich hab' aber nicht nachgegeben. Da war ich zwölf. Es war eine schwierige Zeit als Kind, denn ich wußte nicht, daß ich einfach anfange, ein eigener Mensch zu werden.«[667]

Bereits mit zwölf Jahren grenzte sich Anna also von ihrer übergriffigen, wohl narzisstisch gestörten Mutter ab, indem sie realisierte, dass sie ihren eigenen musikalischen Weg finden musste, und setzte sich gegen Alma durch. Wagner war für Alma Mahler-Werfel quasi heilig, sie pflegte einen wahren Kult um ihn mit dem täglichen Spiel am Flügel, dem »Privataltar, an dem sie Wagner-Opfer darbringt«. Wenn sie in der Hofoper Wagner-Aufführungen verfolgte, geriet sie in Ekstase. Wagners Antisemitismus schreckte sie nicht ab, ganz im Gegenteil, denn sie bediente das Klischee »Kein Jude kann jemals Wagner verstehen«, und ihre Tagebücher sind voll von antijüdischen Äußerungen.[668] Alma sympathisierte auch mit der aufstrebenden faschistischen Bewegung in Italien.[669] Das Musizieren, vor allem am Klavier, war für Anna Mahler dagegen ein Rückzugsort, eine Kompensation erlebter Enttäuschungen.[670]

Die Mutter-Tochter-Beziehung blieb ein Leben lang ambivalent. Alma wollte ihren Einfluss und ihre Macht auf Anna nicht verlieren und kritisierte deren Unabhängigkeitsbestrebungen, genoss aber auch die innigen Situationen, zum Beispiel die gemeinsamen Museumsbesuche während einer Italienreise, bei der sie über Genua nach Elba und Rom fuhren, die Oper besuchten und opulent essen gingen. Alma erinnerte sich, bezeichnenderweise nicht ohne Kritik an der Tochter: »Mit Anna Mahler Kunst erleben, ist ein hohes Glück, weil sie ein absolut sicheres Qualitätsgefühl diesen Dingen gegenüber hat. Mit den

Menschen ergeht es ihr nicht so – da irrt sie leicht.«[671] Alma brauchte die Tochter vor allem als Teil ihrer Entourage, als Begleiterin bei gesellschaftlichen Auftritten wie Konzerten und Empfängen. Und solche Gelegenheiten gab es häufig, wie der gemeinsame Besuch der Generalprobe eines Schönberg-Konzerts im Wiener Musikverein in Gesellschaft von Alban Berg, Schönberg selbst, Franz Werfel und dem Architekten Adolf Loos.[672]

Anna stahl sich, wann immer es ging, aus den Fängen der Mutter, ihren Machtspielen und den gesellschaftlichen Verpflichtungen heraus, wie Elias Canetti treffend analysierte:»Hier, hatte ich das Gefühl, war sie nicht mehr in der Welt ihrer Mutter, jenseits von Erfolg und von Nützlichkeit, ich wußte, daß sie im Wesen feiner und nobler war als jene, weder habgierig noch bigott, aber durch das Machtspiel der kompakten Alten immer wieder in Situationen gezwungen wurde, die mit ihr gar nichts zu tun hatten, die sie nichts angingen, wo sie nach Anweisungen handeln mußte, eine Puppe an bösen Drähten.«[673]

Als Anna sich von ihrer Mutter löste, empfand diese eine Entfremdung. 1920 schrieb sie über den Verlust der Unbeschwertheit, die einmal zwischen ihnen bestanden hatte: »Ich bin zu deprimiert, um Musik zu machen. Sie ist eine Fremde für mich geworden. Ihr Verhalten ist kühl und arrogant.«[674] Anna störte die berechnende Art ihrer Mutter, vor allem, dass sie Menschen in bedeutend oder unbedeutend unterteilte. Sie interessierte sich im Gegensatz zur Mutter immer zuerst für den Menschen an sich und dann erst für das, was er oder sie in der Welt darstellte.[675] Verzeihen konnte sie der Mutter auch nicht, dass diese noch während der Ehe mit Gustav Mahler eine Affäre mit Walter Gropius begonnen hatte. Sie war nicht moralisch entrüstet, sondern empört, weil es den Vater verletzt hatte.[676]

Unglücklicherweise blieb Anna Mahler ihr Leben lang von ihrer Mutter finanziell abhängig. Ihre Briefe an die Mutter bezeugen Geldsendungen und Geschenke aus den USA in den 1940er-Jahren, in denen Anna in London im Exil lebte und unter finanziellen Sorgen litt.[677] Als sie schließlich selbst auch in die USA ging, lebte Anna kurze Zeit bei Alma, bis sie sich, wiederum vom Geld der Mutter, ein eigenes Haus kaufte. Auch hier schlüpfte Anna erneut zeitweise in die Rolle der Begleiterin ihrer Mutter zu gesellschaftlichen Anlässen wie Besuchen bei Arnold Schönberg oder anderen Wiener Emigranten.

Wohlwollend berichtete die Mutter über Anna, wenn sie von den Erfolgen der Tochter erzählen konnte: »Anna, an deren Talent ich nie gezweifelt hatte, hat sich außerordentlich gut entwickelt. Sie war nun endgültig Bildhauerin geworden und hatte eine Reihe ganz hervorragender Skulpturen geschaffen. Ihre Ausstellung in London war ein Erfolg über England hinaus gewesen. Kurzum, sie hatte sich so ziemlich durchgesetzt. (...) Anna hat mir im Leben manchen Kummer bereitet, aber sie hat mich nie enttäuscht.«[678] Bezeichnenderweise nannte Alma Mahler-Werfel in ihrer schlicht geschriebenen und von Promianekdoten überquellenden Autobiografie ihre Tochter meistens mit Vor- und Nachnamen, was für eine Mutter seltsam distanziert anmutet. Aber sie zeigt damit auch, dass Anna mehr als ihre Tochter ist, nämlich eine erfolgreiche Bildhauerin.

Anna wiederum hatte einen klaren, unverfälschten Blick auf den Charakter ihrer Mutter und wusste, wie Alma Menschen in ihren Bann ziehen konnte: »(...) kennt man nicht ihre beiden Seiten, so versteht man sie auch nicht; sie war eine unendlich leidenschaftliche Frau, die unendlich viel geben konnte. Wenn sie einen Raum betrat (...) dann war da sofort eine Elektrizität spürbar (...) und diese Begeisterungsfähigkeit für alles Künstlerische – sie war wie ein Vulkan! Und ging auf jeden Menschen wirklich ein, zu dem sie sprach. Und gab ihm Mut. Mut zu sich selbst und zu seiner Kunst.«[679]

Auch Krenek, Annas zweiter Ehemann, erkannte Alma Mahler-Werfels Machtwillen und wie sie Menschen, die ihr nahestanden, instrumentalisierte: »Sie war damals Anfang Vierzig und sicherlich für jedermann ein lohnender Anblick, ein prächtig aufgetakeltes Schlachtschiff, etwas korpulent, doch nicht zu sehr, und voll unerschöpflicher und scheinbar unzerstörbarer Vitalität. (...) Sie war automatisch darauf aus, sie zu hilflosen Untertanen ihrer Macht zu machen, und dabei ging sie mit überwältigenden Frontalangriffen vor, indem sie die Betreffenden nach allen Regeln der Kunst betörte und bezauberte. Ihre Strategie Frauen gegenüber mag komplizierter gewesen sein, aber wahrscheinlich war sie an Frauen nur insofern interessiert, als sie ihr dazu dienten, die Männer neben oder hinter ihnen zu erreichen.«[680]

Als Alma Mahler-Werfel am 11. Dezember 1964 starb, war es für Anna wie eine Befreiung aus der Sklaverei einer lebenslangen äußerst ambivalenten Bindung, die von Liebe und Hass gleichermaßen bestimmt war. Zur psychischen Befreiung kam das Ende der finanziellen Sorgen, denn Anna konnte nun vom Erbe ihrer Mutter ihren Lebensunterhalt gut bestreiten. Es reichte sogar für zwei weitere Immobilien: ein Haus in London und zunächst ein Palazzo, dann ein Stadthaus in Spoleto.

Von der Malerin zur Bildhauerin

Anna Mahler war gleichermaßen in zwei Künsten zu Hause: der Musik und der Malerei sowie Bildhauerei. Während die Musik, geprägt vom berühmten Vater, vor allem in ihren ersten Lebensjahrzehnten von großer Bedeutung für sie war, wurde die Malerei und später die Bildhauerei zu ihrer eigentlichen Berufung.

Ab dem Jahr 1914 erhielt sie Privatunterricht, spielte Klavier und lernte weitere Instrumente. Sie war wissbegierig und brachte sich viel selbst bei. Mit 14 Jahren etwa begann sie mit Klavierauszügen zu arbeiten, vor allem mit den Symphonien von Gustav Mahler. Die Ernsthaftigkeit, mit der Anna vorging, zeigt sich darin, dass sie sich beispielsweise mit Bruno Walter, einem der bedeutendsten Mahler-Dirigenten, über die 2. Symphonie austauschte. Ab 1919 nahm sie professionellen Klavierunterricht bei dem österreichischen Komponisten und Musikkritiker Richard Robert, dem Lehrer von George Szell, Rudolf Serkin und Hans Gàl.[681]

Während ihrer Beziehung mit Ernst Krenek von 1922 bis 1923 unterstütze sie diesen bei seiner Kompositionsarbeit und fertigte Klavierauszüge seiner Symphonien an, wie der 3. Symphonie oder der Vertonung von Kokoschkas Theaterstück *Orpheus und Eurydike*, in dem der Autor seine Beziehung zu Alma Mahler-Werfel aufarbeitet. Annas Klavierauszug erschien in der Universal Edition.[682] Diese Veröffentlichung ermutigte sie dazu, weitere Aufträge dem Wiener Verlag anzubieten, und so schrieb sie an Emil Hertzka, den Direktor der Universal Edition: »Ich lebe hier in Rom ganz der Malerei gewidmet und höre und sehe nichts von Musik – das fehlt mir denn doch sehr, und da ich doch eigentlich an die Arbeit von Klavierauszügen gewöhnt bin, hätte ich viel Lust, diese Arbeit fortzusetzen. Und da wollte ich Sie bitten, wenn Sie so eine Arbeit brauchen, sich an mich zu wenden.« Sie regte außerdem an, eine Symphonie von Gustav Mahler als Klavierauszug herauszubringen.[683]

Aber auch die künstlerische Seite der mütterlichen Familienlinie schlug bei Anna Mahler durch. Als Enkelin des bedeutenden österreichischen Landschaftsmalers Emil Jakob Schindler begann sie bereits als Kind mehrere Stunden am Tag zu zeichnen. Als Jugendliche porträtierte sie die Gäste im Haus ihrer Mutter.[684] Nach der Trennung von ihrem ersten Ehemann, Rupert Koller, ging sie nach Berlin, wo sie an der Kunstakademie studierte und verschiedene Techniken ausprobierte, wie Holzschnitt oder Illustration. Eine Arbeit aus dieser Zeit ist die Illustration von E. T. A. Hoffmanns Kunstmärchen *Der goldene Topf*. Als 18-Jährige hatten sie Landschaften inspiriert, die sie in expressionistische Pastell-Kreideskizzen umsetzte, wie die Ötztaler Wildspitze oder die Rax im Semmering.[685]

Anfang 1924 ging Anna Mahler für einige Wochen nach Bern, um Unterricht bei Cuno Amiet zu nehmen.[686] Der in Solothurn geborene Maler, Zeichner, Grafiker und Bildhauer hatte sich der Dresdner Künstlergruppe Brücke angeschlossen. Beeinflusst von den Malern des Postimpressionismus ist er auch als »Bonnard der Schweizer« bekannt. Im Herbst 1924 schloss Anna ein Privatstudium bei Giorgio de Chirico in Rom an. Vermittelt hatte es ihr der Musiker Alfredo Casella, ein Freund ihres Vaters. In Rom besuchte sie zudem die Accademia Inglese, wo sie sich unter anderem dem Aktzeichnen widmete. De Chirico, einer der Hauptvertreter der *Pittura metafisica*, der »metaphysischen Malerei«, einem Vorläufer des Surrealismus, der in seinen Bildern mit einer starken Dreidimensionalität arbeitete, brachte Anna schließlich auf den Weg zur Bildhauerei. Auch die Bezüge zur griechischen Antike finden sich bei beiden Künstlern.

Anna Mahlers Gemälde aus den 1920er-Jahren stellen voluminöse Frauenakte dar, Interieurs mit Menschen zuweilen in neusachlicher Manier, auf denen kein Einfluss von de Chirico zu erkennen ist. Hier zeigen sich eher Einflüsse von Antonio Donghi, Mario Sironi, Georg Schrimpf und Wilhelm Lachnit. Auch Picassos Frauengestalten aus seiner klassischen Periode könnten Pate gestanden haben.[687] Die italienische Malerei erkundete Anna Mahler auf einigen Reisen mit ihrem Stiefgroßvater Carl Moll unter anderem nach Venedig und Florenz. Von ihm kam schließlich auch die Anregung, zum Studium nach Paris zu gehen. Zwischen 1927 und 1929 studierte sie dort bei Wassili Schuchajew Malerei.[688]

Einer ihrer wichtigsten Lehrer wurde schließlich der Wiener Bildhauer Fritz Wotruba. Anna empfand die Malerei als eine Art Vorarbeit für die Bildhauerei, ihre Gemälde bezeichnete sie als zweidimensionale Skulpturen. Es war wieder Carl Moll, der ihr zu Wotruba geraten hatte. Der drei Jahre jüngere Künstler war Schüler von Anton Hanak und hatte im Frühjahr 1930 seinen ersten öffentlichen Auftritt bei der Wiener Secession gehabt, seitdem galt er als hoffnungsvolles Talent. Er entwickelte sich bald zu einem der bedeutendsten österreichischen Bildhauer des 20. Jahrhunderts.

Wotruba hatte wohl den größten Einfluss auf Annas künstlerische Entwicklung, was sich in der griechischen

Archaik, strengen Einfachheit und den kubischen Formen ihrer Werke ab 1945 zeigt. Wotruba, Professor an der Wiener Akademie der Bildenden Künste nach 1945, brachte Anna zum Stein und zu der direkten Bearbeitung des Steins mit dem Meisel. Das war zu der Zeit für Frauen noch ungewöhnlich, fand aber nach der Jahrhundertwende zunehmend Verbreitung.[689] In seinen zeichnerischen Arbeiten sind Einflüsse von Klimt, Schiele und Kokoschka auszumachen, während seine Skulpturen von Anton Hanak und Wilhelm Lehmbruck, später auch von Auguste Rodin und Aristide Maillol geprägt waren. Die Gestaltung des Grabmals der Opernsängerin Selma von Halban-Kurz auf dem Wiener Zentralfriedhof hat frappierende Ähnlichkeit mit der Liegenden von Anna Mahler aus dem Jahr 1936.

Zu den ersten bildhauerischen Arbeiten von Anna Mahler zählen Porträtköpfe. Sie ließ keine Gelegenheit aus, die Musiker, Literaten und Künstler, die bei ihr zu Gast waren, zu porträtieren. Fritzi Massary, Alban Berg, Wilhelm Furtwängler, Carl Zuckmayer, Leo Perutz, Hermann Broch oder Franz Werfel saßen für sie Modell. Bezeichnenderweise hat sie nie ihre Mutter modelliert. Alma sei zu schön, lautete Annas Begründung, und später habe sich die Erinnerung dazwischengeschoben.[690]

Canetti sah in der Arbeit an den Porträtköpfen einen symbolischen Akt: »Schwere Arbeit galt ihr als ehrenvoll, das hatte sie schon von ihrem Vater geerbt, aber nun war sie von ihrem jungen Lehrer Wotruba, der in hartem Stein arbeitete, sehr nachdrücklich daran erinnert worden. Natürlich modellierte sie auch, besonders Köpfe, und das war dann nicht harte Arbeit, sondern etwas ganz anderes, das war ihr einziger Zugang zu Menschen, der nicht durch die Herrsch- und Liebesgewohnheiten ihrer Mutter verstellt war.«[691]

Bald wagte sie sich auch an Ganzkörperskulpturen wie ein in Stein gehauenes stehendes Figurenpaar, das an Adam und Eva erinnert, oder die *Stehende mit Kelch*, eine Gewandfigur mit offenem Haar, eine moderne Heilige. Im Jahr 1936 folgte die *Stehende*, eine Venusfigur aus Stein, mit einem um die Unterschenkel geschlungenen Tuch, die eine Referenz an die *Venus von Milo* aus dem Louvre darstellte; im selben Jahr entstand ihre *Liegende*. Bei all diesen Arbeiten klangen Einflüsse von dem deutschen Bildhauer Wilhelm Lehmbruck und von ihrem Lehrer Wotruba an.

Die *Stehende* präsentierte Anna Mahler 1937 auf der Pariser Weltausstellung vor dem österreichischen Pavillon. Es war ihr erster Auftritt vor internationalem Publikum und brachte ihr das *Diplôme de Grand Prix* ein, eine besondere Auszeichnung. Wenig erfreulich waren der benachbarte deutsche und der sowjetische Pavillon mit Albert Speer und dem russischen Künstler Boris Iofan, die einen totalitären Stil vertraten. Im spanischen Pavillon war Picassos *Guernica* zu sehen, das die Schrecken des Krieges symbolisierte.[692]

Anna Mahlers erste Werke entstanden in ihrem Atelier in der Operngasse 4, dessen Atmosphäre Elias Canetti in seinem Erinnerungsbuch *Das Augenspiel* gekonnt einfing: »In ihrem ebenerdigen Atelier in der Operngasse 4 hatte Anna viel Besuch. Es lag im Zentrum der Stadt, Wiens eigentliches Zentrum war ja doch die Oper, und es schien richtig, daß die Tochter Mahlers, nachdem sie die Fesseln ihrer Ehe endgültig abgestreift hatte, gerade dort lebte, wo ihr Vater, der höhere, der Musik-Kaiser Wiens, seine Herrschaft ausgeübt hatte. (...) Es gab aber noch etwas anderes, was Menschen hinzog, und das waren die Porträt-Köpfe, die sie von ihnen machte. Die illustren Leute, die Alma gerne an ihre Person band, ihre Sammlung, aus der sie sich von Zeit zu Zeit welche aussuchte, sei es zur Ehe, sei es zu ihrem Vergnügen, wurden bei Anna reduziert oder soll man sagen erhöht, zu einer Porträtgalerie. Wer bekannt genug war, wurde um seinen Kopf gebeten, es gab wenige, die ihn nicht gern hergaben.«[693]

Annas Atelier war wie eine »Dependance der Bühne«, zu der auch die Dirigenten von der Oper schnell herübergesprungen kamen, wie der »Dirigent de Sabata vom Pulte Mahlers«.[694] Es war ein einfaches Atelier, das der künstlerischen Arbeit diente und gleichzeitig ein ungeheures Maß an Freiheit bot, fern von der Mahler'schen Prunkvilla auf der Hohen Warte und vom Zsolnay-Palais in der Maxingstraße, dem Haus ihres späteren Ehemanns Paul Zsolnay. Und wiederum hatte es Canetti richtig eingeschätzt: »Alle Verpflichtungen zu Empfängen in der Maxingstraße war sie losgeworden. Jetzt mußte sie auf keine Gesellschaft mehr Rücksicht nehmen. Sie verlor keine Zeit, sie stand unter keiner Kontrolle. Wenn sie etwas ärgerte, griff sie zum Meißel. Sie wollte sich die Arbeit so schwer wie möglich machen. (...) Eine Anspannung des Willens, in der unteren Hälfte ihres Gesichts glich sie sehr ihrem Vater.«[695]

Anna Mahler hatte das Atelier Ende 1934 nach der Trennung von Paul Zsolnay bezogen. Es wurde von Franz Ullmann eingerichtet, einem Studenten des Architekten und Designers Josef Hoffmann. Gemeinsam mit Koloman Moser hatte Hoffmann die Wiener Werkstätte gegründet und war einer der Hauptvertreter, zudem ein Freund von Fritz Wotruba. Das Atelier lag ebenerdig auf der linken

Seite des Stadtpalais aus dem 19. Jahrhundert, direkt ge-genüber der Hofoper. Der gläserne Eingang ließ viel Licht in den großen Raum, der in einen Schlaf- und Wohn-Arbeitsbereich unterteilt war.[696]

Mahlers Atelier wurde auch für politische Aktivitäten genutzt. Am 11. März 1938 trafen sich dort Unterrichts-minister Hans Pernter und der Journalist Anton Kuh, um einen Schulterschluss zwischen Regierungstreuen und Linken zu erreichen. Anna ging am gleichen Tag zum Generaldirektor des Rundfunks, Oskar Czeija, um ihn zu einem »Aufruf zu Österreich« aufzufordern. Noch 1938 arbeitete Anna an der von Otto Basil herausgegebenen Kulturzeitschrift *Plan* mit. In der ersten Ausgabe vom Januar ist ihre *Stehende* aus dem Jahr 1936 ganzseitig abgebildet. Die Autoren und Autorinnen der Zeitschrift bekannten sich klar zur Avantgarde und positionierten sich gegen die nationalsozialistische Kunstauffassung. Sie wandten sich gegen jede Reglementierung und Gleich-schaltung und sprachen sich für Freiheit und Unantast-barkeit der Kunst aus.[697]

Politisch stand Anna links und damit auch Franz Werfel nahe, im Gegensatz zu ihrer Mutter, die immer mehr nach rechts abdriftete. Anna war häufig zu Gast bei Veranstal-tungen der kommunistischen Partei Österreichs, war aber kein aktives Parteimitglied. Bis zuletzt war sie optimis-tisch, dass der »Anschluss« Österreichs an Hitler-Deutsch-land noch verhindert werden könnte. Sie unterstützte die Volksbefragung, die Bundeskanzler Kurt Schuschnigg ini-tiiert und die für den 13. März 1938 geplant war. Sie sollte den Österreichern Gelegenheit geben, selbst zu entschei-den, ob sie zu Nazi-Deutschland gehören wollten oder nicht.[698]

Anna Mahlers frühe Bildhauerarbeiten wurden während des Zweiten Weltkriegs tragischerweise alle zerstört. Im März 1938 hatte sie die Flucht angetreten und musste ihre Skulpturen und Porträtköpfe im Atelier in der Operngasse zurücklassen. Ein paar von ihnen waren im Glashaus der Zsolnay-Villa in Hietzing verblieben, aber auch sie überstanden die Nazis und die Fliegerangriffe der Alliierten nicht.[699]

Die ersten beiden Ehen

Schon im Alter von 16 Jahren heiratete Anna Mahler. Über ihre Freundin, die Malerin Broncia Koller, hatte sie deren Bruder Rupert, einen Musiker, kennengelernt. Die Geschwister stammten aus einer kultivierten, wohlhabenden Familie mit einer Stadtwohnung in der heutigen Argentinierstraße in Wien und einem Gut in Oberwaltersdorf südlich der Stadt. Der Vater, Hugo Koller, war Arzt, Physiker, Geschäftsmann und Forscher. Anna fühlte sich bei der Familie insgesamt sehr wohl, was eine große Rolle bei der Entscheidung zur Heirat mit Rupert Koller spielte.[700] Alma Mahler-Werfel vermerkte in ihrem Tagebuch, dass Anna nach der Rückkehr vom Besuch bei den Kollers in Oberwalterdorf sehr verliebt war. Auf Anspielungen der Mutter wurde sie ernst und erwiderte: »Es ist mehr, Mami …«[701] Am 2. November 1920 heiratete Anna Rupert Koller. Die Vermählungsanzeige war auf das Jahr 1921 datiert.[702]

Krenek schilderte Koller als großen, schlanken Burschen und recht sympathischen Kerl, dem aber die flotte, verführerische Eleganz oder die dämonische, intellektuelle

Statur fehlte, die für Alma Mahlers Partner kennzeich-
nend waren und von denen man hätte annehmen sollen,
dass sie auch für das junge Mädchen attraktiv wären.
Nach seiner Schilderung habe Anna Koller eigentlich nur
geheiratet, weil sie sich, ohne es zu wissen, in seinen Vater
verliebt hatte.[703] Nach der Hochzeit ging das Paar nach
Wuppertal, wo Rupert Koller eine Stelle als Korrepetitor
angenommen hatte, Krenek zufolge war es ein Posten als
Dirigent am Städtischen Opernhaus. Die Ehe war eine
Fehlentscheidung, denn die Trennung erfolgte bereits ein
Jahr später, im Sommer 1921, die offizielle Scheidung erst
im Juli 1923, als Anna volljährig war.

Anna ging zunächst zurück nach Wien, kurz darauf
aber nach Berlin, mit Zwischenstation in Weimar, wo
Gropius als Direktor der Bauhaus-Schule arbeitete. Anna
war unglücklich über die Trennung, war aber »mit ihrem
Mann vollkommen fertig«, wie Alma Mahler-Werfel in
ihrem Tagebuch im September 1921 notierte.[704] In Berlin
lebte Anna in einer Pension in der Nähe des Wittenberg-
platzes unter der Obhut von Walter Gropius, der zwischen
Weimar und Berlin hin- und herpendelte. Anna wollte
sich im Zeichnen und Malen weiterbilden, wobei sie das
Angebot, am Bauhaus in Weimar zu studieren, abgelehnt
hatte, da sie lieber im großen, anonymen Berlin leben und
studieren wollte, auch um weit entfernt von ihrer Mutter
zu sein. [705]

In Berlin dauerte es nicht lange, und ihr zweiter Mann
trat in ihr Leben: Ernst Krenek. Sie hatten sich während
eines Faschingsballs 1922 kennengelernt. Der Komponist
verliebte sich in Anna, aber die Tatsache, dass sie die
Tochter des berühmten Gustav Mahler war, spielte durchaus auch eine Rolle bei seinem Interesse, wie er selbst

zugab: »Es war in jenem Winter, daß Schreker mich bei einem der offiziellen Hochschulbälle dem einzigen lebenden Kind Gustav Mahlers, seiner Tochter Anna, vorstellte. (...) Ich glaube, daß ich absolut unfähig bin auch nur die wenigen gängigen Phrasen, die mir zu Gebote stehen, anzuwenden, um einen Menschen zu beschreiben, der mir einige Jahre lang so nahe war wie Anna Mahler. (...) Ich bezweifle nicht, daß die junge Dame mir von Anfang an sehr attraktiv erschien, aber ich bezweifle auch nicht, daß der Gedanke, mich mit einem Sprößling des hochverehrten Meister zu unterhalten, meiner Eitelkeit schmeichelte. Und ich habe auch keinen Zweifel daran, daß ich das Mädchen begehrte, aber das bedeutet nicht viel, weil jeder normale Mensch ständig von Wünschen dieser Art bedrängt wird.«[706] Krenek war damals fest entschlossen, um sie zu werben. Sie wurde ihm beschrieben als frühreifes, eigenwilliges und höchst exzentrisches Kind, was ihn faszinierte.[707]

Krenek lebte erst kurze Zeit in Berlin, wohin er seinem Lehrer Franz Schreker aus Wien gefolgt war. Im Herbst 1921 wurde Kreneks 1. Symphonie Opus 10 von den Berliner Philharmonikern unter der Leitung von Hermann Scherchen uraufgeführt. Gemeinsam mit Walter Gropius und Wassily Kandinsky saß Anna im Publikum.[708] Sie unterstütze Krenek von Anfang an bei seinen kompositorischen Arbeiten und schlüpfte in die gleiche Rolle wie ihre Mutter bei Gustav Mahler. Sie unternahmen gemeinsame Reisen an die Ostsee, nach Donaueschingen zu den Kammermusiktagen oder zur Uraufführung seiner 2. Symphonie in Kassel. Die Wintermonate verbrachten sie in Breitenstein auf dem Semmering, in »Almas Affenzirkus, in dem es wie immer hoch herging«, wie Krenek bissig bemerkte.[709] Über Krenek kam Anna mit anderen Musikern in Kontakt wie Eduard und Irene Erdmann, dem Pianisten Artur Schnabel oder der australischen Geigerin Alma Moodie.[710]

In Berlin lebten Krenek und Anna Mahler zurückgezogen. Krenek beschrieb sie als zurückhaltend und in sich gekehrt, »vermutlich als bewußte oder unbewußte Reaktion auf das Getümmel im Haus ihrer Mutter. Wenn sie allein war, neigte sie dazu, beliebig lange in einer Art sinnlicher, apathischer Trägheit zu Hause zu bleiben, auf der Couch zu liegen und ununterbrochen zu lesen und zu rauchen«.[711] 1923 vertonte Krenek Kokoschkas Drama *Orpheus und Euridike* als Oper. Das Hauptthema war die Problematik von Treue und Erinnerung, eine moderne psychoanalytische Interpretation des alten Mythos und zugleich eine autobiografische Referenz auf das Verhältnis von Alma und Oskar Kokoschka.[712]

Nach der Uraufführung des 1. Klavierkonzerts von Krenek durch Eduard Erdman in Winterthur regte der Industriellensohn und Mäzen Werner Reinhart an, dass die beiden in der Schweiz bleiben könnten, finanziell unterstützt von ihm.[713] Reinhart, ein Junggeselle in den Vierzigern, empfing sie fürstlich in seiner »altmodischen Villa« mit einem großen Garten, unweit vom Stadtzentrum Winterthurs. Auch Alma Moodie, die australische Geigerin, war anwesend.[714]

Die Reinharts verdankten ihren Reichtum und ihre gesellschaftliche Stellung dem Besitz des Geschäftshauses der Gebrüder Volkart, einer der größten Importfirmen der Zeit auf dem Kontinent. Das sagenhafte Vermögen der Familie stammte aus dem Handel mit Waren aus Asien und Indien. In der Villa waren zahlreiche Objekte zu bestaunen, die daher stammten: kostbare Hölzer, indische Keramik, chinesische Vasen, javanische Musikinstrumente oder japanische Schriftrollen. »Die ganze exotische Wildheit und Irrationalität des Orients wurde in den sicheren, ruhigen und unveränderlichen Lebensstil dieser cleveren, weltgewandten und dennoch frommen und erzkonservativen Schweizer Superbourgeois hineintransportiert.«[715] Werner Reinhart selbst wohnte in der Villa Rychenberg, die von einem großen alten, gepflegten Garten umgeben war. In der Firma hatte er die Stellung eines Direktors oder Vizepräsidenten inne. Es war ein offenes Geheimnis, dass er eine Liebesaffäre mit Alma Moodie unterhielt.[716]

1932 wurde Reinhart mit einem Ehrendoktortitel der Universität Zürich gewürdigt. Fast 40 Jahre lang unterstützte er das Musikkollegium Winterthur in unterschiedlichen Funktionen. Er unterstütze viele zeitgenössische Komponisten wie Igor Strawinsky, Richard Strauss, Arnold Schönberg und Paul Hindemith oder aber auch Dichter wie Rainer Maria Rilke, die er gerne in seiner Villa Rychenberg empfing. Schon 1922 hatte er die Internationale Gesellschaft für Neue Musik und deren Schweizer Sektion mitbegründet.

Von Winterthur aus reisten Anna und Krenek weiter ins Engadin. Von ihrem Zimmer im Hotel Weißes Kreuz in Zuoz erfreuten sie sich an der Aussicht auf die schneebedeckten Schweizer Berge, genossen die Eleganz und Leichtigkeit des Lebens und fühlten sich in einem Zustand »ständiger Benommenheit«. Sie fuhren ein paarmal in den noblen Kurort St. Moritz im oberen Teil des Tals, begaben sich in das schickste und teuerste Hotel, nahmen an der Cocktailbar Platz und waren begeistert von einem der faszinierendsten Panoramen der Welt, das sich ihnen vor dem riesigen Fenster mit herrlichem Ausblick auf den St. Moritzer See und die hohen Gipfel der Berninagruppe bot; sie bestellten ein Glas nach dem anderen, die ganze reichhaltige Getränkekarte herauf und herunter.[717]

Reinhart stellte Krenek ein größeres Stipendium von 10 000 Franken in Aussicht, bliebe er längerfristig in der Schweiz. Für Anna und ihn würden das zwei sorglose Jahre bedeuten. Eine Bedingung jedoch gab es: Sollte er annehmen, müssten sie heiraten. »So bekam die Frage der Heirat plötzlich größte Bedeutung, denn sie war mit der Möglichkeit verknüpft, eine Zeit von beträchtlicher Länge in finanzieller Unabhängigkeit und in einer Umgebung zu leben, die mir mehr als wünschenswert erschien. Ich glaube, daß Anna und ich dann und wann über das Problem gesprochen hatten, aber mehr oder weniger theoretisch, und daß wir es aus unseren Gedanken verbannt hatten, weil es uns nicht von wesentlicher Bedeutung zu sein schien. Vielleicht hätten wir es in einem anderen Licht betrachtet, wenn wir Kinder hätten haben wollen.«[718] Ihnen widerstrebte der Gedanke zunächst, aber schließlich gingen sie auf das Angebot ein und heirateten am 15. Januar 1924 im Wiener Rathaus.

Über die Ostertage 1924 besuchten Anna und Krenek Rainer Maria Rilke im Château de Muzôt in der Nähe von Sierre, einem Schloss, das Werner Reinhart gehörte. »Das Château de Muzôt war ein kleiner befestigter Turm aus dem 13. Jahrhundert, der auf einer der tieferen Terrassen des nördlichen Talhangs stand, ungefähr eine halbe Stunde Fußweg von der Stadt entfernt«, wie Krenek es beschrieb.[719] Alma Moodie war ebenfalls dort. Rilke las der Gesellschaft aus seinen *Duineser Elegien* vor. Krenek begann mit der Arbeit an seinem Violinkonzert für Alma Moodie, Anna arbeitete den Klavierauszug aus. Anschließend reisten sie nach Zürich, und Anna fuhr weiter nach Venedig in das Haus ihrer Mutter, einen kleinen Palazzo, umgeben von einem Hof und alten Bäumen, unweit der Kirche dei Frari.[720]

Auch die Ehe mit Ernst Krenek war nicht von Dauer. Noch im Jahr der Hochzeit entfernten sie sich voneinander. Die pragmatische Eheschließung wegen des Stipendiums von Reinhart hatte sich als nicht glücklich erwiesen. Auslöser war auch eine Annäherung zwischen Krenek und Alma Moodie, die dem jungen Paar anbot, eine Etage in ihrem Haus in Zürich umsonst zu bewohnen, während sie auf Konzertreise war. In Annas Abwesenheit kamen sich Krenek und Moodie näher, was Anna nicht verborgen blieb und sie schließlich im Herbst 1924 zur Trennung bewog.[721] Die offizielle Scheidung erfolgte zwei Jahre später, am 28. August 1926.

In den Jahren nach der Trennung reiste Anna Mahler viel und hielt sich immer wieder in Italien auf, auch um sich in der italienischen Malerei auszubilden. Zeitweise wohnte sie im Familienhaus in Venedig oder in Rom, wo sie sich mit ihrer Freundin Rosemarie in Trastevere eine Wohnung teilte und das unabhängige Leben genoss. Mit ihr unternahm sie Reisen nach Jugoslawien, Spanien, Marokko und Griechenland.[722]

Verlegergattin

Nach fünf Jahren in Unabhängigkeit trat der nächste Mann in Anna Mahlers Leben: Paul Zsolnay. Nicht unbeteiligt an der »Verkuppelung« war Alma Mahler-Werfel. In ihren Erinnerungen schrieb sie, dass sie Anna nach einer Krankheit zur Erholung auf den Semmering geschickt hatte. »Es traf sich, daß auch Paul von Zsolnay ins Kurhaus hinauffuhr. Wenig später kam Paul von Zsolnay nach Wien und bat mich um Annas Hand. Der Vater Zsolnay wollte in diese Ehe um keinen Preis einwilligen. Es kam zu häßlichen Auftritten und Ehekontrakten, aber nun sitzt Anna brav, gefüllt mit Protest bis an den Rand, in ihrem schönen Schloß.«[723] Die Mutter hatte die gemeinsame Zugfahrt arrangiert.

Paul Zsolnay wurde 1895 in Budapest geboren und war 34 Jahre alt, als er Anna traf. Er kam aus einer wohlhabenden Familie und hatte Landwirtschaft studiert. Er begeisterte sich für Literatur und gründete 1924 in Wien einen Verlag, der seinen Namen trug.[724] Ein erstes erfolgreiches Buch, das dort erschien, war Franz Werfels Roman über Verdi.[725]

Pauls Vater, Adolf von Zsolnay, war Tabakhändler und Antikensammler. Die Familie besaß in Oberufer bei Bratislava ein repräsentatives Schloss auf dem Land, wo namhafte Künstler, Musiker und Schriftsteller wie Gerhart Hauptmann, Richard Strauss, Felix von Weingartner, Hugo von Hofmannsthal, Arthur Schnitzler oder Felix Salten empfangen wurden, natürlich auch Alma Mahler und Franz Werfel.[726]

Nach Hitlers »Machtergreifung« 1933 gingen dem Verlag für seine jüdischen Autoren wie Felix Salten oder

Franz Werfel weite Teile des deutschen Absatzmarktes verloren. Mit dem »Anschluss« Österreichs 1938 wurde der Verlag schließlich »arisiert«. Nach außen hin leiteten Albert Jantsch-Steerbach und Hannes Dietl das Unternehmen, Zsolnay und sein Partner Felix Costa führten aber im Verborgenen weiterhin die Geschäfte. Zsolnay ging schließlich unter dem Vorwand einer Geschäftsreise nach London ins Exil. 1939 wurde der Verlag von den Nazis geschlossen. Nach Ende des Zweiten Weltkriegs und der Rückkehr Zsolnays nach Wien 1946 plante er den Wiederaufbau des Verlagshauses.[727]

Bei Paul Zsolnay hatte die arrangierte gemeinsame Zugfahrt zum Semmering gefruchtet, er verliebte sich in die kluge und gebildete, neun Jahre jüngere Frau und wollte sie schnellstmöglich heiraten. Anna dagegen stand ihm erst einmal reserviert gegenüber.[728] Aber noch Ende 1929 wurde geheiratet, und beide gingen zum Jahreswechsel 1929/30 nach Ägypten auf Hochzeitsreise. Da war Anna bereits schwanger, ihre Tochter Alma wurde am 5. August 1930 geboren.

Das Leben als Verlegergattin ging mit intensiven gesellschaftlichen Verpflichtungen einher. Nach Premieren von Werken der Zsolnay-Autoren im Burgtheater fanden im Kaunitz-Schlössl, der Wiener Familienvilla, Empfänge statt. Elias Canetti ermöglichte Anna beispielsweise, Werke, an denen er arbeitete, im Hause Zsolnay vorzutragen, »vor einer kleinen, urteilsfähigen und in praktischen Dingen auch des Theaters erfahrenen Gesellschaft«. Anna übermittelte ihrer Schwiegermutter das Manuskript von *Kant fängt Feuer*. Sie sei die eigentliche Gastgeberin im Palais in der Maxingstraße gewesen; auch wenn die Einladungen zur Lesung offiziell von Anna ausgingen.[729] Für

Anna waren die gesellschaftlichen Verpflichtungen zwar vertraute Situationen, die sie von ihrer Mutter her kannte, aber insgeheim nahm sie am gesellschaftlichen Leben nur mit halber Freude teil, da sie immer mehr spürte, dass sie ein unabhängiges Leben als Künstlerin führen wollte. Wann immer sie konnte, verbrachte sie Zeit im Glashaus, das im Garten der Villa lag und ihr als Atelier diente. Dort arbeitete sie an ihren Skulpturen und lud ihre Freunde ein.[730]

Auch die dritte Ehe währte nicht lang. Nach fünf Jahren entschied sich Anna Mahler für die Trennung von Zsolnay, da sie im Leben mit ihm zu wenig selbstbestimmt agieren konnte. Die Ehe wurde zudem 1931 überschattet von einem Skandal, denn Anna hatte eine Affäre mit René Fülöp-Miller begonnen, dem Autor von *Der heilige Teufel. Rasputin und die Frauen*, das 1927 im Zsolnay-Verlag erschien. 1934 zog Anna aus der Zsolnay-Villa aus und mietete sich eine kleine Atelierwohnung in der Operngasse, gegenüber der Hofoper. Die Tochter blieb beim Vater, Anna fühlte sich noch nicht in der Lage, allein ein Kind zu erziehen. Deswegen plagten sie jedoch ihr Leben lang Schuldgefühle. Nach der Scheidung am 24. Juli 1935 erhielt Paul Zsolnay das Sorgerecht. Zu dieser Zeit sah Anna ihre Tochter selten, erst als sie in London lebte, kamen sie sich näher. Paul Zsolnay starb am 13. Mai 1961 in seinem 66. Lebensjahr in Wien, nach seiner Rückkehr von einer Reise in die USA und nach London.[731]

Im Londoner Exil

Unmittelbar nach dem »Anschluss« Österreichs an Nazi-Deutschland verließen Anna und Alma Mahler am 13. März 1938 Wien, zunächst über Prag, Budapest, Mailand nach Paris. Von dort aus floh Anna dann ohne ihre Mutter weiter nach London, wo sie einige Jahre lebte.[732] Für sie war der Weggang aus Wien auch ein willkommener Schritt in ein neues Leben, fern von der übergriffigen Mutter und mehr bei sich selbst angekommen: »Ich war dem Hitler dankbar, daß er mich aus Wien rausgeschmissen hat. Gott sei Dank, und England kennen gelernt, was ich geliebt habe. Sofort. Aber diese Menschen leiden doch unter Heimweh, und ich weiß nicht, was das ist. Nein, ich brauch's nicht, eine Zuflucht. Das klingt zwar etwas blöd. Ich bin einfach in mir selbst zu Hause, ich kann's nicht anders sagen. Und da ich mich überall mitnehme, ist es für mich ganz in Ordnung.«[733]

In London wohnte sie zunächst in Paddington, dann im Künstlerviertel Hampstead, wo sie sich wieder ein Atelier gemietet hatte. Rasch war sie mit anderen Exilanten in Verbindung, darunter Arthur Schnabel, Vera und Elias Canetti, Sigmund und Anna Freud. Auch Zsolnay und die Tochter Alma traf sie in London wieder. Allmählich baute sie zu dem Kind eine Beziehung auf. Sie besuchte Konzerte, unter anderem die Aufführung von Gustav Mahlers 9. und 1. Symphonie unter der Dirigentschaft von Bruno Walter. Sie traf sich mit Otto Klemperer, dem Musikwissenschaftler und Mahler-Biografen Alfred Rosenzweig oder der Pianistin Edith Vogel.[734]

Auch setzte sie sich für Emigranten ein und trat dem Vorstand der Musikgruppe des am 16. März 1939 in London gegründeten Austrian Centre bei, einer Organisation österreichischer Immigranten, die sich um Flüchtlinge kümmerten und für ein soziales und kulturelle Leben im englischen Exil engagierten. Zum Austrian Centre gehörten Einrichtungen wie die Kabarettbühne Laterndl, eine Bibliothek, Räume für Sprachkurse, ein Café sowie ein Redaktionsbüro für die Zeitschrift *Zeitspiegel.* Neben Oskar Kokoschka war Anna Mahler eines der bekanntesten Mitglieder im Vorstand der Organisation.[735]

Ende 1941 begegnete Anna in London dem russischen Dirigenten Anatole Fistoulari. Wie sie in einem Interview betonte, war er die Liebe ihres Lebens.[736] Bald zogen sie zusammen, und am 1. August 1943 wurde die gemeinsame Tochter Marina geboren. Am 3. März desselben Jahres hatten sie geheiratet. Anatole Fistoulari kam aus Kiew, hatte während des Zweiten Weltkriegs in der französischen Armee gedient und war 1940 nach einer Verletzung vor den Deutschen nach London geflohen. Der charmante und attraktive Musiker galt in seiner Heimat als Wunderkind. Seine Karriere hatte ihn in den 1930er-Jahren nach Paris geführt, wo er mit dem russischen Opernsänger Fjodor Iwanowitsch Schaljapin arbeitete. Mit Annas Hilfe und Beratung studierte er in London Mahler-Symphonien ein. Anna hat für ihn zudem als Korrepetitorin und Ballettpianistin gearbeitet. Gemeinsam bezogen sie nach der Geburt von Marina eine größere Wohnung in 21 Campden Hill Court. Unweit davon, in Holland Park, mietete Anna ein Studio in einem Glashaus.

In London konnte Anatole einige Erfolge verzeichnen, wie die Aufführung der Mussorgski-Oper *Der Jahrmarkt von Soroschinzy* im Oktober 1941 mit dem London Symphony Orchestra im Savoy Theatre. Doch das Glück der ersten gemeinsamen Jahre hielt nicht lange an. Die Gründung eines eigenen Orchesters im April 1946 nahm ihre ganze Zeit und Kraft in Anspruch und führte das Paar schließlich in den finanziellen Ruin. Fistoulari pflegte darüber hinaus außereheliche Affären, was Anna zu dem Entschluss brachte, London zu verlassen und in die USA zu ihrer Mutter gehen, wozu Alma sie schon länger bewegen wollte.[737]

Los Angeles

Nach der Enttäuschung mit Fistoulari und einer kurzen Reise in die USA im März 1948 ging Anna mit ihrer Tochter Marina im November 1950 schließlich endgültig in die USA und folgte dem Ruf der Mutter.[738] In der ersten Zeit wohnte sie bei Alma, besuchte aber regelmäßig ihre Freundin Gina Kaus, eine Schriftstellerin und Drehbuchautorin. Sie hatte Anna angeboten, in ihrem Haus und Garten in Hollywood zu arbeiten. Anfang 1952 fand Anna schließlich ein Haus in der Oletha Lane in den nördlichen Hügeln von Los Angeles, nahe des Beverly Glen Parks. Das von Alma finanzierte schlichte einstöckige Holzhaus besaß eine Veranda und genügend Raum für Anna und Marina zum Wohnen und Arbeiten. Seit dieser Zeit verband Anna eine intensive und lebenslange Freundschaft mit Manon Manion, die ebenfalls in der Oletha Lane lebte. Die gebürtige Wienerin war die Stieftochter der Sopranistin Lotte Lehmann.[739]

In der idyllischen, naturnahen Gegend kam Anna Mahler zu sich selbst. Sie führte ein ruhiges und materiell bescheidenes Leben und widmete sich voll und ganz der

Bildhauerei. Marina erinnerte sich: »Ich hörte immer den Klang ihrer Werkzeuge: Hammer und Meißel. Die gaben den Rhythmus vor – sonst gab es nur Stille, denn wir lebten sehr abgeschieden. Dann war da überall Marmorstaub und viele kleine Marmorstückchen. Wir lebten schweigend zusammen. Denn sie brauchte die Stille, um arbeiten zu können.«[740] Manchmal sprachen sie über Gustav Mahler, Marinas Großvater, doch eher selten. »Aber was mich sehr beeindruckt hat, ist, was meine Mutter über sein Lächeln sagte. Mein Großvater ist auf allen Fotos sehr ernst. Es gibt ein einziges Bild – an einem Strand in Holland – da lächelt er. Meine Mutter sagte aber, wenn er lächelte, war es, als würde die Sonne aufgehen. Er hatte ein so breites, offenes und gütiges Lächeln. Das hat mich so beeindruckt. Denn ich finde auch in seiner Musik so viel Lebensfreude. Neben der Melancholie, der Leidenschaft, dem Leiden ist da diese Freude.«

Anna sprach nie Deutsch mit ihrer Tochter, doch Marina schnappte immer wieder deutsche Wörter und Sätze von den Gästen im Haus auf. »Es gab damals ja eine große deutschsprachige Kolonie. Da waren die Familien Mann und Schönberg, die ja alle in Los Angeles gelandet sind. Die kamen zu uns nach Hause. Mich schickten sie ins Bett. Aber ich habe mich dann zur Tür meines Zimmers geschlichen und habe den Gesprächen in deutscher Sprache gelauscht.«[741]

Al Joseph

In London war Anna Mahler ihm hin und wieder begegnet, er hatte sie schon in Wien bewundert, in Los Angeles sollte sie ihn erneut treffen und eine dauerhafte Verbindung mit ihm eingehen: Albrecht Joseph.

Am 20. November 1901 in Frankfurt am Main geboren hatte der große Filmschaffende seine Karriere als Regieschüler am Schauspiel Frankfurt begonnen. Mitte der 20er-Jahre war er Regieassistent bei Leopold Jessner in Berlin gewesen; mit Carl Zuckmayer verband ihn eine lange Freundschaft und Arbeitsgemeinschaft. 1930 bearbeiteten beide den *Hauptmann von Köpenick*, der 1931 uraufgeführt wurde. Joseph war Co-Autor des Drehbuchs für den Film und zählte zu Zuckmayers literarischem Henndorfer Kreis.

1929 wurde Albrecht Joseph an der Universität München mit einer Dissertation über Barocklyrik promoviert. Vier Jahre später emigrierte er nach Österreich und floh nach dem »Anschluss« über Italien, Großbritannien und Frankreich 1939 nach Kalifornien. Dort arbeitete er zunächst als Drehbuchautor und als Privatsekretär der deutschen Exilanten Emil Ludwig, Thomas Mann und Franz Werfel. Er amerikanisierte seinen Namen zu Al Joseph und wirkte bald in technischen Funktionen bei der Produktion zahlreicher Hollywoodfilme mit. Als Anna und Albrecht sich in Kalifornien wiederbegegneten, war er noch mit Lella (Magdalena) Saenger verheiratet, einer Tochter des deutschen Diplomaten Samuel Saenger. 1958 folgte die Scheidung.

Während der Wiener Zeit hatte Albrecht Anna im Haus auf der Hohen Warte zum ersten Mal gesehen, als er zu

Gast bei Alma und Franz Werfel gewesen war. Schon damals hatte er sich in sie verliebt: »Ich war nicht allzu gerne dort, denn ich kannte kaum jemanden außer Werfel und meinen wenigen Freunden, und niemand kannte mich. (...) doch der Hauptgrund meiner Besuche war, daß ich Anna Mahler sehen wollte.«[742] Nach der Flucht aus Wien trafen sie sich erst in London wieder, besuchten einander und gingen gemeinsam ins Kino.

Ab 1951 lebten sie dann in Los Angeles zusammen, heirateten aber erst im Jahr 1970. Anna hatte wohl ihre Lektion gelernt, was das allzu schnelle Heiraten betraf. In Kalifornien waren beide, auch durch seine Arbeit mit Exilanten und in der Filmindustrie, gesellschaftlich stark verankert. Am 31. Oktober 1951 waren Anna und Albrecht zusammen mit Thomas und Katja Mann zu Gast bei Bruno Walter.[743] Alma Mahler-Werfel war mit der Beziehung ihrer Tochter allerdings nicht einverstanden; sie erwähnt Joseph in ihren autobiografischen Schriften mit keinem Wort.

Joseph produzierte zwei Dokumentarfilme mit Anna Mahler, in denen sie als Bildhauerin auftritt und über ihre Arbeit an den Skulpturen spricht. 1954 entstand *A Stone Figure*, der 1964 bei den Filmfestspielen in Cannes mit dem *Diplôme d'honneur* ausgezeichnet wurde, und 1965 *Tower of Masks*.

Ab 1969 lebten Anna und Al Joseph überwiegend im italienischen Spoleto, wo beide Ehrenbürger wurden. Spoleto war damals noch vom Tourismus unberührt und hatte herrliche architektonische Denkmäler vorzuweisen. Zunächst mieteten sie einen geräumigen, aber ungemütlichen Palazzo mitten im Ort, dann kauften sie ein Haus in der Via degli Eremiti.[744] Marina schrieb: »Das heute völlig renovierte Haus gleicht einer Art Anna-Mahler-Museum. Statuen und Büsten berühmter Künstler, von Arnold Schönberg bis Vicky Baum, schmücken die Räumlichkeiten. Eine der größten Büsten: die von Großvater Gustav.«[745]

Über 30 Jahre dauerte Anna Mahlers fünfte Ehe. Joseph gelang es, sie zu halten. Doch 1984, mit 80 Jahren, wurde Anna erneut von ihrem Freiheitsdrang überwältigt. Sie bat Al Joseph, aus ihrem Haus in der Oletha Lane auszuziehen und wieder in sein eigenes Haus in der Viretta Lane umzusiedeln. Das Zusammenleben mit ihm fiel ihr immer schwerer. Sie wusste, dass sie ihn damit sehr verletzte, doch die wiedergewonnene Unabhängigkeit und Selbstbestimmtheit waren ihr wichtiger. Am 4. Juni 1985 gestand sie Lotte Klemperer, Tochter des Dirigenten und Komponisten Otto Klemperer: »Er war nicht ahnungslos, aber er hat nicht gewußt, wie sehr ich nicht anders konnte als mich von ihm zu befreien. Greisentum oder nicht. Seit einigen Wochen bin ich allein und kann nicht glauben, wie glücklich ich bin. Ich habe ihm natürlich entsetzlich weh getan.« Sie blieben aber bis zuletzt freundschaftlich verbunden. Fast täglich schrieb sie ihm aus London oder Spoleto und traf ihn regelmäßig zum Essen, wenn sie wieder zurück in Los Angeles war.[746] Aus Albrecht Josephs Autobiografie erfahren wir leider nichts über die Beziehung, da sie mit dem Jahr endet, in dem er und Anna ein Paar wurden, 1951.[747]

Anna Mahler hat in ihrem Leben fünfmal geheiratet. Manche ihrer Ehen waren nur von extrem kurzer Dauer wie jene mit Koller und Krenek. Letzterer sah den Hauptgrund für Annas Eheschließungen darin, dass sie sich dem Einflussbereich ihrer Mutter entziehen wollte. Doch es gelang ihr nicht, ihre Beziehungen in eine dauerhafte Form umzuwandeln – bis auf diejenige zu Al Joseph. Krenek betrachtete es als ein Versagen, das Annas Mutter »geschickt ausnützte, um sie immer wieder in die alte Sklaverei zurückzuholen«.[748] Letztlich war Anna in dieser Hinsicht stark von ihrer Mutter und Großmutter geprägt. Almas Mutter war zweimal verheiratet gewesen, hatte drei Kinder von drei Männern gehabt, und Alma selbst war ebenso dreimal verheiratet gewesen mit vier Kindern von drei Männern. Die Töchter übernahmen jeweils Rolle und Lebensweise ihrer Mütter, auch weil sie es nicht anders kannten.[749]

Anna entzog sich jedoch auch den Umwerbungen zahlreicher Männer. Einer von ihnen, Elias Canetti, war beispielsweise so fasziniert von Annas Augen und deren Bewegung, dass er einem Teil seiner Autobiografie den Titel *Das Augenspiel* verlieh.[750] Anna hatte ihm allerdings die kalte Schulter gezeigt, was der Freundschaft jedoch nicht schadete. Canetti erwähnte sie immer wieder in seiner Autobiografie, in der er vor allem mit Alma Mahler-Werfel abrechnete.[751]

Anna war nicht gerade begeistert über die Ausführungen und kritisierte die vollkommen erfundenen Geschichten über sie, wie sie Lotte Klemperer am 1.2.1985 schrieb.[752] Auch gegenüber Herta Blaukopf äußerte sich Anna hinsichtlich des *Augenspiels* kritisch: »Alles nicht wahr!«[753] Dennoch kam es zu einer kurzen Liebelei. Canetti hatte Anna Mahler 1933 in ihrem Atelier aufgesucht, um ihr einen Brief von Hermann Scherchen zu überbringen, und wurde kurzerhand vom Boten zum Liebhaber. Anna beendete die Affäre jedoch bereits nach kurzer Zeit.[754]

Die reife Künstlerin

Im Londoner Exil arbeitete Anna Mahler vor allem an Porträtköpfen von Schriftstellern und Musikern aus ihrem Bekannten- und Freundeskreis wie Artur Schnabel, Otto Klemperer, Arnold Rosé, Bruno Walter, Anatole Fistoulari und Paul Zsolnay. Einige davon stellte sie 1949 in der Londoner Galerie Graham vor. Eine wichtige Arbeit der Zeit ist der *Torso* aus dem Jahr 1942. Die schlichte Skulptur strahlt eine große Ruhe aus und erzählt nur von sich selbst, transportiert keine Geschichte. Sie befindet sich heute in der Kunstsammlung der Bayer AG in Leverkusen. 1945 arbeitete Mahler dann an einem weiteren größeren Werk, dem Grabmal aus Ton für Sigmund Freud, mit einer Länge von 91,5 Zentimetern und einer Höhe von knapp einem Meter. Im Zentrum stehen zwei Frauenfiguren, die einen Sarg auf den Schultern tragen. Freud war im September 1939 gestorben, sie kannten sich von der Arbeit für das Austrian Centre, dessen Vorstand er ebenfalls angehört hatte.[755]

Im Laufe der Jahre wandelte sich der Stil von Anna Mahlers Skulpturen. Die Rundungen der ersten Zeit wichen eher kantigeren und strengeren Formen in den 50er-Jahren. In Kalifornien hatte sie immer mehr Gelegenheiten, ihre Werke in Ausstellungen zu präsentieren. So zum Beispiel 1951 in der Jepson Art Gallery, Los Angeles, im Pasadena Art Museum (1958), der Los Angeles Municipal Art Galley (1959) in Barnsdal Park und 1961 im Phoenix Art Museum. Die Presse würdigte die österreichische Bildhauerin mit wohlwollenden Artikeln beispielsweise in der *Los Angeles Times* oder dem *Southern California Magazine*. Auch in Los Angeles arbeitete sie wieder an Porträtköpfen. Diesmal waren es die Köpfe von Arnold Schönberg, der am 13. Juli 1951 in Los Angeles verstarb, aber auch Ernst Krenek, 1957, oder Julie Andrews, 1961, und Vicky Baum im selben Jahr.[756]

1954 stand eine Skulptur im Zentrum ihrer Aufmerksamkeit: die *Stone Figure*, ein weibliches liegendes Figurenpaar. Sie arbeitete daran ohne Modell. In Albrecht Josephs Film *A Stone Figure* kann man der Künstlerin bei den einzelnen Schritten auf die Hände schauen. Sie arbeitet in ihrem sonnendurchfluteten kalifornischen Garten, zeichnet die Konturen auf den Stein und setzt dann den Meißel an. Im Film, der von Bachs *Kunst der Fuge* untermalt wird, erklärt Anna ihre Arbeitsweise, die Herausforderungen und Besonderheiten von bestimmten Werkzeugen wie dem Meißel. Sie offenbart keine großen Geheimnisse, es ist, was es ist: »The expression of the face is the result of the expression of the body. It is what it is. But what is it?« Eine ältere und eine jüngere Frau vielleicht, die eine spricht, die andere hört zu. »Es gibt keine Geschichte. Und es könnte sein, dass das Thema nicht sehr wichtig ist.«[757] Am Ende streicht sie mit den Händen über die fertige Skulptur, um zu prüfen, ob sie fertig ist. Nicht nur mit den Augen, sondern auch tastend muss sie dies tun, wie sie im Film sagt.

Auch die Arbeit an einem weiteren Werk dokumentierte das Künstlerpaar in einem Film: *Maskenturm* von 1964/65. Bei dieser Auftragsarbeit handelte es sich um eine fünf Meter hohe Skulptur aus Indiana Limestone, die in der McGowan Hall vor dem Theater der UCLA aufgestellt wurde. Das Besondere an der Skulptur ist, dass der Turm aus 40 Masken besteht. Anna Mahler hatte große Hoffnungen in dieses Werk gesetzt, die allerdings enttäuscht wurden. Die Medien berichteten kaum darüber, und Museen reagierten nicht.

Ein Jahr später arbeitete sie an einer weiteren Skulptur mit dem Titel *Stehende*. Im Unterschied zu der gleichnamigen Skulptur aus dem Jahr 1935 handelt es sich bei diesem Spätwerk um eine monumentale Gewandfigur von 2,40 Metern in stark reduziertem und abstraktem Stil als kantiger Steinblock, der zu einer pyramidenförmigen Frauenskulptur gehauen ist. Als Höhepunkt ihres Schaffens gilt die in Spoleto geschaffene *Stehende (Fuga)*, an der sie in den Jahren 1972 und 1973 arbeitete. Mit den abstrakten Gewandstrukturen entfernte sich Anna Mahler von der starken Körperlichkeit ihrer frühen Skulpturen.[758] Zu den Spätwerken zählt auch ein weiterer Mahler-Kopf, die erste Arbeit hatte sie zerstört, weil sie nicht zufrieden gewesen war. Im Juli 1987 dann, ein Jahr vor ihrem Tod, arbeitete sie den Porträtkopf ihres Vaters abermals um.

Dank des Erbes ihrer Mutter konnte sie unbesorgt an ihren Werken arbeiten und kaufte sich Häuser in mehreren Orten, die ihr von Bedeutung waren, neben dem in Spoleto erwarb sie wieder ein Haus in London. Anna versuchte, in Europa auch künstlerisch wieder Anschluss zu bekommen, doch es gelang ihr nicht, dort einen festen Galeristen für ihre Werke zu gewinnen.[759] Vereinzelt fanden Ausstellungen in Europa statt, wie jene von dem Österreicher Franz Willnauer organisierte große Anna-Mahler-Ausstellung in den Bayer-Werken 1981 in Leverkusen. Viele Skulpturen mussten damals aufwendig aus Spoleto nach Deutschland gebracht werden. Und Willnauer engagierte sich noch ein weiteres Mal für Anna Mahler. 1988, kurz vor ihrem Tod, liefen Vorbereitungen zu einer großen Ausstellung anlässlich der Salzburger Festspiele, wo sie mit

30 Werken vertreten sein sollte. Doch die Bildhauerin selbst konnte die Ausstellung nicht mehr besuchen, da sie zum Zeitpunkt der Eröffnung nicht mehr lebte.[760]

Anna Mahler hat in ihren bildhauerischen Arbeiten den Fokus auf den Menschen gerichtet. Dies zeigt sich nicht nur in den zahlreichen Porträtköpfen, sondern vor allem auch in ihren Ganzkörperskulpturen. Sie wandte sich damit gegen einen Trend des frühen 20. Jahrhunderts, der den Menschen aus der Kunst verbannte. In einem Vortrag von 1962 beklagte sie dies und kritisierte den Zwang zur Originalität, zum nie Dagewesenen: »(…) es war eine Kunst ohne den Menschen, oder wenn man will, entmenschte Kunst.«[761]

Sie entschied sich bewusst gegen die Avantgardekunst ihrer Jugend und machte sich unabhängig von Moden, Trends und Strömungen: »Das Vorherrschen der Mittel über den Zweck führt zu technischen Kunststückchen und visuellen Tricks, je sensationeller, desto besser. In alledem kann ich keine Kunst sehen (…), denn ich kenne diese und ähnliche Dinge seit meiner Kindheit. Ich wuchs unter den Kämpfen und Skandalen um die Kubisten, Konstruktivisten, Dadaisten auf (…). Alles was ich sah schien mir neu und interessant, aber als ich begann, selbst zu arbeiten, war es mir nicht mehr neu, und ich entschloß mich, meinen eigenen Weg zu suchen (…). Worauf es ankam, war, echt zu sein und nur das auszudrücken, was ich sagen konnte, wollte, mußte.«[762]

Als Künstlerin sah Anna Mahler es als ihre Aufgabe an, das Geheimnisvolle und Verborgene des Lebens herauszuarbeiten: »Die Darstellung von Natur, gesehen durch das Auge des Künstlers, enthüllt etwas von dem Mysterium allen Seins. Wirklich große Kunst lässt uns an dem

Geheimnis der Schöpfung, aller Schöpfung, teilnehmen.« Das Chaos der sogenannten Alltagswirklichkeit verschwinde zugunsten einer tieferen, wahreren Wirklichkeit, die sich weit über die Grenzen des konkreten, dargestellten Gegenstandes hinaus erstrecke.[763]

Auffällig ist, dass Anna Mahler sich nicht nur auf Menschenmotive konzentrierte, sondern auf Frauengestalten, zumindest bei den Ganzkörperskulpturen. Hier schuf sie Göttinnen, Engel, antike Mutterfiguren, oft mit dem Ausdruck fatalistischer Gelassenheit und Ruhe. Die monumentalen Skulpturen strahlen eine große Ruhe, aber auch Schwere und Unbeweglichkeit aus und erinnern zuweilen an Grabmäler oder Nekropolen. Vielleicht wollte sie steinerne Gegenparts zu ihrer Mutter schaffen, aber vielleicht ist es auch ein nonverbales Bekenntnis zu einem zurückhaltenden Feminismus.

Für Anna Mahler war die künstlerische Arbeit, vor allem die Bildhauerei zentral. Sie war die einzige wirkliche Konstante in ihrem Leben. Während sie aus den vielen Ehen immer wieder flüchtete, war die Arbeit für sie Rückzugsort und Befreiung von der dominanten Mutter. Interessanterweise arbeitete sie kaum mit leichten Materialien wie Holz und Ton, sondern bevorzugte bis ins hohe Alter hinein den harten Stein. Sie arbeitete mit Ausdauer und Zähigkeit und ließ sich durch nichts davon abbringen – weder durch die Männer noch den Krieg und auch nicht die Mutter. Während ihre Mutter Alma ihre Rolle als Gattin berühmter Männer fand, kämpfte sich Anna Mahler als Künstlerin frei und behauptete sich durch ihre Arbeit und Kreativität.

Als Bildhauerin nimmt Anna Mahler einen Platz in der zweiten Reihe der Künstlerinnen des 20. Jahrhunderts ein;

zeitgenössische Kolleginnen wie Louise Bourgeois, Germaine Richier oder Barbara Hepworth hatten mehr Erfolg als sie. Ihre Werke wurden kurz vor und nach ihrem Tod über verschiedene Museen verstreut: Drei bedeutende Figuren, *Sibylle*, *Fuga* und den männlichen *Torso* gab Anna Mahler 1984 an das Lehmbruck Museum in Duisburg. Andere Werke gingen an andere Museen als Schenkung oder Kauf wie an die städtische Kunsthalle Mannheim (*Schönberg*), die Kunsthalle Bremen (*Torso* und *Otto Klemperer*), die Firma Bayer in Leverkusen (*Das ruhende Paar* und *Liegende*) sowie die Library of Congress in Washington (Kopie des Porträts von Otto Klemperer). Sie hat ein ganz eigenes Werk geschaffen, das für sich steht, beeinflusst von Traditionen wie dem Mittelalter, der Renaissance und der österreichischen Bildhauerei des 20. Jahrhunderts. Sie litt unter einer gewissen künstlerischen Isolation, zumindest was die darstellende Künstlerszenerie betraf.[764]

Während es der Mutter vor allem um Macht und Ruhm ging, hatte Anna »den ungeheuren Ehrgeiz ihres Vaters. Sie wollte arbeiten und sich's bei der Arbeit so schwer wie möglich machen«. »Sehr wichtig war ihr Freiheitsgefühl, es war der Hauptgrund für ihre rasche Loslösung aus jeder Beziehung. Es war so stark, daß man hätte meinen können, jede neue Beziehung, die sie anspinne, sei unernst und von Anfang an nur für kurze Dauer gedacht.«[765] Im Gegensatz zur Mutter sehnte sich Anna Mahler nach Ruhe und Rückzug. Das Alleinsein war ihr bis zuletzt sehr wichtig, ja existenziell. Sie fühlte sich nie einsam, sie zog ihre Kraft aus dem Alleinsein. Anna irritierte längere Anwesenheit von Besuchern. In Spoleto beispielsweise lebte sie völlig zurückgezogen.[766]

Anna Mahler starb am 3. Juni 1988 in London. Eine Spurensuche nach der historischen Anna Mahler hat die Schriftstellerin Marlene Streeruwitz 1999 mit dem Roman *Nachwelt* veröffentlicht.

GENIA AVERBUCH

Ebenso wie bei Anna Mahler und Golda Meir war das Leben der 1909 in der heutigen Ukraine geborenen Genia (Eugenie) Averbuch von Migrationserfahrung bestimmt. Bereits im Alter von zwei Jahren wanderte sie mit ihren Eltern nach Palästina aus. Sie verbrachte zwar ihr gesamtes Leben im Jischuw und in Israel, aber das Thema Flucht war sowohl im politischen wie auch dem gesellschaftlichen Leben dort immer präsent. Als eine der bedeutendsten israelischen Architektinnen wirkte Genia Averbuch beim Aufbau des Landes und insbesondere Tel Avivs mit.

Ihr Vater, Zeev Averbuch, war Apotheker, von ihrer Mutter Zviya, einer Bildhauerin, erbte sie ihre Kreativität und ihre gestalterischen Fähigkeiten, die sie zur Architektur brachten. Ihre Kindheit und Schulzeit erlebte sie in Tel Aviv, anschließend ging sie zum Studium der Architektur nach Rom und Brüssel, wo sie 1930 ihr Diplom an der Royal Academy of Arts erhielt. Im selben Jahr kehrte sie nach Palästina zurück, um ihre erste Anstellung in der technischen Abteilung der Jewish Agency anzutreten.

Schon zwei Jahre später suchte Genia Averbuch die berufliche Unabhängigkeit und gründete zusammen mit dem Architekten Shlomo Ginsburg ein eigenes Büro. Der vier Jahre jüngere Ginsburg war 1913 in Pinsk, Belarus, geboren, hatte in Palästina Architektur studiert und zählte zu den ersten Absolventen des 1912 gegründeten Technion, der Technischen Universität in Haifa. Auch privat waren Shlomo, auch Sha'ag genannt, und Genia für die kurze Zeit von etwa einem Jahr ein Paar. Sie heirateten 1933, doch bereits zwei Jahre später entschied sich Genia für die Ehe mit einem anderen Mann, Chaim Alperin. Er war der erste Polizeikommandant Tel Avivs und hatte gemeinsam mit anderen *Magen David Adom*, das israelische Rote Kreuz, ins Leben gerufen. 1936 wurde ihr Sohn David geboren.

Die 1909 gegründete Stadt Tel Aviv war das aufstrebende urbane Zentrum der nach Palästina strömenden europäischen Juden. Mit ihnen schwappte auch der in Deutschland entstandene Bauhausstil ins Land, der Tel Aviv zu einer einzigartigen Metropole für Bauhausarchitektur und des Internationalen Stils werden ließ. Zu den Absolventen der Bauhausschule in Deutschland, die in Israel bauten, zählten Shlomo Bernstein, Munio Weinraub-Gitai, Shmuel Mestechkin und Arieh Sharon.[767]

Genia und Shlomo nutzten die Aufbruchstimmung, die sich in einem regelrechten Bauboom manifestierte. Denn die Einwanderungswellen der 1920er- und 30er-Jahre verlangten nach immer mehr Wohnraum. In seinem Büro plante das Paar zahlreiche Apartmenthäuser und Stadtvillen. Von Mitte bis Ende der 30er-Jahre arbeitete Genia mit dem Bauingenieur Greynetz zusammen, mit dem sie einige Architekturpreise gewann. In diese Zeit fällt auch ihr Entwurf für den Zina-Dizengoff-Platz, den zentralen Platz in Tel Aviv, der zu ihrem prestigeträchtigsten Projekt werden sollte.[768] Gemeinsam mit dem Ingenieur Zalman Baron bekam sie 1939 den für ihre weitere Karriere entscheidenden Preis für ihren Entwurf des Beit Hahalut-zot in Jerusalem, wo heute die Non-Profit-Organisation Yad Ben-Zvi untergebracht ist, die sich der Information, Dokumentation und Wissenschaft über das Land Israel widmet.

Mit diesem Preis begann Genia Averbuchs lang andauernde Zusammenarbeit mit Frauenorganisationen in Palästina, wo es vermutlich Berührungspunkte mit Golda Meir gab, die einige Reden bei Versammlungen der zionistischen Frauenbewegung hielt. Besonders zwischen 1939 und 1955 plante Genia Averbuch Gebäude für soziale Institutionen im Auftrag vieler Frauenorganisationen in Palästina, wie WIZO, Leni, Moetzet HaPoalot, die Mizrahi Women's Organization of America und B'nai B'rith Women. Es entstanden Pioneer Houses, Wohnstätten für alleinstehende Frauen in Jerusalem (1942) und in dem nördlich von Tel Aviv gelegenen Netanja (1950). Darüber hinaus entwarf sie landwirtschaftlich organisierte Dörfer für Kinder und jugendliche Holocaustüberlebende, wie beispielsweise 1945 in Kfar Batya und 1947 in Hadassim.[769]

Ihr großes Engagement während der britischen Mandatszeit, das sich in der Teilnahme an vielen Architekturwettbewerben zeigte, zahlte sich aus. Die Preise, die sie gewann, erhöhten ihre Bekanntheit als Architektin und verschafften ihr die Anerkennung der professionellen Community. Mitte der 1940er-Jahre wurde sie dann selbst Mitglied in den Jurys und entschied über die Auszeichnung kommender junger Talente.

Genia Averbuch wird häufig als unbestrittene Königin der modernen Architektur in Tel Aviv gefeiert. Sie war nicht nur eine der ersten praktizierenden Architektinnen der Mandatszeit, sondern auch unter den ersten Architekten der Moderne im Land. Sie ist zudem eine der wichtigsten Vertreterinnen des Internationalen Stils, der sich während der 1930er-Jahre in Tel Aviv durchsetzte. Die von ihr entworfenen Gebäude zeigen die typischen Merkmale dieser Stilrichtung wie geradlinige Geometrie, lange, sich an den Fassaden entlangziehende Balkone und Flachdächer. Ihre Entwürfe zeugen von hoher Kreativität, aber auch von Sachverstand für die Berücksichtigung der besonderen klimatischen Bedingungen im Land.[770]

Als Frau in einer Männerdomäne

Die Pionier- und Aufbruchstimmung im Jischuw ermöglichte es Frauen, sich auch in Männerdomänen wie der Architektur zu behaupten. Neben Genia Averbuch zählten zwei weitere Architektinnen zu den führenden Planerinnen der sozialen Schul- und Weiterbildungseinrichtungen: Lotte Cohn und Elsa Gidoni Mandelstamm. Sie alle arbeiteten für die großen Organisationen im Jischuw. Neben WIZO waren es der Genereal Council of Women Workers in Eretz Israel, Mizrahi Women of America sowie Women's League for Palestina. Die Ausschreibungen und Wettbewerbe gaben den jungen Architektinnen die Chance, ihre Ideen und Begabungen unter Beweis zu stellen. Auf die Preise folgten meist weitere Aufträge und damit auch Bekanntheit.[771]

Zu den jüdischen Architektinnen, die in den 1930er-Jahren in Palästina erfolgreich waren, zählten auch Jehudit Chlenov, Dora Gad und Gertrud Goldschmidt. Viele von ihnen waren Absolventinnen der Technischen Hochschulen in Berlin, Wien, Danzig und München. Sie alle mussten ihr Studium oder ihre Karriere abbrechen, da sie vor den Nazis nach Palästina flüchteten. Dies erwies sich wiederum als Glücksfall für die aufstrebenden Städte in Palästina wie Tel Aviv, in denen die zionistischen Organisationen umfassende Bauvorhaben planten. Gerade in Tel Aviv gestalteten die Architektinnen Plätze, städtische Gebäude, Apartmenthäuser oder Villen und übernahmen damit eine wichtige Rolle bei der Weiterentwicklung der modernen Architektur.[772]

Unter all den Architektinnen damals war Genia Averbuch eine der produktivsten und hinterließ in Tel Aviv deutliche Spuren. 1934 entwarf sie zusammen mit Gidoni Mandelstamm und Shlomo Ginsburg das berühmte *Café Galina*, das mit seiner 1500 Quadratmeter großen Fläche direkt am Meer auf dem Messegelände Jerid ha-Misrach gelegen als ein Paradebeispiel für die moderne Architektur vorstaatlicher Zeit gilt. Mit bodentiefen Fenstern, einer runden Form und dem umlaufenden Balkon hat das Gebäude eine geradezu futuristische Ausstrahlung.[773]

Umlaufende Balkone wurden zum Symbol der Weißen Stadt, einem Areal in Tel Aviv, das ganz im Zeichen dieser Archtitekturrichtung steht. Sie prägen auch ein weiteres Prestigeprojekt von Averbuch, den nach der Ehefrau des Bürgermeisters von Tel Aviv benannten Zina-Dizengoff-Platz. Kurz nachdem sie die Royal Academy of Arts in Brüssel mit dem Architekturdiplom abgeschlossen hatte, bewarb sich Genia Averbuch an dem für den zentralen Platz ausgeschriebenen Wettbewerb und gewann die Gestaltung eines Gebäudes, das Haus an der Ecke der Ben-Ami-Straße, gebaut 1937 – sowie die Gestaltung aller Fassaden. In ihrem Entwurf gruppierte sie leicht abgerundete Häuser mit umlaufenden Balkonen um den kreisrunden

Platz, der als Verkehrsknotenpunkt noch heute einer der wichtigsten Plätze Tel Avivs ist. Die Fassaden aller angrenzenden Häuser wurden nach den Vorgaben von Genia Averbuch gestaltet. Die sechs Gebäude, die sich um den Platz gruppieren, wurden von mehreren Architekten gestaltet, darunter Yehuda Magidovitch, der aus der Ukraine stammte. Von ihm kamen die Entwürfe für das bedeutendste Gebäude am Platz, das Hotel Cinema. Es war 1939 unter dem Namen Esther Cinema eröffnet worden.

Da die charakteristischen Balkone jedoch nicht vom Dessauer Bauhaus geprägt sind, sondern vielmehr in einer Linie mit den skulpturalen Bauten von Le Corbusier und Frank Lloyd Wright stehen, gilt die Tel Aviver Architektur heute vor allem als Ausdruck des Internationalen Stils.[774] Den Anspruch auf Internationalität hatten die meisten Vertreter und Vertreterinnen dieser sich ab den 1920er-Jahren herausbildenden neuen Architektursprache, die in Deutschland auch als Neues Bauen bezeichnet wurde und mit dem von Walter Gropius begründeten Bauhausstil am bekanntesten ist. Gropius hatte 1923 eine Ausstellung mit dem Namen »Internationale Architektur« organisiert.[775]

Die Internationalisierung der europäischen Architekturmoderne traf in Palästina auf besonders fruchtbaren Boden. Mit den einwandernden Juden und Jüdinnen wurden die Ideen einerseits aus Europa an das östliche Mittelmeer exportiert, andererseits war das zionistische Aufbauprojekt im Jischuw ein Katalysator für die moderne Architektur. Nicht nur in Tel Aviv, sondern auch in Jerusalem und Haifa sowie in ländlichen Siedlungen entstanden moderne Bauten und Architekturensembles in einer einzigartigen Dichte. Im Zuge mehrerer Einwanderungswellen, den Alijot, wuchsen die Städte und Siedlungen in rasantem Tempo. Hinter der Planung stand die Palestine Land Development Company, der ab 1920 Richard Kauffmann als Chefarchitekt vorstand. Aus der jüdischen Siedlung Neve Tzedek, die seit 1887 bestand, entwickelte sich die 1909 angelegte Siedlung Achusat Bait, die im folgenden Jahr den Namen Tel Aviv bekam und 1938 auf etwa 150 000 Einwohner angewachsen war. Ein starker Impuls für die neue Architektur ging von der Handelsmesse Levant Fair im Jahr 1934 aus, mit ihren einheitlich in modernen Formen gestalteten Ausstellungsbauten. Einer der wichtigsten Bauherren im Jischuw war der Gewerkschaftsverband Histadrut, mit Auftragsvergaben für kollektive Wohnsiedlungen wie Me'onot Ovdim beispielsweise oder Krankenhausbauten.[776]

Zu den wichtigsten Architekten, die aus Europa kamen, zählten Joseph Barsky, der sich 1907 in Jerusalem niedergelassen hatte und 1908/09 das Gebäude des Herzlia-Gymnasiums in Tel Aviv mit orientalisierenden Formen entwarf, der Berliner Architekt Alexander Baerwald, der das Technion in Haifa plante, und der Wiener Wilhelm Stiassny mit der städtebaulichen Planung der Siedlung Achusat Bait bei Jaffa.[777] Im Zuge der dritten Alija kam eine Generation junger osteuropäischer Architekten, die später bei der lokalen Aneignung der Moderne eine zentrale Rolle spielen sollten. Zu ihnen gehörten etwa Richard Kauffmann, Arieh Sharon und Dov Karmi, der 1936 das Max-Liebling-Haus baute. Er gründete zusammen mit Zeev Rechter und Arieh Sharon ein Architekturbüro.

Die britischen Mandatsbehörden beschäftigten eigene, aus Großbritannien stammende Planer und Architekten, wie Charles Robert Ashbee und Clifford Holliday. Auch die

Institutionen des Jischuw griffen auf britische Experten zurück. Der Stadtplaner Patrick Geddes entwarf ab 1919 eine Gesamtplanung für die Hebräische Universität Jerusalem und erstellte den Stadterweiterungsplan für Tel Aviv im Jahr 1925. Zahlreiche jüdische Architekten kamen in der fünften Alija ab 1929 und insbesondere seit dem Beginn der nationalsozialistischen Verfolgungen ab 1933 ins Land. Einer der bekanntesten dieser Generation war Erich Mendelsohn. Er hielt sich von 1934 bis 1941 überwiegend in Palästina auf und übernahm wichtige Aufträge jüdischer Institutionen wie den Bau des öffentlichen Krankenhauses in Haifa, arbeitete aber auch für die Mandatsverwaltung.[778]

Unter den deutschen Architekten war Wilhelm Haller, der 1933 nach Tel Aviv zog. In Gleiwitz (Schlesien) geboren hatte er an der Bauschule Zittau und an der TU Darmstadt studiert und in Breslau, Frankfurt am Main und Leipzig in verschiedenen Architekturbüros gearbeitet, bevor er 1914 ein eigenes Büro eröffnete. Nach seiner Ankunft in Tel Aviv nannte er sich Zeev Haller. Ein markantes Gebäude von ihm ist das Bruno House, auch als Boaz-Schwabe-Haus bekannt, das eine schmale Fassade zur Strauss-Straße mit sechs Fenstern und drei auskragenden Balkonen sowie drei Geschosse aufweist. Es war benannt nach den beiden Auftraggebern Bruno Boaz und Josef Schwabe, die für die Tel Aviv Building Company arbeiteten. Die Hinwendung zum internationalen Stil vollzog sich in der Architektur Tel Avivs seit Ende der 1920er-Jahre. Bei diesem Paradigmenwechsel spielte eine Gruppe junger, durchsetzungsfähiger Architekten, die sich 1933 im Ring der Architekten im Land Israel – zusammenschlossen. Tonangebend waren Joseph Neufeld, ehemaliger Mitarbeiter im Büro Erich Mendelsohns, Zeev Rechter und der Bauhausschüler Arieh Sharon.[779]

In dieser produktiven Aufbruchstimmung konnte sich Genia Averbuch frei entfalten und verwirklichte ihre Ideen in zahlreichen Häuserentwürfen in der aufstrebenden Metropole Tel Aviv. Darunter waren auch öffentliche Gebäude wie die Synagoge im Kibbuz Ein HaNatziv, südlich von Beth Shean, die 1966 eingeweiht wurde. Sie ist eine der ersten Synagogen, die von einer Frau entworfen wurden. In den Jahren zwischen 1934 und 1936 arbeitete Averbuch unter der Leitung von Zeev Rechter an mehreren Wohnhäusern für Angehörige des Nationaltheaters Habima in der Frugstraße 31 und 33, die sogenannten Habima-Häuser. Ihre außerordentliche Produktivität zeigt sich vor allem in zahlreichen Bauten im südlichen Stadtteil Tel Aviv Yafo, so die Wohngebäude in der Bialikstr. 12 (Blaues Haus), das in den 1960er-Jahren abgerissen wurde, oder die Häuser in der Ahad HaAm-Str. 57 (Shilman Haus). Die Allenby Straße unweit des berühmten Carmel-Marktes ist eine bedeutende Einkaufsstraße, die Tel Aviv in zwei kontrastierende Zonen aufteilt. Südwestlich liegen enge, dicht bebaute Gassen, und nordöstlich beginnt die Gartenstadt mit grünen Vorgärten voller mediterraner Blüten und Palmenpracht. Hinzu kommen die Shewah-Mofet-Schule in der Ha-Masger-Straße oder das Makkabia-Stadion, das Haus der Pionierinnen in Jerusalem (1940), die schon genannten Jugenddörfer Kfar Batja in Ra'anana (1945) oder Hadassim bei Netanja (1947) und die Synagoge der Oberschule Midrashiat Noam in Pardes Hannah (1965).[780]

Im Auftrag der Frauenorganisationen

Von Mitte der 1940er- bis Mitte der 50er-Jahre standen die von den Frauenorganisationen beauftragten Pläne für die Jugenddörfer im Zentrum von Averbuchs Arbeit. Es ging um Schulen mit Wohnheimen oder den Umbau von landwirtschaftlichen Fraueninternaten in Unterkünfte für Jungen und Mädchen. Bei diesen Entwürfen änderte sich ihre Handschrift, sie distanzierte sich allmählich von dem puristischen internationalen Stil ihrer frühen Arbeiten und wandte sich Formen und Materialien zu, die eher im Kontrast zum Modernismus standen, so beispielsweise Häuser mit rot geziegelten Dächern, Arkaden und Wänden aus sowohl glattem als auch grobem Stein. Beispiele dieser Jugenddörfer sind das Hadassim Children and Youth Village bei Even Yehuda, das im Auftrag der WIZO entstand und 1948 eröffnet wurde, oder die Gartenbauschule in Petach Tikwa, die 1954 eingeweiht wurde und ebenfalls von WIZO und dem General Council of Women Workers in Eretz Israel in Auftrag gegeben worden war. 1955 wurde das im Südwesten Jerusalems gelegene Kinderheim Bait VaGan (Haus und Garten) eröffnet, womit sie die Organisation B'nai B'rith Women of America beauftragt hatte. Diese drei Projekte verdeutlichen Averbuchs Bandbreite an Gestaltungsmöglichkeiten sowie ihre Auslegung lokaler moderner Architektur bei gleichzeitiger Formulierung eines eigenen individuellen Stils.[781]
Der Auftrag von der WIZO für Hadassim war das erste gemeinsame Projekt, das von der WIZO's Canadian Federation finanziert wurde. Averbuch erstellte den Masterplan und die Einzelentwürfe für die Gebäude. Das 1,1 Quadratkilometer umfassende Gelände lag in der Nähe der

landwirtschaftlichen Siedlung Even Yehuda unweit der Küste zwischen Tel Aviv und Netanja. Zum Anwesen zählten ein Schulgebäude, Wohnheime, ein landwirtschaftlicher Betrieb mit Schafen, Ziegen, Hühnern, einem Orangenhain, Obst- und Gemüsegarten sowie Feldern.

Nach der erfolgreichen Fertigstellung des Jugenddorfs erhielt Averbuch den Auftrag für die Planung der Gartenbauschule in Petach Tikwa. Diese Schule war einzigartig in Israel. Zunächst diente sie als Ausbildungshof für Arbeiterinnen. Ihre Gründerinnen waren Frauen, die mit der zweiten und dritten Alija nach Palästina gekommen waren. 1930 wurde sie vom Women Workers Council und der WIZO übernommen und schließlich in eine Gartenbauschule umgewandelt. Averbuch erstellte die Pläne für den gesamten Campus und zusätzliche Schulräume sowie die Gewächshäuser, der renommierte Landschaftsarchitekt Lipa Yahalom war für die Planung des Botanischen Gartens auf dem Campus zuständig. Die Einweihung wurde im September 1952 gefeiert.[782]

Drei Jahre später wurde das nächste große Projekt eröffnet, Bait VaGan, ein Kinderheim in Jerusalem mit drei Gebäuden, zwei Wohnheimen mit insgesamt 40 Betten sowie dem Haupthaus mit den Klassenräumen, einem Club, Büros und einer Klinik. Bei der Eröffnung am 11. Oktober 1955 waren zahlreiche prominente Persönlichkeiten wie der Bürgermeister von Jerusalem, Vertreter der Jewish Agency und der israelischen Regierung, der Oberrabbiner von Israel und Repräsentanten der US-Botschaft anwesend.[783]

Der Bau von Internaten spielte in der vorstaatlichen Zeit eine große Rolle, denn viele Kinder kamen ohne Eltern nach Palästina. Es zählte zum Ethos der zionistischen Pioniere, die Kinder in diesen Dörfern zu erziehen, die als prestigeträchtige Schulen der zionistischen Elite galten. Die Einrichtungen vermittelten eine Kombination aus Bildung, Arbeit und Gruppenaktivität und förderten so ein Gefühl und Interesse für die Landwirtschaft und das Leben in der Natur, was zentrale Elemente der zionistischen Aufbauarbeit waren. Vor allem sollte die Jugend für die Gemeinschaft gewonnen werden und frühzeitig für die Ideale der zionistischen Bewegung begeistert werden.[784]

Bei der Planung der Jugenddörfer in den späten 1940er-Jahren zeigte Averbuch große Experimentierfreude, indem sie moderne mit lokalen Stilen kombinierte. Die Herausforderung bestand für sie darin, in einer ländlichen Gegend zu bauen und gleichzeitig die Ansprüche ihrer Auftraggeber zu erfüllen. Dabei gelang es ihr, die lokalen charakteristischen Eigenheiten mit universellen Prinzipien zu verbinden und so die Erwartungen, den Jugenddörfern ein modernes Image zu verleihen, ohne die zionistischen Ideale vom Landleben zu konterkarieren, zu erfüllen. Averbuch vermied es, vorhandene Stile zu kopieren, und schuf eine neue Sprache, die von bestehenden architektonischen Lösungen lediglich inspiriert war, und integrierte landestypische Elemente, auch orientalische, in ihren modernistischen Stil.[785]

Zum Weltkulturerbe

Von 1942 an war Genia Averbuch bei der technischen Abteilung der Tel Aviver Stadtverwaltung angestellt, wo sie bis 1945 arbeitete. In dieser Zeit saß sie selbst in den Jurys der städtischen Architekturausschreibungen.[786] Während der ersten Jahre nach der Staatsgründung widmete sie sich wieder mehr Bauprojekten in der aufstrebenden Metropole Tel Aviv wie größeren Wohngebäuden im Norden der Stadt. Ein neues Thema ging sie in den 1960er-Jahren mit dem Bau zweier Synagogen im Auftrag des religiösen Flügels der zionistischen Bewegung an, der Synagoge der ersten Yeshiva High School in Israel Midrashat Noam in Pardes Hannah (1965) und der Synagoge im religiös orientierten Kibbuz Ein HaNatziv (1966). Büropartner dieser Zeit waren Chaim Romem und Zalman Baron, mit dem sie bis in die 1970er-Jahre zusammenarbeitete.

Zahlreiche ihrer Bauten liegen in der Weißen Stadt, die heute zum UNESCO-Weltkulturerbe zählt, viele davon stehen unter Denkmalschutz. Insbesondere ihre Tel Aviver Arbeiten sind Gegenstand der akademischen Forschung und von Medienberichten. Genia Averbuchs Beitrag zur Entwicklung der modernen Architektur vor und nach der Staatsgründung Israels findet immer mehr Beachtung und Wertschätzung. Die Stadt Tel Aviv hat 2013 sogar einen Platz nach ihr benannt.[787] Aber schon in den 40er-Jahren war sie in der Architekturszene fest verankert, und ihre Arbeiten wurden in regionalen wie internationalen Fachpublikationen besprochen, beispielsweise in Israels führender Architekturzeitschrift *Building the Near East*, in der Tagespresse, in Frauenzeitschriften wie *Olam Ha-Isha* (*Welt der Frau*) oder aber *Dvar HaPo'elet* (das Magazin der Arbeiterinnenbewegung), der monatlich erscheinenden Stimme des Women Workers Council. Für die israelische Architekturhistorikerin Sigal Davidi ist Averbuch in vielerlei Hinsicht eine Pionierin: Sie hat über fünf Dekaden lang Architekturgeschichte geschrieben

und sich in einem von Männern dominierten Beruf erfolgreich durchgesetzt. Zudem hat sie nicht nur eine große
Bandbreite an architektonischen Mitteln in der städtischen Baukultur umgesetzt, sondern auch einen wichtigen Beitrag zur Planung von sozialen Einrichtungen
geleistet.[788]

ZAHA HADID

In der Männerdomäne Architektur behauptet hat sich auch eine weitere Frau, die weltweit größtes Ansehen genießt: Zaha Hadid. Als erste Frau erhielt sie 2004 den Pritzker-Architekturpreis, die weltweit bedeutendste Ehrung im Bereich der Architektur. Fünf Jahre später wurde sie erneut ausgezeichnet, diesmal mit dem japanischen Praemium Imperiale. Zaha Hadid zählt international zu den führenden Architekten und »dass sie eine Frau ist, macht ihr Werk noch bedeutender, gibt es doch kaum Architektinnen, die sich als Baumeisterin durchsetzen«.[789] Mit ihren fließenden, geschwungenen Gebäudeformen hat sie eine ganz eigene architektonische Sprache entworfen, mit nahtlosen Übergängen zwischen Räumen schafft sie Transparenz nach innen und außen. Hadids ehemaliger Geschäftspartner Patrik Schumacher spricht von »nahtloser Fluidität«, die ihre Bauten unverkennbar machen.

Dame Zaha Mohammad Hadid wurde 1950 in Bagdad geboren und starb viel zu früh im Alter von 65 Jahren am 31. März 2016 in Miami. Sie wuchs in einem wohlhabenden Elternhaus auf, das mit Handel, Investitionen in Industrieanlagen und Immobilien zu Geld gekommen war. Bereits ihren Vater Muhammad Hadid zog es nach Europa;

er studierte von 1928 bis 1931 an der London School of Economics und verehrte John Maynard Keynes. Darüber hinaus engagierte er sich auch politisch für zwei liberale Parteien im Irak. Mit ihrer Kindheit verband Zaha Hadid lebhafte Erinnerungen: »Das Bagdad meiner Kindheit in den sechziger Jahren war liberal und offen für alle Minderheiten. Es war eine Zeit des Aufbruchs, es gab die panarabische Bewegung, westlich orientiert, optimistisch. Mein Vater (...) glaubte an Fortschritt. So sind meine Brüder und ich erzogen worden. Es war immer selbstverständlich, dass ich studieren würde.«[790]

Aufgewachsen in einem Haus im Bauhausstil und einer westlich geprägten Lebensweise interessierte sich Zaha Hadid schon als kleines Mädchen für Gestaltung und richtete ihr Zimmer nach ihren eigenen Vorstellungen ein. Mit elf Jahren war ihr klar, dass sie als Architektin ihr Geld verdienen wollte und dass sie sich von den anderen Kindern unterschied: »Als Kind galt ich als exzentrisch. Vielleicht, weil ich mit zehn Jahren meine Spielsachen aus dem Kinderzimmer warf und mir stattdessen einen Schreibtisch und eine Bücherwand hineinstellte. Ich wollte ein Arbeitszimmer haben, wie mein Vater.«[791]

Zunächst besuchte sie eine katholische Klosterschule und wechselte dann auf Internate in der Schweiz und Großbritannien. Nach dem Studium der Mathematik an der American University of Beirut studierte sie von 1972 bis 1977 Architektur an der Architectural Association School (AA) in London. Diese Zeit sollte für ihre weitere Karriere prägend werden. Bei Lehrern wie Rem Koolhaas und Bernard Tschumi erlernte die begabte Studentin die Suche nach neuen Formen jenseits der klassischen Moderne und des Neohistorismus. Mit ihrer Abschlussarbeit –

einem Hotel an der Londoner Hungerford Bridge mit dem Namen *Malevich's Tectonics* – würdigte sie den russischen Suprematisten Kasimir Malewitsch. Koolhaas war so begeistert von der jungen Irakerin, dass er ihr eine Stelle in seinem Büro anbot, die sie auch annahm, allerdings nur für einige Monate. Sie zog schließlich die Lehre vor und ging für zehn Jahre zurück an die Architectural Association School, wo sie als Dozentin neben Rem Koolhaas arbeitete, ihrem einstigen Mentor, von dem sie sich aber bald emanzipierte: »Er war mein Lehrer, wir haben häufig gemeinsam unterrichtet und haben ähnliche Anliegen. Doch ist deren Übersetzung – trotz der durchaus vorhandenen Verbindungen – in den architektonischen Entwurf hinein mittlerweile sehr unterschiedlich.«[792]

Ein anderes Vorbild war für sie der Bauhausarchitekt Mies van der Rohe: »Mit welcher Leichtigkeit er Grundrisse krümmen konnte, das war außergewöhnlich und visionär. Ich verehre sein Museum in Berlin.« Neben der Neuen Nationalgalerie waren es die sechs Bauhaussiedlungen van der Rohes und die historischen Anlagen aus den 20er-Jahren, für die sie sich besonders begeisterte.[793]

Bauten

Bereits drei Jahre nach Abschluss ihres Studiums eröffnete Hadid parallel zur Dozententätigkeit ihr eigenes Büro. Es befand sich in London in einer viktorianischen Schule, und sie baute es über die Jahre zu einem erfolgreichen Unternehmen aus. Im Jahr 2012 beschäftigte Zaha Hadid etwa 250 Mitarbeiter, drei Jahre später waren es bereits rund 400 Architekten und Architektinnen, die an über 950 Projekten in 44 Ländern arbeiteten. Ab 2011 führte sie ein weiteres Büro in der Hamburger Speicherstadt. Nach ihrem Tod 2016 übernahm Patrik Schumacher die Leitung des Büros, das bis heute ihren Namen trägt. Schumacher hatte 1983 als Praktikant bei Hadid angeheuert und wurde 2002 ihr Teilhaber und Partner.

Ein erstes wegweisendes Projekt von Zaha Hadids Büro war der Entwurf für den Freizeit- und Erholungspark The Peak Leisure Club in Honkong, den sie 1982/83 erstellte. Spektakulär ist der horizontale Wolkenkratzer, der in mehreren terrassenförmig-horizontalen Schichten errichtet wurde, die als vorkragende Balken aus dem Boden herausragen. Der Bau ist eine Referenz an den Suprematismus, insbesondere des russischen Künstlers El Lissitzky, der sich durch das Fehlen von Gegenstandsbezügen und die Reduktion auf einfachste geometrische Formen auszeichnet. Zwischen den einzelnen Balken öffnen sich Bereiche, in denen Hadid Freizeiträume und Swimmingpools anlegte. Mit diesem außergewöhnlichen Entwurf setzte sie sich gegen 600 Konkurrenten bei einem Wettbewerb durch und gewann den ersten Preis mit 100 000 US-Dollar.

1988 nahm Zaha Hadid mit dem Entwurf – neben berühmten Kollegen wie Frank Gehry, Daniel Libeskind, Rem Koolhaas oder Peter Eisenmann – als einzige Frau an der Deconstructivist-Architecture-Ausstellung des New Yorker Museum of Modern Art teil.[794] Seither galt sie nicht nur als theoretische Vordenkerin, sondern auch als eine der Hauptvertreterinnen des Dekonstruktivismus, dem sie aber auch wichtige Impulse verdankte: »Die Architekturdiskussion der 80er-Jahre war stark vom Historizismus geprägt. Die Dekonstruktion war danach wichtig, weil da-

durch neue Metaphern wie etwa die Fragmentierung entstanden sind, das Nebeneinanderstellen hybrider Räume.
Daraus ergab sich eine dramatische Verschiebung der
architektonischen Praxis. Wir befassten uns mit Vorstellungen von Bewegung im Raum, dem Aufeinanderprallen
von Divergenzen. Die Konfrontationen wurden weicher,
verschmolzen und vermittelten die Idee, dass zwei Welten
an einem Ort gleichzeitig existieren können.«[795]

Die ersten Jahre der 80er waren allerdings nicht nur
von ungebremstem Erfolg geprägt, sondern auch von vielen Rückschlägen. Zaha Hadid gewann zwar Architekturpreise, einige Bauten wurden aber nicht realisiert, weil
ihre Entwürfe den Bauherren mitunter zu gewagt waren.
Nicht umgesetzt wurde beispielsweise ihr Plan für ein
Bürohaus am Kurfürstendamm in Berlin-Charlottenburg,
obwohl sie damit 1986 den ersten Preis im Wettbewerb
gewonnen hatte, für das aber schließlich Helmut Jahn
den Zuschlag erhielt. Außergewöhnlich an ihrem Entwurf
war die geringe Sockelbreite von nur 2,7 Metern. Auch der
Neue Zollhof in Düsseldorf, 1990, wurde nicht nach ihrer
Konzeption gebaut, sondern nach der ihres Kollegen Frank
Gehry. Ein weiterer Rückschlag Mitte der 90er-Jahre war
die Ablehnung ihrer Entwürfe für das Opernhaus im wali-
sischen Cardiff, obwohl sie jede der dreimaligen Ausschrei-
bung gewann. Die Baukommission weigerte sich, ihren
Entwurf umzusetzen, unter dem Vorwand, er sei aus sta-
tischer Sicht »unbaubar«.

Ein erstes erfolgreiches Projekt der Architektin in jenen
Jahren war der Bau des Feuerwehrhauses auf dem Gelände des Vitra-Werks in Weil am Rhein, das 1993 fertig-
gestellt wurde. Rolf Fehlbaum, der damalige geschäfts-
führende Inhaber des Designmöbel-Unternehmens Vitra,

war ein Freund moderner Architektur. Bereits für andere Firmengebäude von Vitra, unter anderem auch das Vitra Design Museum, hatte er bekannte Architekten wie Tadao Andō und Frank Gehry engagiert. Auch bei der Feuerwache arbeitete Zaha Hadid mit geometrischen Mustern: Die Betonwände laufen in einem spitzen Winkel auf den Haupteingang zu, und das architektonische Konzept arbeitet mit einer »linearen, schichtartigen Staffelung von Wänden«.[796] Markant ist das Betonvordach, das auf filigranen Säulen zu schweben scheint.

Aber auch dieser Bau polarisierte. Die Feuerwehrleute waren angeblich von den schrägen Wänden irritiert. Der Bauherr Rolf Fehlbaum aber empfand den Bau als »wahrscheinlich aufregendste Feuerwache der Welt«, die bestens funktionierte. Die Fachwelt würdigte die Feuerwache als eine »revolutionäre Bau-Ikone«.

Bereits bei dieser frühen Arbeit hat Hadid ihr Konzept der fließenden Übergänge und Transparenz verwirklicht: »Selbst bei einem kleinen Projekt wie dem Vitra-Feuerwehrhaus in Weil am Rhein war der Raum fließend organisiert, so dass man eine Vielfalt von Durchsichten erhält. Das ist ein leitendes Prinzip meiner Entwürfe: Transparenz ist nicht allein eine Frage des Materials. Es kommt auch darauf an, wie der Raum sich entfaltet, wenn man sich durch ihn hindurch bewegt.«[797]

Zu Beginn des neuen Jahrtausends folgte das naturwissenschaftliche interaktive Erlebnismuseum Phaeno in Wolfsburg mit einer Bauzeit von 2001 bis 2005. Dafür gewann Zaha Hadid 2004 als erste Frau den bedeutendsten Preis der Architektur, den Pritzker-Preis. Bei dem Wolfsburger Museum, in dem Phänomene wie Wetter, Licht und Energie erklärt werden und das als ihr ehrgeizigstes Bauwerk in Deutschland gilt, experimentierte sie mit neuen Möglichkeiten der dynamischen Gestaltung des Raums. Stets auf der Suche nach neuen Formen und neuesten Bautechniken arbeitete sie hier mit selbst verdichtendem Beton; insgesamt wurden bei diesem Bau 27 000 Kubikmeter Beton verarbeitet.[798] Trotz des massiven Materials gelang es der Architektin, dem Gebäude einen schwerelosen Charakter zu verleihen: Es schwebt größtenteils bis zu sieben Meter über dem Boden, getragen von zehn assymetrischen, kegelförmigen Stützen.[799] Der wie ein überdimensioniertes Raumschiff anmutende Bau verschluckte 79 Millionen Euro. Für das Phaeno-Zentrum in Wolfsburg entwickelte Hadid mit ihrem Team und modernster Soft- und Hardware eine Stahlkonstruktion, deren Ausbuchtungen aussehen, als würden sie von einem Magneten angezogen.

In den Jahren 2007 bis 2012 folgte das Heydar Aliyev Center in Baku, Aserbaidschan. Auftraggeber war die Republik Aserbaidschan. Das nach Gaidar Aliyew, dem 2003 verstorbenen Präsidenten Aserbaidschans, benannte Kulturzentrum beherbergt ein Museum, ein Auditorium und eine Veranstaltungshalle. Auf einer groß dimensionierten Fläche von 101 801 Quadratmetern schuf Hadid ein harmonisches Zusammenspiel von fließenden Formen der Gebäude und des sie umgebenden Platzes. Mit Wellen, Gabelungen und Auffaltungen kreierte sie eine ganz eigene architektonische Landschaft. Um einen hallenartigen und säulenfreien Raum zu schaffen, der den Besuchern die fließenden Formen im Innern des Gebäudes offenbart, ließ sie die vertikalen Strukturen hinter einem Hüllen- und Vorhangsystem verschwinden. Die spezielle Außenhülle arbeitet mit unkonventionellen strukturalen Lösungen wie den kurvigen sogenannten *Boot columns.*

Ein besonderes Konzept steckt hinter der Beleuchtung des Heydar Aliyev Center, die Inneres mit Äußerem verbinden soll. Tagsüber reflektiert das Gebäude die Lichtstrahlen und erscheint so je nach Tageszeit und Perspektive in einem anderem Licht. Nachts dringt das Licht vom Innern zum Äußeren und bringt somit die formale Komposition zur Geltung.[800] Damit verwischt das Gebäude die konventionellen Grenzen zwischen architektonischem Objekt und urbaner Landschaft, zwischen der Gebäudehülle und der städtischen Plaza.

Die BBC würdigte das Heydar Aliyev Center als »die ultimative Zaha-Erfahrung«, und der Architekt Piers Gough schwärmte von dem Bau als einem »betäubend schönen Gebäude von einer der brillantesten Architektinnen auf der Höhe ihres Könnens«.[801] Gough war einer der Juroren des Wettbewerbs, bei dem Hadid mit dem Design Award des Londoner Design Museums ausgezeichnet wurde.

Aber auch dieses Werk war nicht unumstritten und erregte Aufsehen, besonders in den britischen Medien. Die Kritik richtete sich gegen die Widmung des Baus an das 2003 verstorbene autoritäre Staatsoberhaupt Gaidar Aliyev, das von Amnesty International wegen Menschenrechtsverletzungen angeklagt wurde. Noch dazu hatte man die früheren Besitzer des Bauareals zwangsenteignet. Der Design-Museums-Direktor Deyan Sudjic verteidigte die Entscheidung mit der Begründung, dass es in der Auszeichnung nur um die herausragende Architektur gegangen sei.[802] Nach Aussagen des Büros von Hadid handelte es sich bei dem Baugrund um ein ehemaliges Industrieareal mit verfallenen Fabrikgebäuden. Bewohner kleinerer Gebäude, die an dessen Nordostseite angrenzten, seien mit Eigentumsurkunden für bezugsfertige Neubauten entschädigt worden.[803]

In Marseille baute Zaha Hadid zwischen 2006 und 2011 den CMA CGM Tower, die Firmenzentrale der drittgrößten Containerreederei weltweit. Mit seiner immensen Höhe von 30 Stockwerken ragt er elegant an der Nordseite des historischen Zentrums der französischen Hafenstadt empor und gewährt spektakuläre Aussichten auf Bucht, Stadt und Hafen. Das Gebäude ist in zwei Bereiche aufgeteilt, den Turm und einen Anbau. Im Gesamtkomplex finden 2700 Beschäftigte, 700 Autos und 200 Motorräder Platz. Eine Kantine mit 800 Sitzplätzen, eine Sporthalle und ein Auditorium runden die Nutzungsmöglichkeiten ab. Die Fassade, als Doppelfassadensystem konzipiert, dient als riesige Solarfläche zur Energiegewinnung und ist eine schwach reflektierende Oberfläche. Die vertikale Fassade, strukturiert aus Linien, die aus dem Boden herausfließen, sich aufeinander zubewegen und schließlich nach oben streben, verleiht dem Turm seine bestechende Eleganz.[804]

Ein besonders einprägsames Beispiel der Architektur von fließenden Linien und Formen und zugleich eine Referenz auf Coco Chanel ist der Mobile Art Pavillon, den Zaha Hadid in den Jahren 2008 bis 2010 im Auftrag des Modehauses Chanel entwarf und der in mehreren Städten aufgebaut wurde: in Hongkong, Tokio, New York und Paris. Inspiriert von der bekannten gesteppten Chanel-Tasche ist der Pavillon mit einer Fläche von 700 Quadratmetern wohl die größte Reminiszenz an die berühmte Modedesignerin. Hier hat die Architektin einen fließend-dynamischen Raum geschaffen, in dem Gegensätze wie

hell und dunkel, außen und innen sowie natürliche und
künstliche Landschaften miteinander verschmelzen. Mit
der außergewöhnlichen Form des Pavillons zelebrierte
die Architektin das ikonisch-kultige Werk der französischen Modedesignerin.

Das Zentrum des Gebäudes bildet der Innenhof mit seinen großen transparenten Öffnungen zum Himmel, über
die das Tageslicht ins Innere fließt. Er wird für Veranstaltungen genutzt oder dient als Rückzugsort für Aus-
stellungsbesucher und verbindet zugleich Ausstellungsräume und Eingangsbereich. An den Innenhof schließt
sich eine Terrasse an, die wiederum Außen mit Innen verbindet. Das Innere ist dominiert von gewölbten Formen,
die von dem künstlichen Licht aus der transparenten
Decke betont werden. Reflektierende Materialien erlau-
ben es, die Innenwände in variierenden Farben zu illu-
minieren.[805] Von außen erscheint der Pavillon wie eine
überdimensionale flache Muschel, die Ausstellungsräume
werden im Innern durch netzartig wirkende filigrane Zwi-
schenwände unterteilt.

Ebenfalls Ort für Kunstausstellungen, formal aber vollkommen anders konzipiert als der Chanel-Pavillion ist
das Eli and Edythe Broad Museum in East Lansing, USA,
das etwa zur gleichen Zeit, 2007 bis 2012, entstand. Das
Museum wurde im Auftrag der Michigan State University
auf einer riesigen Fläche von 46000 Quadratmetern gebaut. Die Fassade aus Stahl und Glas des leicht schräg
errichteten Gebäudes ist streng linear gestaltet und stellt
damit einen großen Kontrast zu den ansonsten traditionellen Backsteingebäuden auf dem Campus dar. Zaha Hadid
bewies mit diesem Bau, dass sie keine Kompromisse mit
vorhandenen Strukturen einging.

Die Ausstellungsräume im Broad Museum zeigen besondere Ausstellungen, moderne und zeitgenössische Kunst oder Fotografie. Darüber hinaus gibt es ein Bildungszentrum, Café und einen Museumsshop. Den Außenbereich bilden ein Skulpturengarten und ein großer Platz.[806] Anders als beim Chanel-Pavillon fügte Hadid hier Linien zu einer strengen Geometrie zusammen, die aber ohne rechte Winkel auskommt und von schräg gekippten Wänden gebrochen wird. Die klaren, lichtdurchfluteten Innenräume schaffen eine neutrale Fläche für unterschiedlichste Ausstellungsobjekte.

Zaha Hadid fand immer wieder außergewöhnliche Formen, mit denen sie den jeweiligen Gebäuden einen unverwechselbaren Charakter verlieh. Gerade im Museumsbau lag für die Architektin eine besondere Herausforderung, etwa wenn es darum ging, einen Raum für die Kunst zu schaffen, der diese angemessen präsentiert: »Es gibt nicht den einen optimalen Raum. Er muss offen sein für viele Interpretationen. Jedes Projekt hat seine eigenen Anforderungen. Der spezifische Ort muss berücksichtigt werden, damit man daraus Energie ziehen kann. Ganz entscheidend aber ist die Tatsache, dass der Kontext eines Museums heute weit über seine unmittelbare Umgebung hinausgeht. Dazu gehört auch, Kunst an anderen Orten innerhalb des globalen Gefüges zu installieren. Das Wesentlichste ist, wie sich der Besucher durch das Museum hindurch bewegt. Er soll im Museum viele unterschiedliche Erlebnisse haben können.«[807]

Die gekippte Horizontalität zeigte sich auch in einem weiteren Projekt der Jahre 2008 bis 2013: der Bibliothek und dem Studienzentrum der Wirtschaftsuniversität in Wien. Auf einer Fläche von 28 000 Quadratmetern baute

Hadid einen polygonalen Block im Zentrum des Campus. Während Geradlinigkeit und strenge Linien die Fassade prägen, gehen sie im Innern in kurvige und fließende Formen über, wo sie den zentralen Platz des Gebäudes und die Brücken und Korridore zu den anderen Stockwerken bilden. Das Hauptgebäude umfasst den Servicebereich, das Lernzentrum und die Bibliothek. Das Besondere der Innengestaltung liegt in einer Transparenz, die durch Rampen, Plattformen, Brücken und Terrassen erreicht wird, die die einzelnen Gebäudebereiche miteinander verbinden.[808]

Ein weiteres Prestigeprojekt in Europa folgte in den Jahren 2009 bis 2013 mit dem Auftrag vom Serpentine Trust für den Bau der Serpentine Sackler Gallery in London. Das Vorhaben umfasste zwei Teile: den Umbau des Magazins, eines traditionellen Backsteinbaus, und den modernen Anbau. Das bestehende Magazingebäude entwarf Hadid neu, während die ehemaligen Innenhofareale in die Ausstellungsräume integriert wurden. Hier arbeitete sie wieder mit großen Oberlichtern, die Tageslicht ins Innere strömen lassen und ein perfektes Ausstellungslicht generieren. Eine Glasfibermembran verbindet einen äußeren geschwungenen, ringförmigen Balken und bildet zugleich fünf Säulen, die die höchsten Punkte des Dachs markieren. Dieser ringförmige Balken zieht sich an den Ecken, wenn man diese überhaupt so nennen kann, nach unten zum Boden. An einer Stelle scheint das Dach der Glasfibermembran über einem Teil des Magazins zu schweben. Die westlich gelegene Steinwand des Magazins wird zur Innenwand der modernen Gebäudeerweiterung, ohne den alten Glanz und Charakter einzubüßen. Das Innere des Glasfiberanbaus ist ein offener, lichtdurchfluteter Raum.[809]

Etwa Mitte der 2000er-Jahre wurden Hadids Entwürfe organischer und fließender, wie die Stationen der Hungerburgbahn in Innsbruck (2005–2008) und die Bauten in China zeigen. Diese jüngeren Werke wurden als archaisch und futuristisch zugleich beschrieben. Hadid selbst verfolgte damit nichts Geringeres als eine andere Vorstellung vom Raum: »Das Wichtigste ist die Bewegung, der Fluss der Dinge, eine nichteuklidische Geometrie, in der sich nichts wiederholt: eine Neuordnung des Raumes.«[810]

Kritik erfuhr Zaha Hadid immer wieder von gesellschaftspolitischer Seite. So für ihre Beteiligung am Bau eines WM-Stadions in Katar, bei dem katastrophale Arbeitsbedingungen herrschten, für die allerdings weniger die Architektin als vielmehr die Regierung verantwortlich war. In einem der reichsten Länder der Welt verdienten die Arbeiter aus Indien und Nepal gerade einmal 55 Cent die Stunde. Mehr als 880 Arbeiter kamen laut Informationen des *Guardian* ums Leben, seit Katar den WM-Zuschlag erhielt und zu bauen begann.[811]

Protest traf Hadid auch, nachdem sie für den Entwurf des Galaxy Soho Building, eines Gebäudekomplexes in Peking, den RIBA International Prize und damit die höchste britische Auszeichnung für Architekten erhielt. Eine Gruppe Pekinger Denkmalschützer wandte sich mit einem offenen Brief empört an das Auswahlgremium. Immer wieder gab es Kritik an ihren aufsehenerregenden Bauten in Ländern, in denen Menschenrechte missachtet werden. Doch damit war sie nicht allein, auch Kollegen wie Rem Koolhaas und die Schweizer Architekten Herzog und de Meuron bauen in diktatorisch geführten Staaten wie China.[812]

Ausflüge ins Design

Zaha Hadids Kreativität suchte sich nicht nur ihren Weg im Entwerfen von Gebäuden. Sie experimentierte auch in anderen künstlerischen Bereichen. Neben Bühnenbildern, wie beispielsweise für die Tournee der Popband Pet Shop Boys 1999/2000 oder für Beat Furrers Oper *Begehren* in Graz 2003, entwarf sie Möbel. Im Auftrag des Mailänder Möbelhersteller B&B Italia kreierte sie 2007 die ergonomische Sofakombination Moon System. Auch Cassina, ebenfalls in Mailand ansässig, beauftragte die Architektin mit dem Entwurf einer Sofakombination: Zephyr.

Zaha Hadid gestaltete Tische wie den Liquid Glacial Table für die David Gill Gallerie in London oder in den Jahren 2012/13 mehrere durchsichtige Tische aus Acryl und Plexiglas, deren Tischbeine den Eindruck von herabfließendem Wasser erwecken. Darüber hinaus finden sich Einzelobjekte in ihren Werklisten wie ein Plastikschuh in acht Farben oder eine Weinflasche für den österreichischen Winzer Leo Hillinger 2013, die in einer limitierten Auflage von nur 999 Flaschen hergestellt wurde. Erwähnenswert sind zudem zwei auserlesene Tapetenkollektionen für die Marburger Tapetenfabrik mit den Namen Art Borders (2010) und Hommage (2015).

Eine neue Architektursprache

Zaha Hadid hat mit ihren frühen Projekten einen großen Beitrag zu den gestalterischen Innovationen der 1980er- und 90er-Jahre geleistet. Zu ihren wichtigsten Errungenschaften zählen die Auflösung fester Formen. Patrik Schumacher spricht auch von »Kalligrafie« im Sinne von Schönschrift.[813] Ihre Konzepte führten zu radikal neuen Entwürfen, die für die Sehgewohnheiten surreal wirkten, aber auch einzigartig. Sie erweiterte die Formsprache der Architektur. Das explosive Moment in ihren Entwürfen äußert sich darin, dass Räume zu einem zentrifugalen Kraftfeld werden. Damit entwickelte sie die Fragmentierung des Dekonstruktivismus einen großen Schritt weiter. Ihre ganz eigene Sprache entwickelte Hadid mit den geschwungenen Linien, die ihre Gebäude durchziehen und eine ganz besondere Dynamik entstehen lassen.

Mit ihren verzerrten Formen schuf sie eine architektonische Welt mit ganz neuen charakteristischen Formen, kompositorischen Gesetzen und räumlichen Effekten, die polizentral und multidirektional waren, also mehrere Richtungen in sich vereinten.

Eine weitere Besonderheit ihrer architektonischen Sprache besteht in den offenen Räumen, mit denen sie ganze Landschaften gestaltete wie auch Häuser. Verschiedene Bereiche gehen bei Hadid weich und fließend ineinander über und sind nicht durch harte Linien oder Wände voneinander getrennt. Damit entwickelte sie eine neue Raumsprache, in der eher Felder als klassische Räume bestimmend sind.

Vor allem ging es ihr darum, sich von der »Diktatur des rechten Winkels« zu befreien: »Ihr setzte ich die Diagonale entgegen. Mit der Diagonale begann meine Explosion der Raumerneuerung. Mit ihr brach ich die starren Kerngehäuse auf, kippte Perspektiven und verschob Proportionen. Und schließlich verflüssigte ich die Räume. Weil ich nichts langweiliger finde als Wiederholung.«[814] In der Architektur der starren Wände, niedrigen Decken und rechten Winkel fühlte sie sich wie in einem Gefängnis, aus dem sie unbedingt ausbrechen wollte.[815]

Raum, Körper, aber auch Naturphänomene sind einige der Elemente, die Zaha Hadid begeisterten und die sie in ihren Bauten auf faszinierende und einzigartige Weise umgesetzt hat: »Es gibt schon ein Konzept, das die Arbeiten verbindet, aber kein Thema im engeren Sinne. Beim Entwurf für das Art Center in Rom geht es beispielsweise um komplementäre ›Ströme‹, die den Raum durchziehen. In Wolfsburg stelle ich mir ›Voids‹ vor, leere Körper, die herab gefallen sind. Mich interessiert eine Art organische Organisation des Raumes, nicht notwendigerweise die organische Form als solche. Neuerdings ist Landschaft, die Topographie eines Raumes, ein verbindendes Element meiner Projekte: Man findet Anklänge an Vulkankrater, Felsen, Licht, Flüssigkeit, Luft.«[816]

Hadids Innovationsfreudigkeit und starke Individualität brachten ihr zahlreiche Auszeichnungen und Ehrungen ein. Den ersten Preis erhielt sie bereits 1982 mit der Gold Medal Architectural Design, British Architecture, für ein Gebäude am Londoner Eaton Place 59. 2004 folgte der Pritzker-Preis, der als »Nobelpreis der Architektur« gilt. Für das Zentralgebäude des BMW-Museums in Leipzig wurde Hadid 2005 mit dem Architekturpreis der Stadt Leipzig und mit dem Deutschen Architekturpreis ausgezeichnet. Damit hatte sie sich gegen 24 Büros weltweit durchgesetzt. Weitere Würdigungen erfuhr sie mit Ehrenmitgliedschaften in bedeutenden Architekturverbänden wie dem Bund Deutscher Architekten BDA und der American Academy of Arts and Letters. 2002 erhielt sie die prestigeträchtige Auszeichnung Commander of the British Empire (C. B. E.).

Ihr Werk wurde zudem in zahlreichen Ausstellungen namhafter Museen und Galerien gewürdigt, wie dem Solomon R. Guggenheim Museum in New York, der Galerie Gmurzynska in Zürich, dem Philadelphia Museum of Art oder im Palazzo Franchetti, Canale Grande in Venedig sowie MAXXI in Rom. Das Deutsche Architekturmuseum in Frankfurt am Main widmete ihr nach ihrem Tod 2017/18 eine Schau, und auch das HOW Design Center in Schanghai ehrte sie mit einer Werkschau.

Zaha Hadid hat als Architektin den Fokus auf neue Methoden und Ansätze gelenkt, mit denen sie grundlegende Prämissen in der Architektur hinterfragt hat. Sie stellte die für das Bauen lange vorherrschende Geometrie auf den Prüfstand. Ihren Erfolg verdankt sie dabei auch ihrer Unbeirrtheit und der Überzeugung, dass Architektur nicht zwangsläufig so sein müsse, wie sie schon immer war.[817] Dabei hat sie als Frau in der Männerdomäne Architektur Einzigartiges geschaffen. Dennoch war es ihr immer wichtig, als Architektin betrachtet und nicht auf das Geschlecht oder ihre Herkunft beschränkt zu werden: »Natürlich verneine ich meine arabischen Wurzeln nicht, aber ich lasse mich nicht gern auf meine Herkunft, meine Vergangenheit oder gar meine Rolle als Frau reduzieren. Ich bin Architektin und beschäftige mich als solche mit der Zukunft des Bauens und Wohnens.«[818]

LITERATUR

Angelika Kauffmann

Angelika Kauffmann: *Briefe einer Malerin*, ausgewählt, kommentiert und mit einer Einleitung von Waltraud Maierhofer, Mainz 1999

Waltraud Maierhofer: *Angelika Kauffmann*, Reinbek 1997

Tobias G. Natter (Hg.): *Angelika Kauffmann. Ein Weib von ungeheurem Talent*, Ostfildern 2007

Siegfried Obermeier: *Die Muse von Rom. Angelika Kauffmann und ihre Zeit*, Frankfurt/Main 1987

Eugen Thurnher (Hg.): *Angelika Kauffmann und die deutsche Dichtung*, Bregenz 1966

Clara Schumann

Arnfried Edler: *Robert Schumann und seine Zeit*, Lilienthal bei Bremen 2002

Ders.: *Robert Schumann*, München 2009

Dieter Kühn: *Clara Schumann, Klavier. Ein Lebensbuch*, Frankfurt/Main 1996

Gerd Nauhaus (Hg.): *Robert Schumann, Tagebücher. Band III Haushaltsbücher Teil 2 1847–1856*, Basel und Frankfurt 1982

Meinhard Saremba: *»... es ist ein zu starker Contrast mit*

meinem Inneren!« Clara Schumann, Johannes Brahms und das moderne Musikleben, Hamburg 2021

Eva Weissweiler (Hg.): *Clara und Robert Schumann, Briefwechsel*, Kritische Gesamtausgabe, drei Bände, Frankfurt/Main und Basel 2001

Désirée Wittkowski (Hg.): *Herzensschwestern der Musik. Pauline Viardot und Clara Schumann. Briefe einer lebenslangen Freundschaft*, Lilienthal bei Bremen 2020

George Sand

Eva Gesine Baur: *Chopin oder die Sehnsucht. Eine Biographie*, München 2009

Alphone Jacobs (Hg.): *Gustave Flaubert – George Sand. Eine Freundschaft in Briefen*, München 1992

George Sand: *Geschichte meines Lebens.* Auswahl aus ihrem autobiographischen Werk, herausgegeben von Renate Wiggerhaus, Frankfurt/Main 1978

Dies.: *Lelia*, Frankfurt/Main 1984

Dies.: *Œuvres complètes*, sous la diréction de Béatrice Didier, Paris 2021

Daphne Schmelzer: *Rebellion und Liebe. Das Leben der George Sand*, Frankfurt/Main 2016

Lou Andreas-Salomé

Peter-André Alt: *Sigmund Freud. Der Arzt der Moderne*, München 2016

Lou Andreas-Salomé: *Lebensrückblick.* Neue, durchgesehene Ausgabe, herausgegeben von Ernst Pfeiffer, Frankfurt/Main 1974

Dies.: *Nietzsche in seinen Werken*, Frankfurt/Main 1983

Britta Benert, Romana Weiershausen (Hrsg.): *Lou*

Andreas-Salomé: Zwischenwege in der Moderne/Sur les chemins de traverse de la modernité, Taching 2019

Ernst Pfeiffer (Hg.): *Rainer Maria Rilke – Lou Andreas-Salomé – Briefwechsel*, Frankfurt/Main 1989

Michaela Wiesner-Bangard, Ursula Welsch: *Lou Andreas-Salomé. »Wie ich Dich liebe, Rätselleben«. Eine Biographie*, Stuttgart 2017

Else Jaffé-von Richthofen

Eberhard Demm: *Else Jaffé-von Richthofen: Erfülltes Leben zwischen Max und Alfred Weber*, Düsseldorf 2014

Ders., Hartmut Soell (Hg.): *Alfred Weber, Ausgewählter Briefwechsel*, Alfred-Weber-Gesamtausgabe Band 10 und 11, Marburg 2003

Martin Green: *Else und Frieda. Die Richthofen-Schwestern*, München 1996

Dirk Kaesler: *Max Weber. Preuße, Denker, Muttersohn. Eine Biographie*, München 2014

Jürgen Kaube: *Max Weber. Ein Leben zwischen den Epochen*, Berlin 2014

Dieter Krüger: *Nationalökonomen im wilhelminischen Deutschland*, Kritische Studien zur Geschichtswissenschaft Band 58, Göttingen 1983

Guenther Roth: *Edgar Jaffé, Else von Richthofen and Their Children. From German-Jewish assimilation through antisemitic persecution to American integration. A century of family correspondence 1880–1980*, data.europeana.eu

Marianne Weber: *Lebenserinnerungen*, Hildesheim 2004

Golda Meir

Francine Klagsbrun: *Lioness: Golda Meir and the Nation of Israel*, New York 1917

Pnina Lahav: *The Only Woman in the Room. Golda Meir and Her Path to Power*, Princeton/Oxford 2022

Golda Meir: *Leben für mein Land. Selbstzeugnisse aus Leben und Wirken*, Bern und München 1973

Tom Segev: *David Ben Gurion. Ein Staat um jeden Preis*, München 2018

Shulamit Volkov: *Deutschland aus jüdischer Sicht. Eine andere Geschichte vom 18. Jahrhundert bis zur Gegenwart*, München 2022

Michael Wolffsohn, Douglas Bokovoy: *Israel. Geschichte, Wirtschaft, Gesellschaft, Politik*, Opladen 1996

Coco Chanel

Coco Chanel: *Die Kunst, Chanel zu sein. Coco Chanel erzählt ihr Leben*, München 1998/2003

Theo Hirsbrunner: *Igor Strawinsky in Paris*, Lilienthal bei Bremen 1982

Étienne Rousseau-Plotto: *Stravinsky à Biarritz. Un compositeur russe en exil (1921–1924)*, Biarritz 2016

Rose Sgueglia: *The real Coco Chanel*, Yorkshire, Philadelphia, 2020

Hal Vaughan: *Coco Chanel – Der schwarze Engel. Ein Leben als Nazi-Agentin*, Hamburg 2011

Anna Mahler

Elias Canetti: *Das Augenspiel. Lebensgeschichte 1931–1937*, Frankfurt/Main 1993

Jens Malte Fischer: *Gustav Mahler. Der fremde Vertraute*, Wien 2003

Ernst Krenek: *Im Atem der Zeit. Erinnerungen an die Moderne*, Hamburg 1998

Gustav Mahler: *»In Eile wie immer«*. Neue unbekannte

Briefe, herausgegeben und kommentiert von Franz Will-nauer, Wien 2016

Alma Mahler-Werfel: *Mein Leben. Biographie*, Frank-furt/Main 1989

Susanne Rode-Breymann: *Alma Mahler-Werfel, Muse – Gattin – Witwe*, München 2014

Barbara Weidle, Ursula Seeber (Hg.): *Anna Mahler. Ich bin in mir selbst zu Hause*, Bonn 2004

Genia Averbuch

Sigal Davidi: »By women for women: modernism, arch-tecture, and gender in building the new Jewish society in Mandatory Palestine«, in: *arq 20.3*, Cambridge 2016

Dies.: »The new architecture of the 1934 Lavent Fair: Constructing identity for Jewish Society in Mandatory Palestine«, in: Ronny Schüler, Jörg Stabenow (Hg.): *Vermittlungswege der Moderne. Neues Bauen in Palästina 1923–1948*, Berlin 2018

Dies.: »Pioneer in Modernism. Women Architects in Tel Avid from the 1930s«, in: Artur Tanikowski: *Gdynia and Tel Aviv. The two white cities. Promise of a journey. Promise of a home*, Warschau 2019 (zweisprachig, Polnisch/Englisch)

Dies.: »Genia Averbuch: Modernism meets the Verna-cular – Youth Villages for New Immigrants, 1948–1955«, in: Ben-Asher Gitler, Anat Geva (Hg.): *Israel as a Modern Architectural Lab, 1948–1978*, Chicago 2020

Sharon Rotbard: *White City – Black City. Architecture and War in Tel Aviv and Jaffa*, Cambridge, Massachusetts, 2015

Ronny Schüler, Jörg Stabenow (Hg.): *Vermittlungswege der Moderne – Neues Bauen in Palästina 1923–1948*, Berlin 2018

Zaha Hadid

Interview mit Manfred Engeser: »Beton ist sexy«, *Wirtschaftswoche*, 22.01.2007

Interview mit Belinda Grace Gardner: »Zaha Hadid baut in Wolfsburg«, *Frankfurter Allgemeine Zeitung*, 16.03.2001

Philip Jodidio: *Zaha Hadid 1950–2016. Die raumerneuernde Explosion*, Köln 2021

Interview mit Eva Karcher: »Über Ecken«, *Süddeutsche Zeitung*, 17.05.2010

Marion Löhndorf: »Bau-Ikonen für autoritäre Staaten«, *Neue Zürcher Zeitung*, 22.07.2014

Maik Novotny: »Bauen für autoritäre Staaten: Die B-Seite der Architektur«, *Der Standard*, 02.08.2014

Patrik Schumacher: *Zaha Hadid Architects*, Mulgrave, Victoria, 2017

Laura Weißmüller: »Zaha Hadid baute Häuser, die fliegen können«, *Süddeutsche Zeitung*, 31.03.2016

BILDNACHWEIS

Angelika Kauffmann | © IMAGO/alimdi

Clara Schumann | © IMAGO/Gemini Collection

George Sand | © IMAGO/Gemini Collection

Lou Andreas-Salomé | © IMAGO/Leemage

Else von Richthofen | © Th. Schuhmann & Sohn
Hofphotographen, Karlsruhe, 1902 »gemeinfrei«

Golda Meir | © IMAGO/AGB Photo

Coco Chanel | © IMAGO/United Archives International

Anna Mahler | © Mahler Foundation

Genia Averbuch | © Public Domain und Projektphoto

Zaha Hadid | © picture alliance/dpa | Facundo
Arrizabalaga

ANMERKUNGEN

1 Siegfried Obermeier: *Die Muse von Rom. Angelika Kauffmann und ihre Zeit*, Frankfurt 1987, S. 5.
2 Obermeier: *Die Muse von Rom*, S. 11 ff.
3 Waltraud Maierhofer: *Angelika Kauffmann*. Rowohlt, Reinbek 1997, S. 10.
4 Obermeier: *Die Muse von Rom*, S. 15.
5 Maierhofer, *Kauffmann*, S. 12, Obermeier: *Die Muse von Rom*, S. 15.
6 Maierhofer, *Kauffmann*, S. 13.
7 Obermeier, *Die Muse von Rom*, S. 17 f.
8 Pastell, Lugano, Kapuzinerkloster, Maierhofer, *Kauffmann*, S. 14.
9 Obermeier, *Die Muse von Rom*, S. 19 und Maierhofer, *Kauffmann*, S. 14.
10 Obermeier, *Die Muse von Rom*, S. 19 ff.
11 Maierhofer, *Kauffmann*, S. 17.
12 Obermeier, *Die Muse von Rom*, S. 24.
13 Angelika Kauffmann an Carl Ulysses von Salis-Marschlins, Rom, 16. Juni 1790, Kauffmann, Angelika: *Briefe einer Malerin*, ausgewählt, kommentiert und mit einer Einleitung von Waltraud Maierhofer, Mainz 1999, S. 136.
14 Maierhofer, *Kauffmann*, S. 21 ff.
15 Ebd., S. 21.
16 Ebd., S. 28 f.
17 Ebd., S. 34.
18 Ebd., S. 40.
19 Ebd., S. 22 f.
20 Obermeier, *Die Muse von Rom*, S. 26.
21 Ebd., S. 38.
22 Ebd., S. 44.

23 Ebd., S. 31.

24 Ebd., S. 50 f.

25 Maierhofer, *Kauffmann*, S. 40.

26 Angelika Kauffmann an Johann Joseph Kauffmann, London, 10. Oktober 1766, in: Kauffmann, *Briefe einer Malerin*, S. 60; Maierhofer, Kauffmann, S. 43.

27 Maierhofer, *Kauffmann*, S. 43, 45.

28 Ebd., S. 42.

29 Ebd., S. 46 ff.

30 Obermeier, *Die Muse von Rom*, S. 59 f.

31 Maierhofer, *Kauffmann*, S. 46, Obermeier, *Die Muse von Rom*, S. 62.

32 Obermeier, *Die Muse von Rom*, S. 64 ff.

33 Ebd., S. 75.

34 Ebd., S. 76.

35 Maierhofer, *Kauffmann*, S. 56.

36 Angelika Kauffmann an Friedrich Gottlieb Klopstock, 29. 5. 1769, in: *Briefe einer Malerin*, S. 64.

37 Angelika Kauffmann an Friedrich Gottlieb Klopstock, 4. 7. 1780, *Briefe einer Malerin*, S. 73; Maierhofer, *Kauffmann*, S. 67 f.

38 Angelika Kauffmann an Klopstock, London, 28. August 1769, in: *Angelika Kauffmann und die deutsche Dichtung*, hg. von Eugen Thurnher, Bregenz 1966, S. 33.

39 Klopstock an Kauffmann, Kopenhagen, 3. März 1770, in: *Angelika Kauffmann und die deutsche Dichtung*, hg. von Thurnher, S. 34.

40 Maierhofer, *Kauffmann*, S. 84.

41 Obermeier, *Die Muse von Rom*, S. 100 ff.

42 Maierhofer, *Kauffmann*, S. 93.

43 Ebd., S. 88 f.

44 Angelika Kauffmann an Joseph Anton Melzer, 22. 2. 1782 und 23. 7. 1782, in: *Briefe einer Malerin*, S. 75 f., 82 f.

45 Angelika Kauffmann an William Fordyce, Rom, 28. Dezember 1782, in: *Briefe einer Malerin*, S. 91.

46 Obermeier, *Die Muse von Rom*, S. 113 ff.

47 Herzogin Amalie von Weimar an Angelika Kauffmann, Weimar, 25. Juni 1790, in: *Angelika Kauffmann und die deutsche Dichtung*, hg. von Thurnher, S. 68.

48 Von Tischbein stammt das berühmte Gemälde *Goethe in der römischen Campagna*, 1787.

49 Obermeier: *Die Muse von Rom*, S. 128 ff.

50 zitiert nach Obermeier: *Die Muse von Rom*, S. 154.

51 Angelika Kauffmann an Johann Wolfgang Goethe, Rom,
10. Mai 1788, in: *Briefe einer Malerin*, S. 99.

52 Kauffmann an Goethe, Rom, 5. August 1788, in: *Angelika Kauffmann
und die deutsche Dichtung*, hg. von Thurnher, S. 49.

53 In 1793 ebbt die Korrespondenz beider allmählich ab, wie
Kauffmann an Johann Heinrich Meyer am 6. Juni 1793 schreibt.
Ebd., S. 150.

54 Kauffmann an Goethe, Rom, 17. Mai 1788, in: *Angelika Kauffmann
und die deutsche Dichtung*, hg. von Thurnher, S. 46.

55 Angelika Kauffmann an Johann Wolfgang Goethe, 23. Juli 1888,
5. August 1788, ebd. 103 ff.

56 Kauffmann an Goethe, Rom, 1. November 1788, in: *Angelika
Kauffmann und die deutsche Dichtung*, hg. von Thurnher, S. 55.

57 Herder an seine Frau Caroline, Rom, 20. September 1788, in:
Angelika Kauffmann und die deutsche Dichtung, hg. von Thurnher,
S. 135.

58 Angelika Kauffmann an Johann Wolfgang Goethe, Rom,
21. September 1788, in: *Briefe einer Malerin*, S. 113 f.

59 Angelika Kauffmann an Johann Wolfgang Goethe, ebd.,
1. November 1788, S. 119.

60 Herder an Goethe, Rom, 3. Dezember 1788, in: *Angelika Kauffmann
und die deutsche Dichtung*, hg. von Thurnher, S. 131.

61 Angelika Kauffmann an Anna Amalia von Sachsen-Weimar-
Eisenach, Rom, 23. November 1805, ebd. S. 179.

62 Maierhofer, *Kauffmann*, S. 20.

63 *Briefe einer Malerin*, hg. von Waltraud Maierhofer, S. 20.

64 Maierhofer, *Kauffmann*, S. 33.

65 Ebd., S. 73 ff.

66 Ebd., S. 39.

67 Ebd., S. 49.

68 Maierhofer, *Kauffmann*, S. 97.

69 Obermeier, *Die Muse von Rom*, S. 200.

70 Maierhofer, *Kauffmann*, S. 61.

71 Ebd., S. 57.

72 Ebd., S. 63 f.

73 Maierhofer, *Kauffmann*, S. 77 f.

74 Obermeier, *Die Muse von Rom*, S. 141 f.

75 Angelika Kauffmann an ihren Vetter Johann Kauffmann, Rom, wahrscheinlich 9. Juni 1901, in: *Briefe einer Malerin*, S. 165 f.

76 Obermeier, *Die Muse von Rom*, S. 213 ff.

77 Dieter Kühn, *Clara Schumann. Ein Lebensbuch*, Frankfurt 1996, S. 21, 29.

78 Kühn, *Clara Schumann*, S. 33.

79 Ebd., S. 39 f.

80 Zitiert nach Kühn, *Clara Schumann*, S. 34.

81 Kühn, *Clara Schumann*, S. 108. Geschwister: Adelheid, geb. 1817, Alwin, geb. 1821, Gustav, geb. 1823, Viktor, geb. 1824.

82 Kühn, *Clara Schumann*, S. 18.

83 Ebd., S. 71, 76.

84 Ebd., S. 83, 103.

85 Ebd., S. 104 ff.

86 Ebd., S. 111.

87 Ebd., S. 119.

88 Zitiert nach ebd., S. 120.

89 Ebd., S. 70.

90 Arnfried Edler, *Robert Schumann und seine Zeit*, Laaber 2002, S. 19.

91 zitiert nach: Kühn, Clara Schumann, S. 57.

92 Ebd., S. 97 f.

93 Ebd., S. 90.

94 Ebd., S. 100.

95 Edler, *Robert Schumann und seine Zeit*, Laaber, S. 29.

96 Clara und Robert Schumann, *Briefwechsel, Kritische Gesamtausgabe*, hg. von Eva Weissweiler, Frankfurt/Main und Basel 2001, S. 906.

97 *Briefwechsel Clara und Robert Schumann*, hg. von Eva Weissweiler, S. 917.

98 An Robert Schumann, Hamburg, 3. 3. 1840, *Briefwechsel Clara und Robert Schumann*, hg. von Eva Weissweiler, S. 964.

99 Kühn, *Clara Schumann*, S. 171, 178 f.

100 Ebd., S. 233 ff.

101 An Robert Schumann, 1. Januar 1840, *Briefwechsel Clara und Robert Schumann*, hg. von Eva Weissweiler, S. 841.

102 An Robert Schumann, Berlin, 23. Mai 1840, *Briefwechsel Clara und Robert Schumann*, hg. von Eva Weissweiler, S. 1044.

103 Zitiert nach Kühn, *Clara Schumann*, S. 173.

104 Désirée Wittkowski (Hg.), *Herzensschwestern der Musik. Pauline Viardot und Clara Schumann. Briefe einer lebenslangen Freundschaft*, Laaber 2020, S. 23.

105 Kühn, *Clara Schumann*, S. 190, 195.

106 Ebd., S. 200.

107 An Robert Schumann, Berlin, 3. 1. 1840, *Briefwechsel Clara und Robert Schumann*, hg. von Eva Weissweiler, S. 845.

108 An Robert Schumann, Hamburg, 9. März 1840, *Briefwechsel Clara und Robert Schumann*, hg. von Eva Weissweiler, S. 973.

109 An Robert Schumann, Berlin, 3. 1. 1840, *Briefwechsel Clara und Robert Schumann*, hg. von Eva Weissweiler, S. 851.

110 An Robert Schumann, Hamburg 12. 2. 1840, *Briefwechsel Clara und Robert Schumann*, hg. von Eva Weissweiler, S. 924.

111 Kühn, *Clara Schumann*, S. 202 f.

112 Edler, *Robert Schumann und seine Zeit*, Laaber, S. 282 f.

113 Kühn, *Clara Schumann*, S. 275.

114 Edler, *Robert Schumann und seine Zeit*, S. 41.

115 Ebd., S. 49.

116 Ebd., S. 42.

117 Kühn, *Clara Schumann*, S. 356 ff., 381, 407, 410.

118 Ebd., S. 417.

119 Zitiert nach Kühn, *Clara Schumann*, S. 419.

120 Kühn, *Clara Schumann*, S. 430 ff., s. a. Meinhard Saremba: *»... es ist ein zu starker Contrast mit meinem Inneren!« Clara Schumann, Johannes Brahms und das moderne Musikleben*, Hamburg 2021, S. 70.

121 Edler, *Robert Schumann und seine Zeit*, S. 285. Saremba, *»... es ist ein zu starker Contrast mit meinem Inneren!«*, S. 71 f.

122 Arnfried Edler, *Robert Schumann*, München 2009, S. 61 f.

123 Geboren am 7. Mai 1833 in Hamburg; gestorben am 3. April 1897 in Wien.

124 Robert Schumann, *Tagebücher*. Band III Haushaltsbücher Teil 2 1847–1856, hg. von Gerd Hauhaus, Basel und Frankfurt 1982, S. 637.

125 Sie vernichteten diesen später fast vollständig.

126 Kühn, *Clara Schumann*, S. 464 ff., 470 f., 484 ff.; Saremba, *»... es ist ein zu starker Contrast mit meinem Inneren!«*, S. 83.

127 Saremba, *»... es ist ein zu starker Contrast mit meinem Inneren!«*,

S. 85.

128 Ebd., S. 86.

129 Ebd., S. 88, 90.

130 Zitiert nach https://csh.animoni.de.

131 an Robert Schumann, 1. 9. 1840, *Briefwechsel Clara und Robert Schumann*, hg. von Eva Weissweiler, S. 1118.

132 Wittkowski (Hg.), *Herzensschwestern der Musik*, S. 14.

133 Kühn, *Clara Schumann*, S. 156 ff.

134 *Briefwechsel Clara und Robert Schumann*, hg. von Eva Weissweiler, S. 890.

135 An Robert Schumann, Berlin, 14. 3. 1840, *Briefwechsel Clara und Robert Schumann*, hg. von Eva Weissweiler, S. 985.

136 *Briefwechsel Clara und Robert Schumann*, hg. von Eva Weissweiler, S. 1065.

137 An Robert Schumann, Weimar, 13. 8. 1840, *Briefwechsel Clara und Robert Schumann*, hg. von Eva Weissweiler, S. 1073.

138 An Clara Schumann, Leipzig, 16. März 1842, *Briefwechsel Clara und Robert Schumann*, hg. von Eva Weissweiler, S. 1126.

139 Kühn, *Clara Schumann*, S. 259 ff.

140 Ebd., S. 303 ff.

141 Ebd., S. 365.

142 Ebd., S. 495.

143 Wittkowski (Hg.), *Herzensschwestern der Musik*, S. 27.

144 Ebd., S. 25.

145 Kühn, *Clara Schumann*, S. 495.

146 Ebd., S. 112 f.

147 Ebd., S. 287.

148 Berlin, 14. 3. 1840, *Briefwechsel Clara und Robert Schumann*, hg. von Eva Weissweiler, S. 984.

149 An Robert Schumann, Berlin, 4. Mai 1840, *Briefwechsel Clara und Robert Schumann*, hg. von Eva Weissweiler, S. 1016.

150 Kühn, *Clara Schumann*, S. 299.

151 Am 14. November 1929 in Interlaken verstorben.

152 Wittkowski (Hg.), *Herzensschwestern der Musik*, S. 61.

153 Kühn, *Clara Schumann*, S. 312 ff.

154 Ebd., S. 329 ff.

155 Ebd., S. 384.

156 Ebd., S. 450 ff. Die anderen Kinder sind Elise, geb. 25. April 1843 in

Leipzig, gestorb. 1. Juli 1928 in Haarlem, Julie, geb. 11. März 1845 in Dresden, gestorb. 10. November 1872 in Paris, und Emil, geb. 8. Februar 1846 in Dresden, gestorb. 22. Juni 1847 in Dresden.

157 Zitiert nach https://csh.animoni.de.
158 Hier ist das heutige Brahms-Museum in Baden-Baden untergebracht.
159 Wittkowski (Hg.), *Herzensschwestern der Musik*, S. 116.
160 Sie hatten sich über Pauline Viardot in 1843 bei einem von Mendelssohn dirigierten Konzert im Leipziger Gewandhaus kennengelernt. Wittkowski (Hg.), *Herzensschwestern der Musik*, S. 112.
161 https://csh.animoni.de.
162 George Sand, *Geschichte meines Lebens*. Auswahl aus ihrem autobiografischen Werk, hg. von Renate Wiggerhaus, Frankfurt 1978, S. 48. In ihren Erinnerungen schreibt sie 5. Juli.
163 Daphne Schmelzer, *Rebellion und Liebe. Das Leben der George Sand*, Frankfurt/Main 2016, S. 18 ff.
164 George Sand, *Geschichte meines Lebens*, S. 60, 78 ff.
165 Ebd., S. 56.
166 Ebd., S. 46 f.
167 Ebd., S. 64.
168 Ebd., S. 65 ff.
169 Ebd., S. 82.
170 Ebd., S. 84.
171 Ebd., S. 85, 87.
172 Ebd., S. 105.
173 Ebd., S. 108 ff.
174 George Sand, *Geschichte meines Lebens*, S. 112.
175 Daphne Schmelzer, *Rebellion und Liebe*, S. 60.
176 George Sand, *Geschichte meines Lebens*, S. 117.
177 Ebd., S. 119.
178 Ebd., S. 125.
179 Daphne Schmelzer, *Rebellion und Liebe*, S. 68.
180 George Sand, *Geschichte meines Lebens*, S. 125.
181 Daphne Schmelzer, *Rebellion und Liebe*, S. 87.
182 Ebd., S. 69, 72, 74, 88.
183 George Sand, *Geschichte meines Lebens*, S. 128.
184 Daphne Schmelzer, *Rebellion und Liebe*, S. 148 f.

185 George Sand, *Geschichte meines Lebens*, S. 128.

186 Daphne Schmelzer, *Rebellion und Liebe*, S. 93 f., 115.

187 Ebd., S. 99.

188 Ebd., S. 121, 127, 131, 139 ff.

189 George Sand, *Geschichte meines Lebens*, S. 164.

190 Ebd., S. 167.

191 Ebd., S. 168 f.

192 Daphne Schmelzer, *Rebellion und Liebe*, S. 150 f.

193 Gustave Flaubert, George Sand, *Eine Freundschaft in Briefen*, München 1992, S. 38, 141.

194 Eva Gesine Baur, *Chopin – oder die Sehnsucht*, München 2009, S. 339.

195 Flaubert, Sand, *Eine Freundschaft in Briefen*, S. 33, 35, 105, 208.

196 Daphne Schmelzer, *Rebellion und Liebe*, S. 238 ff.

197 Eva Gesine Baur, *Chopin*, S. 255.

198 Daphne Schmelzer, *Rebellion und Liebe*, S. 178.

199 Eva Gesine Baur, *Chopin*, S. 264.

200 George Sand, *Geschichte meines Lebens*, S. 177.

201 Ebd., S. 274 ff., 288.

202 Eva Gesine Baur, *Chopin*, S. 284, Daphne Schmelzer, *Rebellion und Liebe*, S. 185 ff.

203 George Sand, *Geschichte meines Lebens*, S. 179.

204 Eva Gesine Baur, *Chopin*, S. 284, 291.

205 Daphne Schmelzer, *Rebellion und Liebe*, S. 199.

206 Eva Gesine Baur, *Chopin*, S. 309.

207 Ebd., S. 317, 327.

208 Daphne Schmelzer, *Rebellion und Liebe*, S. 215 ff., 244 ff.

209 Ebd., S. 227, 232.

210 Ebd., S. 267.

211 George Sand, *Geschichte meines Lebens*, S. 71.

212 Ebd., S. 72

213 Ebd., S. 73, 78.

214 Daphne Schmelzer, *Rebellion und Liebe*, S. 106 ff.

215 George Sand, *Geschichte meines Lebens*, S. 142.

216 Daphne Schmelzer, *Rebellion und Liebe*, S. 111 f.

217 George Sand, *Geschichte meines Lebens*, S. 143 f.

218 Flaubert, Sand, *Eine Freundschaft in Briefen*, S. 33.

219 George Sand, *Geschichte meines Lebens*, S. 144.

220 Daphne Schmelzer, *Rebellion und Liebe*, S. 170.

221 Flaubert, Sand, *Eine Freundschaft in Briefen*, S. 332.

222 An Flaubert, Paris, 18. Mai 1869, Flaubert, Sand, *Eine Freundschaft in Briefen*, S. 220.

223 Flaubert, Sand, *Eine Freundschaft in Briefen*, S. 40.

224 George Sand, *Lelia*, Insel 1984, S. 12.

225 Revue des Deux Mondes, 1833, George Sand, *Lelia*, Insel 1984.

226 Nike Wagner, Nachwort, in: George Sand, *Lelia*, S. 240 ff.

227 Daphne Schmelzer, *Rebellion und Liebe*, S. 158.

228 Ebd., S. 291 f.

229 George Sand, *Œuvres complètes*, sous la diréction de Béatrice Didier, Paris 2021, S. 16 ff.

230 Flaubert, Sand, *Eine Freundschaft in Briefen*, S. 139.

231 Ebd., S. 189.

232 Ebd., S. 35.

233 An Flaubert, Paris, 15. Okt. 1868, Flaubert, Sand, *Eine Freundschaft in Briefen*, S. 192.

234 Flaubert, Sand, *Eine Freundschaft in Briefen*, S. 232.

235 George Sand, *Geschichte meines Lebens*, S. 151.

236 Flaubert, Sand, *Eine Freundschaft in Briefen*, S. 235, 267.

237 Ebd., S. 242.

238 Ebd., S. 36 ff.

239 George Sand, *Geschichte meines Lebens*, S. 176.

240 Daphne Schmelzer, *Rebellion und Liebe*, S. 249 ff.

241 Eva Gesine Baur, *Chopin*, S. 350.

242 George Sand, *Geschichte meines Lebens*, S. 154.

243 Ebd., S. 155.

244 Flaubert, Sand, *Eine Freundschaft in Briefen*, S. 294.

245 An Flaubert, Nohant, 7. August 1870, Flaubert, Sand, *Eine Freundschaft in Briefen*, S. 297.

246 Daphne Schmelzer, *Rebellion und Liebe*, S. 307, 310.

247 Ab 1862 trafen sich Schriftsteller, Journalisten und Künstler regelmäßig im Restaurant *Magny*. Flaubert, Sand, *Eine Freundschaft in Briefen*, S. 33.

248 Flaubert, Sand, *Eine Freundschaft in Briefen*, S. 72, 81.

249 13./14. November 1866, Flaubert, Sand, Eine *Freundschaft in Briefen*, S. 87.

250 Ebd., S. 36.

251 Ebd., S. 202.

252 Ebd., S. 36, 40.

253 Flaubert an George Sand, Croisset, 27. Nov. 1866, Flaubert, Sand, *Eine Freundschaft in Briefen*, S. 93.

254 Am 6. August 1867, ebd., S. 142.

255 Ebd., S. 198.

256 Brief an Mademoiselle Leroyer de Chantepie, zit. nach ebd., S. 173.

257 Ebd., S. 99, 200.

258 Ebd., S. 300 ff.

259 Ebd., S. 310.

260 Ebd., S. 312.

261 George Sand an Flaubert, Nohant, 17. März 1871, ebd., S. 314.

262 Ebd., S. 314.

263 An Flaubert, Nohant, 28. April 1871, ebd., S. 319.

264 Ebd., S. 328.

265 Ebd., S. 40, 492.

266 George Sand, *Geschichte meines Lebens*, S. 128.

267 Daphne Schmelzer, *Rebellion und Liebe*, S. 256.

268 An Flaubert, Nohant, 15. Januar 1867, Flaubert, Sand, *Eine Freundschaft in Briefen*, S. 114.

269 George Sand, *Geschichte meines Lebens*, S. 133.

270 Ebd., S. 134.

271 Ebd., S. 134.

272 Flaubert, Sand, *Eine Freundschaft in Briefen*, S. 112.

273 An Flaubert, Nohant, 9. Mai 1867, ebd., S. 130.

274 An Flaubert, Nohant, 14. Aug. 1869, ebd., S. 230.

275 Ebd., S. 528.

276 Fotografie im Atelier von Jules Bonnet in Luzern zwischen dem 13. und 16. Mai 1882. Das Foto wurde von Nietzsche in allen Einzelheiten arrangiert, nachdem Salomé Heiratsanträge beider Männer abgelehnt hatte.

277 Peter André Alt, *Sigmund Freud. Der Arzt der Moderne. Eine Biographie*, München 2016, S. 503.

278 Lou Andreas-Salomé, *Lebensrückblick*. Neue, durchgesehen Ausgabe, hg. von Ernst Pfeiffer, Frankfurt/Main 1974, S. 28.

279 Michaela Wiesner-Bangard, Ursula Welsch, *Lou Andreas-Salomé – »Wie ich Dich liebe, Rätselleben«. Eine Biographie*, Stuttgart 2017,

S. 27 f.

280 Lou Andreas-Salomé, *Lebensrückblick*, S. 222.

281 Wiesner-Bangard, Welsch, *Lou Andreas-Salomé*, S. 25.

282 Lou Andreas-Salomé, *Lebensrückblick*, S. 27.

283 Wiesner-Bangard, Welsch, *Lou Andreas-Salomé*, S. 29.

284 Lou Andreas-Salomé, *Lebensrückblick*, S. 31.

285 Ebd., S. 38 f.

286 Zwei weitere Brüder waren sehr jung gestorben.

287 Lou Andreas-Salomé, *Lebensrückblick*, S. 43, 48.

288 Wiesner-Bangard, Welsch, *Lou Andreas-Salomé*, S. 17 f.

289 Lou Andreas-Salomé, *Lebensrückblick*, S. 44 f.

290 Ebd., S. 45, 47.

291 Böttger, *Androgynität*, S. 24.

292 Lou Andreas-Salomé an Rilke, *Briefwechsel*, hg. von Ernst Pfeiffer, S. 282.

293 Wiesner-Bangard, Welsch, *Lou Andreas-Salomé*, S. 14.

294 Lou Andreas-Salomé, *Lebensrückblick*, S. 59.

295 Ebd., S. 61.

296 Wiesner-Bangard, Welsch, *Lou Andreas-Salomé*, S. 33.

297 Manfred Klemann, »Von Spinoza zu Freud. Überlegungen zur klinischen Theorie von Lou Andreas-Salomé«, in: Britta Benert, Romana Weitershausen (Hrsg.), *Lou Andreas-Salomé: Zwischenwege in der Moderne/Sur les chemins de traverse de la modernité*. Taching am See 2019, S. 171 ff., hier, S. 171.

298 Wiesner-Bangard, Welsch, *Lou Andreas-Salomé*, S. 34.

299 Lou Andreas-Salomé, *Lebensrückblick*, S. 75.

300 Ebd., S. 91, 97 f.

301 Ebd., S. 80.

302 Lou Andreas-Salomé, *Nietzsche in seinen Werken*, hg. von Ernst Pfeiffer, Frankfurt/Main 1983, S. 39.

303 Lou Andreas-Salomé, *Lebensrückblick*, S. 83 f.

304 Ebd., S. 85.

305 Wiesner-Bangard, Welsch, *Lou Andreas-Salomé*, S. 68.

306 Lou Andreas-Salomé, *Nietzsche in seinen Werken*, S. 29.

307 Ebd., S. 32.

308 Ebd., S. 41 f.

309 Ebd., S. 88.

310 Ebd., S. 94 f.

311 Ebd., S.100 und 104.

312 Ebd., S.139.

313 Ebd., S.116.

314 Ebd., S.119.

315 Wiesner-Bangard, Welsch, *Lou Andreas-Salomé*, S.71.

316 Lou Andreas-Salomé, *Lebensrückblick*, S.186 f.

317 Ebd., S.205.

318 Wiesner-Bangard, Welsch, *Lou Andreas-Salomé*, S.87.

319 Ebd., S.91.

320 Lou Andreas-Salomé, *Lebensrückblick*, S.169.

321 Lou Andreas-Salomé an Rilke nach Rom, Loufried auf dem Hain-
berg bei Göttingen, 9.Nov. 1903 (Montag), *Rainer Maria Rilke –
Lou Andreas-Salomé – Briefwechsel*, hg. von Ernst Pfeiffer, Frank-
furt/Main 1989, S.123.

322 Lou Andreas-Salomé an Rilke nach Rom, Loufried auf dem Hain-
berg bei Göttingen, 18.Jan. 1904 (Montag), *Briefwechsel Lou
Andreas-Salomé/Rainer Maria Rilke*, S.132.

323 Lou Andreas-Salomé, *Lebensrückblick*, S.109.

324 Ebd., S.170.

325 Ebd., S.171.

326 Ebd., S.191 und 212.

327 Ebd., S.196.

328 Ebd., S.196 f.

329 Ebd., S.207.

330 Wiesner-Bangard, Welsch, *Lou Andreas-Salomé*, S.160.

331 Ebd., S.93 f.

332 Frieda Sophie Luise Freiin von Bülow, geboren am 12.Oktober
1857 in Berlin, gestorben am 12.März 1909 auf Schloss Dorn-
burg/Saale.

333 Wiesner-Bangard, Welsch, *Lou Andreas-Salomé*, S.103, 105.

334 Ebd., S.124.

335 Stéphane Michaud, »Lou Andreas-Salomé heute: Porträt und
Perspektiven«, in: Britta Benert, Romana Weitershausen (Hrsg.),
Lou Andreas-Salomé: Zwischenwege in der Moderne, S.21–40, hier
S.34 f.

336 Wiesner-Bangard, Welsch, *Lou Andreas-Salomé*, S.112 ff.

337 Geboren am 4.Dezember 1875 in Prag, gestorben am
29.Dezember 1926 im Sanatorium Valmont bei Montreux in der

Schweiz.

338 Lou Andreas-Salomé, *Lebensrückblick*, S. 138.

339 Ebd., S. 113.

340 Rilke an Lou Andreas-Salomé, München, 9. Juni 1897, Mittwoch abends, *Briefwechsel Lou Andreas-Salomé und Rainer Maria Rilke*, hg. von Ernst Pfeiffer, S. 19.

341 Rilke an Lou Andreas-Salomé, München, 9. Juni 1897, *Briefwechsel*, S. 25.

342 Lou Andreas-Salomé an Rilke nach Ronda, Wien, Pelikangasse 14, 13. Januar 1913 (Montag), *Briefwechsel*, S. 280.

343 Lou Andreas-Salomé, Tagebuch, in: *Briefwechsel*, S. 50.

344 Rilke an Lou Andreas-Salomé, nach Berlin-Westend, Oberneuland bei Bremen, 8. August 1903, *Briefwechsel*, S. 98.

345 Wiesner-Bangard, Welsch, *Lou Andreas-Salomé*, S. 136.

346 Ebd., S. 146.

347 Lou Andreas-Salomé, Tagebuch, in: *Briefwechsel*, S. 50.

348 Stéphane Michaud, »Lou Andreas-Salomé heute: Porträt und Perspektiven«, in: Britta Benert, Romana Weitershausen (Hrsg.), *Lou Andreas-Salomé: Zwischenwege in der Moderne*, S. 21–40, hier S. 36 f.

349 Irmela von der Lühe, »Scharfsinnig wie ein Adler und mutig wie ein Löwe«. Lou Andreas-Salomé im Grenzraum (akademischer) Disziplinen und im Dschungel (männlicher) Deutungen, in: Britta Benert, Romana Weitershausen (Hrsg.), *Lou Andreas-Salomé: Zwischenwege in der Moderne*, S. 41–60, hier S. 43.

350 Ebd., S. 44 f.

351 Ebd., S. 50, 52.

352 Britta Benert, Romana Weitershausen (Hrsg.), *Lou Andreas-Salomé: Zwischenwege in der Moderne*, Einleitung, S. 14.

353 Cornelia Pechota, »Existenz als Experiment. Dimensionen der Wahrnehmung bei Lou Andreas Salomé«, in: Britta Benert, Romana Weitershausen (Hrsg.): *Lou Andreas-Salomé. Zwischenwege in der Moderne*, S. 100–138, hier, S. 100.

354 Rilke an Lou Andreas-Salomé, nach Berlin-Westend, Oberneuland bei Bremen, 8. August 1903, *Briefwechsel*, S. 96.

355 Lou Andreas-Salomé an Rilke nach Rom, Göttingen, Loufried, 20. März 1904, *Briefwechsel*, S. 140

356 Peter-André Alt, *Sigmund Freud*, S. 589.

357 Lou Andreas-Salomé, *Lebensrückblick*, S. 181.

358 Ebd., S. 182.

359 Ebd., S. 148.

360 Katrin Wellnitz, »Gottesschaffen« Religionspsychologische und religionshistorische Betrachtung von Gottesvorstellungen im essayistischen Werk Lou Andreas-Salomés, in: Britta Benert, Romana Weitershausen (Hrsg.), *Lou Andreas-Salomé: Zwischenwege in der Moderne*, S. 139–169, hier, S. 139 f.

361 Ebd., S. 140 f.

362 Lou Andreas-Salomé, *Lebensrückblick*, S. 202.

363 Manfred Klemann, »Von Spinoza zu Freud. Überlegungen zur klinischen Theorie von Lou Andreas-Salomé«, in: Britta Benert, Romana Weitershausen (Hrsg.), *Lou Andreas-Salomé: Zwischenwege in der Moderne*, S. 171–186, hier, S. 171.

364 Lou Andreas-Salomé an Rilke nach Paris, Berlin, Dienstag, 28. Oktober 1913, *Briefwechsel*, S. 306 f.; s. auch Folgebrief von Lou an Rilke aus Göttingen vom 5. 12. 1913.

365 Britta Benert, Romana Weitershausen (Hrsg.), *Lou Andreas-Salomé: Zwischenwege in der Moderne*, Einleitung, S. 11.

366 Lou Andreas-Salomé, *Lebensrückblick*, S. 151.

367 Peter-André Alt, *Sigmund Freud*, S. 503.

368 Lou Andreas-Salomé, *Lebensrückblick*, S. 165.

369 Peter-André Alt, *Sigmund Freud*, S. 504.

370 Lou Andreas-Salomé, *Lebensrückblick*, S. 179.

371 Wiesner-Bangard, Welsch, *Lou Andreas-Salomé*, S. 176 f.

372 Lou Andreas-Salomé an Rilke nach Paris, Berlin, Dienstag, 28. Oktober 1913, *Briefwechsel*, S. 306.

373 Stéphane Michaud, »Lou Andreas-Salomé heute: Porträt und Perspektiven«, in: Britta Benert, Romana Weitershausen (Hrsg.), *Lou Andreas-Salomé: Zwischenwege in der Moderne*, S. 21–40, hier S. 31.

374 Peter-André Alt, *Sigmund Freud*, S. 504.

375 Brigitte Spreitzer, »Fast schreiben. Inzwischen Briefe. Anna Freud – Lou Andreas Salomé«, in: Britta Benert, Romana Weitershausen (Hrsg.), *Lou Andreas-Salomé: Zwischenwege in der Moderne*, S. 187–209, hier S. 187.

376 Ebd., S. 669, 762.

377 Lou Andreas-Salomé, *Lebensrückblick*, S. 167.

378 Manfred Klemann, »Von Spinoza zu Freud. Überlegungen zur klinischen Theorie von Lou Andreas-Salomé«, in: Britta Benert, Romana Weitershausen (Hrsg.), *Lou Andreas-Salomé: Zwischenwege in der Moderne*, S. 170 ff.

379 Ebd., S. 178.

380 Sie starb am 22. Dezember 1973 in Heidelberg.

381 Martin Green, *Else und Frieda. Die Richthofen-Schwestern*, München 1996, S. 28.

382 Ebd., S. 21, 29 ff.

383 Guenther Roth, *Edgar Jaffé, Else von Richthofen and Their Children. From German-Jewish assimilation through antisemitic persecution to American integration A century of family correspondence 1880–1980*, S. 17

384 Ebd., S. 17 f.

385 Green, *Else und Frieda*, S. 45 f.

386 Max Weber an Gustav Schmoller, 12. Juli 1898, zitiert nach Roth, *Edgar Jaffé, Else von Richthofen and Their Children*, S. 18.

387 Eberhard Demm, *Else Jaffé-von Richthofen: Erfülltes Leben zwischen Max und Alfred*, Düsseldorf 2014, S. 11.

388 Ebd., S. 14, 16.

389 Roth, *Edgar Jaffé, Else von Richthofen and Their Children*, S. 19 f.

390 Dirk Kaesler, *Max Weber. Preuße, Denker, Muttersohn. Eine Biographie*, München 2014, S. 451.

391 Roth, *Edgar Jaffé, Else von Richthofen and Their Children*, S. 24.

392 Zitiert nach Kaesler, *Max Weber*, S. 453.

393 Roth, *Edgar Jaffé, Else von Richthofen and Their Children*, S. 18 ff.

394 Demm, *Else Jaffé-von Richthofen*, S. 22.

395 Green, *Else und Frieda*, S. 195.

396 Roth, *Edgar Jaffé, Else von Richthofen and Their Children*, S. 25.

397 Ebd., S. 20.

398 Demm, *Else Jaffé-von Richthofen*, S. 33, 37, 45.

399 Kaesler, *Max Weber*, S. 487.

400 Zitiert nach Kaesler, *Max Weber*, S. 490.

401 Green, *Else und Frieda*, S. 41. Roth, S. 16.

402 Demm, *Else Jaffé-von Richthofen*, S. 33.

403 Roth, *Edgar Jaffé, Else von Richthofen and Their Children*, S. 10.

404 Ebd., S. 16.

405 Green, *Else und Frieda*, 42 f.

406 Dieter Krüger, *Nationalökonomen im wilhelminischen Deutschland*, Kritische Studien zur Geschichtswissenschaft Band 58, Göttingen 1983, S. 20.

407 Ebd., S. 84.

408 Green, *Else und Frieda*, 42.

409 Demm, *Else Jaffé-von Richthofen*, S. 42, 55.

410 Ebd., S. 46 f.

411 Ebd., S. 83 ff.

412 Während des Ersten Weltkriegs wurde die Freiheit des Marktes durch die Kriegswirtschaft massiv eingeschränkt, an ihre Stelle traten zentrale Planung und staatliche Vorgaben, die auf eine Steigerung der Rüstungsproduktion gerichtet waren.

413 Krüger, *Nationalökonomen*, S. 24 f.

414 Ebd., S. 131, 142.

415 Ebd., S. 153 f.

416 Ebd., S. 243 f.

417 Green, *Else und Frieda*, S. 40.

418 Marianne Weber, *Lebenserinnerungen*, Hildesheim, Zürich, New York 2004, S. 55.

419 Ebd., S. 56.

420 Ebd., S. 81 f.

421 Ebd., S. 82.

422 Demm, *Else Jaffé von Richthofen*, S. 26 ff.

423 Ebd., S. 17.

424 Ebd., S. 54.

425 Ebd., S. 14.

426 Ebd., S. 119 ff.

427 Green, *Else und Frieda*, S. 152. Kaesler, *Max Weber*, S. 910.

428 Kaesler, *Max Weber*, S. 909.

429 Zitiert nach Kaesler, *Max Weber*, S. 915.

430 Kaesler, *Max Weber*, S. 903.

431 Green, *Else und Frieda*, S. 192.

432 Demm, *Else Jaffé von Richthofen*, S. 10.

433 Green, *Else und Frieda*, S. 201.

434 Marianne Weber, *Lebenserinnerungen*, S. 116.

435 Else Jaffé an Alfred Weber, 8. 7. 1920, in: Alfred Weber, *Ausgewählter Briefwechsel*, Alfred Weber-Gesamtausgabe Band 10, hg. von

Eberhard Demm und Hartmut Soell, Marburg 2003, S. 118.

436 Marianne Weber, *Lebenserinnerungen*, S. 148.

437 Green, *Else und Frieda*, S. 207.

438 S. u. a. Alfred Weber an Else Jaffé, 11. 7. 1920, in: Alfred Weber, *Ausgewählter Briefwechsel*, S. 119, oder Demm, *Else Jaffé von Richthofen*, S. 95 ff.

439 Alfred Weber an Else Jaffé, 11. 7. 1920, in: Alfred Weber, *Ausgewählter Briefwechsel*, S. 120 f.

440 Alfred Weber an Else Jaffé, 24. 9. 1916, in: Ebd., S. 481.

441 Alfred Weber an Else Jaffé, 24. 7. 1920, in: Ebd., S. 243.

442 Alfred Weber an Else Jaffé, 4. 11. 1923, in: Ebd., S. 245.

443 Alfred Weber an Else Jaffé, 20. 5. 1951, in: Ebd., S. 328.

444 Alfred Weber an Else Jaffé, 7. 5. 1911, in: Ebd., S. 479.

445 Demm, *Else Jaffé von Richthofen*, S. 187.

446 Ebd., S. 198.

447 Ebd., S. 200.

448 Alfred Weber an Else Jaffé, 20. 5. 1951, in: Alfred Weber, *Ausgewählter Briefwechsel*, S. 327.

449 Green, *Else und Frieda*, 13 ff.

450 Ebd., S. 47.

451 Francine Klagsbrun, *Lioness: Golda Meir and the Nation of Israel*, New York 1917, S. 4 ff.

452 Ebd., S. 14.

453 Ebd., S. 29 ff. Viele der Volksaufstände während der revolutionären Unruhen gingen mit Angriffen gegen die jüdische Bevölkerung einher. Shulamit Volkov, *Deutschland aus jüdischer Sicht, Eine andere Geschichte vom 18. Jahrhundert bis zur Gegenwart*, München 2022, S. 91 ff.

454 Klagsbrun, *Lioness*, S. 37, 40 f, 53, 61 f.

455 Ebd., S. 62 f.

456 Ebd., S. 47 f.

457 Ebd., S. 54 f., 61, 67.

458 Ebd., S. 51 ff., 68 ff.

459 Ebd., S. 69 f.

460 Golda Meir, *Leben für mein Land. Selbstzeugnisse aus Leben und Wirken*, hg. von Marie Syrkin, Bern und München 1973, S. 166, UNO-Vollversammlung, 15. Dez. 1961.

461 Klagsbrun, *Lioness*, S. 77 ff.

462 Pnina Lahav, *The only woman in the room. Golda Meir and Her Path to Power*, Princeton/Oxford 2022, S. 59.

463 Klagsbrun, *Lioness*, S. 88 ff., Lahav, *The only woman*, S. 60 ff.

464 Golda Meir, *Leben für mein Land*, S. 44, Festveranstaltung im Kibbuz Revivim 1971.

465 Klagsbrun, *Lioness*, S. 99, 104.

466 Ebd., S. 122 f.

467 Ebd., S. 107 ff., 161 ff.

468 Ebd., S. 110, 207.

469 Ebd., S. 207.

470 Ebd., S. 117 ff., 158 f.

471 Michael Wolffsohn/Douglous Bokovoy, *Israel. Geschichte, Wirtschaft, Gesellschaft, Politik*, Opladen 1996, S. 351.

472 Golda Meir, *Leben für mein Land*, S. 101 f., Rede in der Knesset, 5. Jan. 1952.

473 Klagsbrun, *Lioness*, S. 100 ff.

474 Tom Segev, *David Ben Gurion. Ein Staat um jeden Preis*, München 2018, S. 435; Klagsbrun, *Lioness*, S. 128, 131.

475 Klagsbrun, *Lioness*, S. 96 ff.; Lahav, *The only woman*, S. 86 ff.

476 Klagsbrun, *Lioness*, S. 134 f.

477 Ebd., S. 154 ff.

478 Ebd., S. 157 ff.

479 Ebd., S. 164.

480 Ebd., S. 167 ff.

481 Ebd., S. 175.

482 Ebd., S. 184.

483 Zitiert nach ebd., S. 209, Histadrut Executive Commitee (HEC) secretariat minutes, Jan. 21, 1943, 3/28, Labor Movement Archive, Lavon Institute (LA).

484 Klagsbrun, *Lioness*, S. 188.

485 Ebd., S. 218.

486 Ebd., S. 220, Rede bei der 6. Histadrut Konferenz, 1. Okt. 1945, Pioneer Women, 11. 11. 1945.

487 Klagsbrun, *Lioness*, S. 240 f., 247.

488 Ebd., S. 222.

489 Ebd., S. 248.

490 Ebd., S. 252 ff.

491 Golda Meir, *Leben für mein Land*, S. 67, Erklärung auf dem

22. Zionistenkongress Basel, Dez. 1946.

492 Ebd., S. 65.

493 Klagsbrun, *Lioness*, S. 271.

494 Ebd., S. 275, 286.

495 Golda Meir, *Leben für mein Land*, S. 84, Rede vor dem Council of Jewish Federations in Chicago, 21. Jan. 1948.

496 Golda Meir, *Leben für mein Land*, S. 169, UNO-Vollversammlung, 15. Dez. 1961.

497 Tom Segev, *David Ben Gurion*, S. 413.

498 Klagsbrun, *Lioness*, S. 288.

499 Ben Gurion betrachtete den Plan als Anfang der Erlösung, Segev, *Ben Gurion*, S. 417.

500 Golda Meir, *My life*, S. 211; Klagsbrun, *Lioness*, S. 292.

501 Nach Einschätzung von Benny Morris; Segev, *Ben Gurion*, S. 433 f.

502 Klagsbrun, *Lioness*, S. 314 f.

503 Golda Meir, *Leben für mein Land*, S. 170, UNO-Vollversammlung, 15. Dez. 1961.

504 Ebd.

505 Segev, *Ben Gurion*, S. 437; Klagsbrun, *Lioness*, S. 318 f.

506 Klagsbrun, *Lioness*, S. 322.

507 Segev, *Ben Gurion*, S. 472 f.; Klagsbrun, *Lioness*, S. 352.

508 Wolffsohn/Bokovoy, *Israel*, S. 232; Klagsbrun, *Lioness*, S. 329 f.

509 Klagsbrun, *Lioness*, S. 347.

510 Ebd., S. 348 ff.

511 Ebd., S. 368 ff.

512 Ebd., S. 358.

513 Ebd., S. 399 f., 403 f.

514 Segev, *Ben Gurion*, S. 597; Klagsbrun, *Lioness*, S. 406 ff.

515 Klagsbrun, *Lioness*, S. 411 f.; s. a. Segev, *Ben Gurion*, S. 600.

516 Golda Meir, *Leben für mein Land*, S. 106, als Außenministerin vor der Generalversammlung der Vereinten Nationen, 5. Dez. 1956.

517 Klagsbrun, *Lioness*, S. 415.

518 Ebd., S. 414; Golda Meir, *My life*, S. 308.

519 Golda Meir, *Leben für mein Land*, S. 140, Rede vor der UNO-Vollversammlung, 7. Okt. 1957.

520 Klagsbrun, *Lioness*, S. 404, 427.

521 Ebd., S. 443 ff.

522 Ebd., S. 479 f., 482 und 499.

523 Ebd., S. 503.

524 Ebd., S. 509.

525 Golda Meir, *Leben für mein Land*, S. 187, Ansprache vor einer Massenversammlung des United Jewish Appeal im Madison Square Garden in New York, 11. Juni 1967.

526 Klagsbrun, *Lioness*, S. 511, 513.

527 Ebd., S. 544; s. auch Domradio.de 23.10.2021.

528 Klagsbrun, *Lioness*, S. 530.

529 Golda Meir, *Leben für mein Land*, S. 172, UNO-Vollversammlung, 15. Dez. 1961.

530 Klagsbrun, *Lioness*, S. 559, 563 f.

531 Zitiert nach Klagsbrun, *Lioness*, S. 570 f.

532 Klagsbrun, *Lioness*, S. 585.

533 Ebd., S. 624 f.; Lahav, *The only women*, Introduction S. XXIV.

534 Wolffsohn/Bokovoy, *Israel*, S. 77.

535 Klagsbrun, *Lioness*, S. 661.

536 Klagsbrun, *Lioness*, S. 332.

537 Ebd., S. 360.

538 Ebd., S. 389 f.; Lahav, *The only women*, S. 101 f.

539 Klagsbrun, *Lioness*, S. 364.

540 Ebd., S. 381.

541 Ebd., S. 150 f., 414, 548; siehe auch Lahav, *The only woman*, S. 105 ff. und 254 f.

542 Lahav, *The only woman*, Introduction, S. XXI.

543 Klagsbrun, *Lioness*, S. 393.

544 Lahav, *The only woman*, Introduction, S. XI.

545 Ebd., S. XV.

546 Klagsbrun, *Lioness*, S. 361 f.

547 Ebd., S. 418.

548 Ebd., S. 690.

549 *Die Kunst, Chanel zu sein.* Coco Chanel erzählt ihr Leben, aufgezeichnet von Annette Lallemand, München, 1998/2003, S. 9 f.

550 Ebd., S. 13.

551 Ebd., S. 17.

552 Rose Sgueglia, *The real Coco Chanel*, Yorkshire, Philadelphia 2020, S. 2.

553 *Die Kunst, Chanel zu sein*, S. 13.

554 Sgueglia, *The real Coco Chanel*, S. 3.

555 Ebd., S. 7.

556 Ebd., S. 8, 11, 13, 18.

557 *Die Kunst, Chanel zu sein*, S. 14 ff.

558 Ebd., S. 26.

559 Sgueglia, *The real Coco Chanel*, S. 20 f.

560 *Die Kunst, Chanel zu sein*, S. 36.

561 Sgueglia, *The real Coco Chanel*, S. 22 ff.

562 Ebd., S. 29 f.

563 *Die Kunst, Chanel zu sein*, S. 42.

564 Sgueglia, *The real Coco Chanel*, S. 39.

565 *Die Kunst, Chanel zu sein*, S. 35.

566 Sgueglia, *The real Coco Chanel*, S. 40.

567 Ebd., S. 38, 41.

568 *Die Kunst, Chanel zu sein*, S. 42.

569 Ebd., S. 45.

570 Ebd., S. 49.

571 Ebd., S. 43.

572 Sgueglia, *The real Coco Chanel*, S. 46 ff.

573 *Die Kunst, Chanel zu sein*, S. 69.

574 Ebd., S. 70.

575 Ebd., S. 37.

576 Sgueglia, *The real Coco Chanel*, S. 45 f., 51.

577 Ebd., S. 53 f.

578 *Die Kunst, Chanel zu sein*, S. 51.

579 Ebd., S. 52.

580 Ebd., S. 54 f.

581 Ebd., S. 56.

582 Rousseau-Plotto, *Strawinsky à Biarritz*, S. 62.

583 Sgueglia, *The real Coco Chanel*, S. 48.

584 Theo Hirsbrunner, *Igor Strawinsky in Paris*, Lilienthal bei Bremen 1982; Etienne Rousseau-Plotto, *Strawinsky à Biarritz. Un compositeur russe en exil (1921–1924)*, Biarritz 2016, S. 120.

585 Sgueglia, *The real Coco Chanel*, S. 67, 70.

586 *Die Kunst, Chanel zu sein*, S. 50.

587 Ebd.

588 Ebd., S. 165 ff.

589 Ebd., S. 114; Rousseau-Plotto, *Strawinsky à Biarritz*, S. 32.

590 Sgueglia, *The real Coco Chanel*, S. 55.

591 Einem losen Zusammenschluss der sechs Komponisten Georges Auric (1899–1983), Louis Durey (1888–1979), Arthur Honegger (1892–1955), Darius Milhaud (1892–1974), Francis Poulenc (1899–1963) und Germaine Tailleferre (1892–1983) als einziger Frau.

592 Rousseau-Plotto, *Strawinsky à Biarritz*, S. 40.

593 Ebd., S. 34. Nach Sgueglia waren sie sich bereits bei der Premiere des »Sacre« in 1913 zum ersten Mal begegnet. Sgueglia, *The real Coco Chanel*, S. 57.

594 Rousseau-Plotto, *Strawinsky à Biarritz*, S. 29, 38 f.

595 *Die Kunst, Chanel zu sein*, S. 170.

596 Sgueglia, *The real Coco Chanel*, S. 58.

597 Rousseau-Plotto, *Strawinsky à Biarritz*, S. 38.

598 Ebd., S. 49; Hirsbrunner, *Igor Strawinsky in Paris*, S. 24.

599 Rousseau-Plotto, *Strawinsky à Biarritz*, S. 58.

600 Ebd., S. 65 f.

601 Ebd., S. 119 f.

602 Ebd., S. 42.

603 Sgueglia, *The real Coco Chanel*, S. 94, 55.

604 *Die Kunst, Chanel zu sein*, S. 125.

605 Sgueglia, *The real Coco Chanel*, S. 99 ff.

606 *Die Kunst, Chanel zu sein*, S. 138.

607 Rousseau-Plotto, *Strawinsky à Biarritz*, S. 31.

608 Sgueglia, *The real Coco Chanel*, S. 84, 89 f., 92 f.

609 *Die Kunst, Chanel zu sein*, S. 212 f.

610 Ebd., S. 214.

611 Ebd., S. 216.

612 Sgueglia, *The real Coco Chanel*, S. 67 ff.

613 *Die Kunst, Chanel zu sein*, S. 212.

614 Sgueglia, *The real Coco Chanel*, S. 69.

615 *Die Kunst, Chanel zu sein*, S. 218 f.

616 Ebd., S. 223.

617 Geboren am 8. Januar 1888 – gestorben am 24. April 1965.

618 Sgueglia, *The real Coco Chanel*, S. 75 ff.

619 Hal Vaughan, *Coco Chanel – Der schwarze Engel. Ein Leben als Nazi-Agentin*, Hamburg 2011, S. 118.

620 Sgueglia, *The real Coco Chanel*, S. 77.

621 Ebd., S. 223, 229 ff., 318 ff.

622 Ebd., S.126.

623 Es gibt Hinweise dafür, dass sich beide bereits in den 1930er-Jahren in Paris bei Abendgesellschaften begegneten, als Dincklage in der deutschen Botschaft in Paris arbeitete. Vaughan, *Der schwarze Engel*, S.141.

624 Ebd., S.200.

625 Sgueglia, *The real Coco Chanel*, S.78 f.

626 Vaughan, *Der schwarze Engel*, S.121, 132 f., 172.

627 Ebd., S.179, 185, 191.

628 Sgueglia, *The real Coco Chanel*, S.78 f. André Palasse war in einem Bunker an der Maginot-Linie mit anderen französischen Soldaten gefangen genommen und nach Deutschland in ein Kriegsgefangenenlager transportiert worden. Vaughan, *Der schwarze Engel*, S.184.

629 Sgueglia, *The real Coco Chanel*, S.80; Vaughan, *Der schwarze Engel*, S.301.

630 Vaughan, *Der schwarze Engel*, S.217 ff.

631 Ebd., S.244 f. und 269.

632 Belegt im Protokoll des Secret Service von 1945. Vaughan, *Der schwarze Engel*, S.257.

633 Vaughan, *Der schwarze Engel*, S.240.

634 Im Mai 1946 eröffnete Richter Roger Serre am Gerichtshof von Paris das Verfahren gegen Chanel. Das zu Chanel angelegte Dossier ist aus dem Nationalarchiv des französischen Justizministeriums verschwunden. Geblieben ist nur eine Registerkarte mit Hinweis auf den Spionageparagrafen des französischen Strafgesetzbuches. Vaughan, *Der schwarze Engel*, S.293.

635 Sgueglia, *The real Coco Chanel*, S.80 f. Sie lebte dort in Lausanne, Davos und St. Moritz. Vaughan, *Der schwarze Engel*, S.285.

636 Vaughan, *Der schwarze Engel*, S.306.

637 *Die Kunst, Chanel zu sein*, S.16.

638 Sgueglia, *The real Coco Chanel*, S.83.

639 *Die Kunst, Chanel zu sein*, S.231.

640 Ebd., S.62 f.

641 Sgueglia, *The real Coco Chanel*, S.109.

642 Ebd., S.110.

643 *Die Kunst, Chanel zu sein*, S.192.

644 Ebd., S.193.

645 Ebd., S. 46.

646 Ebd., S. 92, 103.

647 Ebd., S. 181.

648 Ebd., S. 182.

649 Ebd., S. 184.

650 Ebd., S. 191.

651 Vaughan, *Der schwarze Engel*, S. 327.

652 Alma Mahler-Werfel, *Mein Leben*, Biographie, Frankfurt/Main, 1989, S. 250.

653 Jens Malte Fischer, *Gustav Mahler. Der fremde Vertraute*, Wien 2003, S. 23.

654 Ebd., S. 282.

655 Rode-Breymann, *Alma Mahler-Werfel. Muse – Gattin – Witwe*, München, 2014, S. 140.

656 Gustav Mahler an Emil Freund aus Toblach, Juni 1910, in: Gustav Mahler, *»In Eile wie immer« – Neue unbekannte Briefe*, hg. von Franz Willnauer, Paul Zsolnay Wien 2016, S. 444.

657 Rode-Breymann, *Alma Mahler-Werfel*, S. 153.

658 Interview Anna Mahlers mit William Melik, 1963 in Los Angeles, zitiert nach Weidle, Seeber, *Anna Mahler*, S. 12.

659 Fischer, *Gustav Mahler*, S. 740.

660 Barbara Weidle, »Kindheit im Schatten«, in: Barbara Weidle, Ursula Seeber (Hrsg.): *Anna Mahler. Ich bin in mir selbst zu Hause*, Bonn 2004, S. 7–32, hier: S. 14.

661 Ernst Krenek, *Im Atem der Zeit. Erinnerungen an die Moderne*, Hamburg 1998, S. 356.

662 Weidle, »Kindheit im Schatten«, S. 15 f., 18 f., 23.

663 Oliver Hilmes, *Witwe im Wahn*, München 2004.

664 Ama Mahler-Werfel, *Mein Leben*, S. 75.

665 Ebd., S. 83.

666 Weidle, »Kindheit im Schatten«, S. 8, 20.

667 Zitiert nach Weidle, »Kindheit im Schatten«, S. 20.

668 Fischer, *Gustav Mahler*, S. 446.

669 Krenek, *Im Atem der Zeit*, S. 362.

670 Elias Canetti, *Das Augenspiel. Lebensgeschichte 1931–1937*, Frankfurt/Main 1993, S. 77.

671 Alma Mahler-Werfel, *Mein Leben*, S. 189.

672 Weidle, »Kindheit im Schatten«, S. 25.

673 Canetti, *Augenspiel*, S. 157.

674 Zitiert nach Weidle, »Kindheit im Schatten«, S. 29.

675 Weidle, »Ich bin in mir selbst zu Hause«, in Weidle, Seeber (Hrsg.), *Anna Mahler*, S. 51.

676 Herta Blaukopf, »Das überlebensgroße Bild des Vaters«, in: Weidle, Seeber (Hrsg.), *Anna Mahler*, S. 148.

677 Zitiert nach Weidle, Seeber, *Anna Mahler*, S. 106, 111.

678 Alama Mahler-Werfel, *Mein Leben*, S. 369.

679 Zitiert nach Susanne Rode-Breymann, *Alma Mahler-Werfel*, S. 8 f.

680 Krenek, *Im Atem der Zeit*, S. 340 f.

681 Weidle, »Kindheit im Schatten«, S. 19, 24.

682 Gregory Hurworth, »Aus Anna Koller wird Anni Krenek«, in: Weidle, Seeber, *Anna Mahler*, S. 39 f.

683 Wiener Stadt- und Landesbibliothek, Musiksammlung, Sammlung Dauerleihgaben der UE, zitiert nach Weidle, Seeber, *Anna Mahler*, S. 48.

684 Weidle, *Eine fast mystische Gewißheit*, S. 169.

685 Ebd. und Hurworth, »Aus Anna Koller wird Anni Krenek«, S. 38.

686 Krenek, *Im Atem der Zeit*, S. 413.

687 Vgl. Georg Wildfellner, *Werkverzeichnis Anna Mahler;* Weidle, *Eine fast mystische Gewißheit*, S. 172.

688 Weidle, »Ich bin in mir selbst zu Hause«, S. 53; Weidle, *Eine fast mystische Gewißheit*, S. 173.

689 Ebd., S. 175 ff.

690 Weidle, *Eine fast mystische Gewißheit*, S. 180 f.

691 Canetti, *Augenspiel*, S. 76.

692 Weidle, *Eine fast mystische Gewißheit*, S. 185 ff.

693 Canetti, *Augenspiel*, S. 149.

694 Ebd., S. 151.

695 Ebd., S. 154.

696 Weidle, »Ich bin in mir selbst zu Hause«, S. 66.

697 Ebd., S. 69 f.

698 Ebd., S. 67 f., 123.

699 Herta Blaukopf, »Das überlebensgroße Bild des Vaters«, in: Weidle, Seeber, *Anna Mahler*, S. 144.

700 Weidle, »Kindheit im Schatten«, S. 26 f.

701 Alma Mahler-Werfel, *Mein Leben*, S. 139.

702 Weidle, »Kindheit im Schatten«, S. 30.

703 Krenek, *Im Atem der Zeit*, S. 339.

704 Alma Mahler-Werfel, *Mein Leben*, S. 154 f.

705 Hurworth, »Aus Anna Koller«, S. 33.

706 Krenek, *Im Atem der Zeit*, S. 324.

707 Ebd., S. 326, 338.

708 Ebd., S. 278.

709 Ebd., S. 371.

710 Hurworth, »Aus Anna Koller«, S. 36 f.

711 Krenek, *Im Atem der Zeit*, S. 366.

712 Ebd., S. 386.

713 Krenek, *Im Atem der Zeit*, S. 343, Hurworth, »Aus Anna Koller«, S. 41.

714 Krenek, *Im Atem der Zeit*, S. 400.

715 Ebd., S. 419.

716 Ebd., S. 422, 425.

717 Ebd., S. 400.

718 Ebd., S. 401.

719 Ebd., S. 443.

720 Hurworth, »Aus Anna Koller«, S. 44; Krenek, *Im Atem der Zeit*, S. 447 ff.

721 Hurworth, »Aus Anna Koller«, S. 45; Krenek, *Im Atem der Zeit*, S. 466 f.

722 Hurworth, »Aus Anna Koller«, S. 46 und Weidle, »Ich bin in mir selbst zu Hause«, S. 50 ff.

723 Alma Mahler-Werfel, *Mein Leben*, S. 213.

724 Seit 1996 gehört er zum Münchner Carl Hanser Verlag.

725 Weidle, »Ich bin in mir selbst zu Hause«, S. 54.

726 Murray G. Hall, »Warum nicht Zsolnay?« In: Weidle, Seeber, *Anna Mahler*, S. 89.

727 Murray G. Hall, »Warum nicht Zsolnay?«, S. 95.

728 Weidle, »Ich bin in mir selbst zu Hause«, S. 55 f.

729 Canetti, *Augenspiel*, S. 115 f.

730 Weidle, »Ich bin in mir selbst zu Hause«, S. 59 f.

731 Ebd., S. 56 f., 66; Murray G. Hall, »Warum nicht Zsolnay?«, S. 95.

732 Weidle, »Eine fast mystische Gewißheit«, S. 190.

733 Interview, Film von Carla Kilian; zit. nach Weidle, »Ich bin in mir selbst zu Hause«, S. 116.

734 Weidle, »Ich bin in mir selbst zu Hause«, S. 116 ff., 124.

735 Ebd., S. 118 f.

736 Gespräch Anna Mahler mit Manon Manion am 3. Januar 1989.

737 Ebd., S. 125 ff.

738 Ebd., S. 132 f.

739 Ebd., S. 134, 137.

740 Marina Mahler-Fistoulari, OE1, Kulturjournal, 07.07.2010.

741 Ebd.

742 Albrecht Joseph, »Zu Besuch bei Alma Mahler-Werfel, Auszug aus einem Manuskript von 1977«; in: Weidle, Seeber, *Anna Mahler*, S. 85.

743 Weidle, »Ich bin in mir selbst zu Hause«, S. 116, 137.

744 Herta Blaukopf, »Das überlebensgroße Bild des Vaters«, S. 149 f.

745 Marina Mahler-Fistoulari, OE1, Kulturjournal, 07.07.2010.

746 Weidle, »Ich bin in mir selbst zu Hause«, S. 142.

747 1985 auf Deutsch erschienen. Ursula Seeber: »Der Kult des rast-losen Überschwangs«, in: Weidle, Seeber, *Anna Mahler*, S. 157.

748 Krenek, *Im Atem der Zeit*, S. 340.

749 Rode-Breymann, *Alma Mahler-Werfel*, S. 262 f.

750 Canetti, *Augenspiel*, S. 119.

751 Ebd., S. 92.

752 Weidle, »Ich bin in mir selbst zu Hause«, S. 63.

753 Herta Blaukopf, »Das überlebensgroße Bild des Vaters«, S. 145.

754 Ursula Seeber, »Der Kult des rastlosen Überschwangs«, S. 154.

755 Weidle, *Eine fast mystische Gewißheit*, S. 190 ff.

756 Ebd., S. 195 f.

757 https://www.youtube.com/watch?v=ebamhBOAuhc.

758 Weidle, *Eine fast mystische Gewißheit*, S. 202 ff.

759 Ebd., S. 203.

760 Blaukopf, »Das überlebensgroße Bild des Vaters«, S. 150 ff.

761 Zitiert nach Weidle, Seeber, *Anna Mahler*, S. 207, der Vortrag in den Katalogen zu den Ausstellungen in Leverkusen 1981 und Salzburg 1988 ist veröffentlicht und in: *Anna Mahler. Ihr Werk*, 1975.

762 Weidle, *Eine fast mystische Gewißheit*, S. 209 – Anna Mahler, *Die Gestalt des Menschen in der Kunst*, S. 14.

763 Ebd., S. 13.

764 Weidle, *Eine fast mystische Gewißheit*, S. 212 ff.

765 Canetti, *Augenspiel*, S. 155.

766 Weidle, »Ich bin in mir selbst zu Hause«, S. 143; Blaukopf, »Das überlebensgroße Bild des Vaters«, S. 151 f.

767 Sharon Rotbard, *White City – Black City. Architecture and War in*

Tel Aviv an Jaffa, Cambridge/Massachusetts 2015, S. 19.

768 Sigal Davidi, »Genia Averbuch: Modernism meets the Vernacu-
   lar – Youth Villages for New Immigrants, 1948–1955«, in: *Israel as
   a Modern Architectural Lab*, 1948–1978, ed. by Ben-Asher Gitler
   und Anat Geva, Chicaco 2020, S. 147–172, hier S. 149 f.

769 Sigal Davidi, »Genia Averbuch«, S. 150 f.

770 Ebd., S. 149.

771 Sigal Davidi, »By women for women: modernism, architecture,
   and gender in building the new Jewish society in Mandatory
   Palestine«, in: *arq 20.3*, Cambridge University Press 2016, S. 218.

772 Sigal Davidi, »Pioneer in Modernism. Women Architects in Tel
   Aviv from the 1930s«, in: Artur Tanikowski, *Gdynia and Tel Aviv.
   The two white cities. Promis of a journey. Promise of a home*,
   Warschau 2019, S. 86.

773 Ebd., S. 90.

774 *KUBUS – Faszination der Moderne 33*, 2018; auch Sigal Davidi:
   »Pioneer in Modernism«, S. 90 f.

775 Ronny Schüler und Jörg Stabenow (Hg.), *Vermittlungswege der
   Moderne – Neues Bauen in Palästina 1923–1948*, Berlin 2018, S. 9.

776 Ebd., S. 9 ff.

777 Ebd., S. 13.

778 Ebd., S. 14.

779 Ebd.

780 https://deu.archinform.net/arch/6844.htm.

781 Davidi, »Averbuch«, S. 151 f.

782 Ebd., S. 156 f.

783 Ebd., S. 157 f.

784 Ebd., S. 153.

785 Ebd., S. 159.

786 Sigal Davidi, »Pioneer in Modernism«, S. 95.

787 Davidi, »Averbuch«, S. 149 f.

788 Ebd., S. 154 f.

789 Belinda Grace Gardner, Zaha Hadid baut in Wolfsburg, Interview,
   FAZ, 16.03.2001.

790 Zaha Hadid im Interview mit Eva Karcher, Über Ecken, *Süddeutsche Zeitung*, 17. Mai 2010.

791 Ebd.

792 Belinda Grace Gardner, *FAZ*, 16.03.2001.

793 Zaha Hadid im Interview mit Eva Karcher, *Süddeutsche Zeitung*, 17. Mai 2010.

794 Philip Jodidio, *Zaha Hadid 1950–2016. Die raumerneuernde Exposion*, Köln 2021, S. 9.

795 Zaha Hadid im Interview mit Belinda Grace Gardner, *FAZ*, 16. 03. 2001.

796 Jodidio, *Zaha Hadid*, S. 27.

797 Zaha Hadid im Interview mit Belinda Grace Gardner, *FAZ*, 16. 03. 2001.

798 Patrik Schumacher, *Zaha Hadid Architects*, Mulgrave Victoria 2017, S. 28.

799 Jodidio, *Hadid*, S. 37.

800 Patrik Schumacher, *Zaha Hadid Architects*, S. 65.

801 Marion Löhndorf, »Bau-Ikonen für autoritäre Staaten«, *Neue Zürcher Zeitung*, 22. 07. 2014.

802 Maik Novotny, »Bauen für autoritäre Staaten: Die B-Seite der Architektur«, *Der Standard*, 2. 8. 2014.

803 Marion Löhndorf, *NZZ*, 22. 07. 2014.

804 Schumacher, *Zaha Hadid Architects*, S. 27.

805 Ebd., S. 35.

806 Ebd., S. 45.

807 Zaha Hadid im Interview mit Belinda Grace Gardner, *FAZ*, 16. 03. 2001.

808 Schumacher, *Zaha Hadid Architects*, S. 74.

809 Ebd., S. 80.

810 Ebd., S. 29 f.

811 Maik Novotny, *Der Standard*, 2. 8. 2014.

812 Marion Löhndorf, *NZZ*, 22. 07. 2014.

813 Schumacher, *Zaha Hadid Architects*, S. 11 ff.

814 Zaha Hadid im Interview mit Eva Karcher, *Süddeutsche Zeitung*, 17. Mai 2010.

815 Im Interview mit Manfred Engeser, »Beton ist sexy«, *Wirtschaftswoche*, 21. 1. 2007.

816 Zaha Hadid im Interview mit Belinda Grace Gardner, *FAZ*, 16. 03. 2001.

817 Jodidio, *Hadid*, S. 7 und 25.

818 Im Interview mit Manfred Engeser, *Wirtschaftswoche*, 21. 1. 2007.

Diva gegen Diva

Paola Calvetti

Rivalinnen

Zehn starke Frauen, die einander
bekämpften und beflügelten

Aus dem Italienischen von
Christiane Burkhardt
Piper Taschenbuch, 352 Seiten
ISBN 978-3-492-31823-5

Was erschreckte Coco Chanel an der italienischen Mode-
schöpferin Elsa Schiaparelli? Warum fürchtete die glamou-
röse Bühnengöttin Sarah Bernhardt ihr sittsames italienisches
Gegenstück Eleonora Duse? Und wie entstand die erbitterte
Feindschaft zwischen den Hollywood-Schwestern Olivia de
Havilland und Joan Fontaine? Anekdotisch und unterhalt-
sam verwebt Paola Calvetti die Biografien von zehn Rivalin-
nen und erzählt dabei von einer Zeit, in der weibliche Genies
viel zu oft bekämpft oder verspottet wurden.

PIPER

Leseproben, E-Books und mehr unter www.piper.de